LANGUES ET APPRE...
Collection dirigée ...
École normale supérieure de Saint-Cloud
CREDIF

POUR UN ENSEIGNEMENT INTERACTIF DES LANGUES ÉTRANGÈRES

Ludger SCHIFFLER
Freie Universität, Berlin

Traduction de Jean-Paul Colin
Université de Franche-Comté, Besançon

Ouvrage publié avec le concours de
Zentralinstitut für Unterrichtswissenschaften und Curriculumentwicklung
de la Freie Universität Berlin

HATIER-CREDIF

Sommaire

CHAPITRE 1
Qu'est-ce que l'enseignement interactif des langues étrangères ? 4

1.1. Deux exemples tirés de la quotidienneté scolaire .. 4
1.2. Enseignement interactif des langues étrangères : explication et délimitation 5

CHAPITRE 2
Importance de l'interaction sociale pour l'enseignement des langues étrangères 11

2.1. Recherches socio-psychologiques et enseignement des L.E. 11
2.2. Psychothérapie et enseignement des L.E. 17
2.3. L'enseignement suggestopédique des L.E. 22
2.4. Psychodrame et enseignement des L.E. 32

CHAPITRE 3
Comportement pédagogique interactif dans l'enseignement des langues étrangères 36

3.1. Remarques préliminaires visant à la réalisation d'un comportement pédagogique interactif 36
3.2. Etude du style éducatif et de la forme sociale dans l'enseignement des L.E. 39

Traduction de chapitres choisis tirés de l'original
Interaktiver Fremdsprachenunterricht
© by Ernst Klett, Stuttgart
République Fédérale d'Allemagne, 1980

© HATIER PARIS JUILLET 1984

Toute représentation, traduction, adaptation ou reproduction, même partielle, par tous procédés, en tous pays, faite sans autorisation préalable est illicite et exposerait le contrevenant à des poursuites judiciaires. Réf. : Loi du 11 mars 1957.
ISSN 0292-7101   ISBN 2-218-07016-2

CHAPITRE 4
Formes interactives de l'enseignement des langues étrangères 55

4.1. La configuration du réseau de communication 55
4.2. Participation et autonomie 59
4.3. L'enseignant comme « locuteur fantôme » 65
4.4. La coopération dans des « tandems de responsabilité » 67
4.5. Jeux interactifs 69
4.6. Le jeu de rôle interactif 78
4.7. Enseignement sur objectif et simulation 85
4.8. Enseignement interactif de la lecture 89

CHAPITRE 5
Travail de groupe interactif dans l'enseignement des langues étrangères 93

5.1. Qu'est-ce que le travail de groupe interactif ? 93
5.2. Avantages et inconvénients du travail de groupe dans l'enseignement des L.E. 94
5.3. Les formes du travail de groupe 100
5.4. Les types de formation de groupes 102
5.5. Importance du sociogramme pour le travail de groupe interactif 104
5.6. La réalisation du sociogramme 106
5.7. La structuration des groupes 112
5.8. La préparation organisationnelle du travail de groupe 115
5.9. Le travail de groupe dans la phase de présentation 118
5.10. Le travail de groupe dans la phase d'appropriation 122
5.11. Le travail de groupe dans la phase de transfert 129

CHAPITRE 6
Exemple de cours et alternatives interactives ... 134

Une leçon de français 134

BIBLIOGRAPHIE 146

Chapitre 1.

Qu'est-ce que l'enseignement interactif des langues étrangères ?

1.1. Deux exemples tirés de la quotidienneté scolaire.

Ces deux exemples reposent sur mon expérience personnelle d'enseignant.

Le professeur salue les élèves et commence le cours en posant quelques questions sur la partie de la leçon qui a déjà été traitée : *What did the children do after lunch?* — *Why did the kite fly away?* — *What did Mr. Parker say?* etc. Le professeur interroge les élèves et ceux-ci répondent à ses questions.

Ensuite, il explique les mots *number* en inscrivant des chiffres sur le tableau, *to promise* grâce à la phrase : *I promise to take the children to the cinema — that's : I give my word to take the children to the cinema*, etc. Il écrit chaque fois au tableau les mots nouveaux et les fait répéter par un ou deux élèves.

Il invite alors les élèves à transcrire ces nouveaux mots dans leur cahier de vocabulaire. Puis il lit dans le livre le texte de la leçon et pose quelques questions sur ce texte. Pour finir, les élèves lisent le texte dans leur livre, sur l'invitation du professeur. A la sonnerie, celui-ci donne les mots à apprendre pour la prochaine fois.

Que peut-on reprocher à cet enseignement, donné en 1978 sous cette forme dans un lycée, et sûrement en même temps à des milliers d'autres élèves, sous une forme peu différente quant à la méthode ? L'interaction est limitée à la phase de répétition, de redite : moins de la moitié des élèves sont concernés. Dans tous les cas, ils ne peuvent que **réagir** à l'action du professeur.

Le même enseignement aurait pu prendre une forme **interactive** si les multiples possibilités d'interaction au sein du groupe d'apprentissage avaient été utilisées de façon motivante pour l'apprentissage communicatif de la L.E. On aurait pu, ainsi, parvenir à une communication **centrée sur l'apprenant** ou à une communication entre les élèves. Nous présenterons et justifierons dans ce qui suit les alternatives qui, pour toutes les phases et les niveaux de l'enseignement, ont la forme d'un **enseignement interactif des L.E.**

Second exemple :
Le professeur (qui est une femme) a fait à haute voix, en s'aidant d'un tableau mural orné de photographies, une introduction à un texte de manuel, en nommant les activités et les métiers des personnages représentés sur le tableau. L'étape suivante doit être une phase de transfert, s'appuyant, dans le livre de l'élève, sur un texte à trous, entouré d'illustrations : *Maintenant vous allez travailler à deux, chacun avec son voisin. Ouvrez vos cahiers d'exercices à la page 60.* Thomas, qui est assis au fond, tout seul à une table, demande : *Avec qui je dois travailler ?* Sur le banc voisin, il y a une fille, également seule. Le professeur leur propose de travailler ensemble. La jeune fille refuse. Alors le professeur se tourne vers les deux élèves assis devant Thomas : *Michel, peux-tu, s'il te plaît, travailler avec Sylvia, comme cela Pierre pourra travailler avec Thomas.* Michel s'assied à côté de Sylvia. Mais Pierre dit : *Non, je ne travaillerai pas avec lui.* Le professeur est étonné et se tourne vers Michel, en lui demandant s'il ne veut pas travailler avec Thomas. *Non, je préfère rester près de Sylvia et travailler avec elle,* répond-il. *Mais pourquoi donc ne voulez-vous pas travailler avec Thomas ?* demande le professeur, énervé. Michel répond avec sérieux, sans une once d'ironie : *Il a mauvais caractère.* Le professeur est d'abord sans voix, puis déclare : *Michel, tu ne peux pas dire une chose pareille. Tu travailleras avec Thomas, qui est seul.*
Le professeur, pour qui une bonne collaboration entre les élèves représentait une condition essentielle de l'apprentissage communicatif d'une L.E., prit soudain conscience de la perturbation des relations sociales dans la classe. Elle ne voulait pas laisser en sommeil ce conflit, une fois qu'il avait éclaté aux yeux de tous, mais ne savait que faire.
Des problèmes de ce genre, l'enseignant s'y voit confronté chaque jour. Les pages qui suivent proposent, en liaison étroite avec la pratique et avec des fondements théoriques, des solutions pour de tels cas (cf. Ch. 3).

1.2. Enseignement interactif des langues étrangères : explication et délimitation.

Puisque tout acte pédagogique s'appuie sur une théorie, même lorsque « l'acteur » n'en est pas conscient, toute modification de comportement ou toute conduite visant à un acte pédagogique correct et réfléchi doit commencer par s'assimiler la théorie.

L'enseignement interactif des L.E. se fonde sur **l'interaction sociale dans le groupe d'apprentissage,** c.-à-d. sur les relations réciproques, déterminées par la communication, entre d'une part l'enseignant et les enseignés, d'autre part les enseignés eux-mêmes.

L'hypothèse qui est à la base de l'enseignement interactif des L.E. est qu'**une interaction positive est une condition essentielle de l'efficacité de l'E.L.E.** L'importance de l'interaction sociale n'a pas été, jusqu'ici, mesurée dans toute son étendue par cette discipline.

L'interaction sociale peut être influencée positivement :
— par un **comportement pédagogique interactif** et
— par des **formes d'enseignement interactives.**

Un **comportement pédagogique interactif,** cela signifie :
— que l'enseignant favorise **l'interaction sociale dans le groupe ;**
— qu'il cherche à dissiper les conflits dans ledit groupe *d'apprentissage,* en visant à **une amélioration de l'interaction ;**
— qu'il **encourage** les élèves ;
— qu'il les incite à **l'autonomie** et
— qu'il pratique **des formes d'enseignement interactives.**

Lesdites formes d'enseignement interactives, ce sont toutes les activités didactiques :
— qui conduisent à **une interaction entre les élèves ;**
— qui conduisent à **une communication centrée sur l'apprenant ;** nous entendons par là tous les énoncés dont le contenu est déterminé par l'élève lui-même ;
— qui conduisent à l'autonomie, à l'auto-décision ou à la « participation » des élèves et
— qui conduisent à la **coopération** des élèves dans un **« tandem de responsabilité »** (cf. 4.4.) et dans un **travail en groupe interactif.**

Les **contenus** que les élèves proposent les uns aux autres pour communiquer sont la meilleure base de ce que nous appelons les formes d'enseignement interactives. L'enseignement interactif des L.E. doit commencer par le comportement pédagogique. Un comportement pédagogique interactif peut être atteint par la réflexion et par l'entraînement dans le cadre d'un « training » à l'interaction au sein d'un groupe d'enseignants. Dans ce training, l'enseignant peut en même temps apprendre concrètement comment chercher à résoudre les conflits dans le groupe d'apprentissage grâce à de brefs exercices interactifs.

C'est le comportement interactif du professeur qui encourage les apprenants à être mieux disposés envers le travail en coopération.

Lorsque cette disposition est mise en valeur par des exercices d'enseignement à forme interactive, non seulement l'efficacité sociale est favorisée, mais également, l'interaction sociale dans le groupe d'apprentissage est influencée rétro-activement.

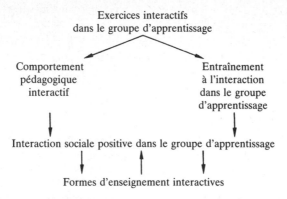

L'interaction sociale dans le groupe d'apprentissage et les formes d'enseignement interactives ne s'influencent pas seulement réciproquement, elles ont aussi des effets rétroactifs sur le comportement de l'enseignement et sur la disposition des apprenants, comme de dissiper les conflits « de participation » sous la forme d'exercices interactifs.

Dans la mesure où l'enseignant aura obtenu des succès dans le groupe d'apprentissage grâce à son comportement pédagogique interactif et aux exercices interactifs, il pourra les introduire comme des arguments de poids dans l'entraînement à l'interaction au sein du groupe d'enseignants.

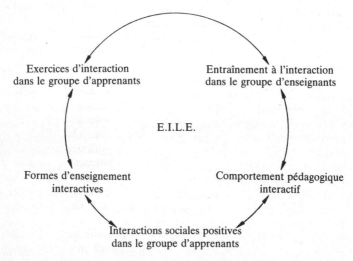

Notre projet d'un enseignement interactif des L.E. ne s'appuie pas sur des théories linguistiques, mais sur des théories socio-psychologiques.

La justification de tout concept en E.L.E. par des théories linguistiques est, pour des raisons faciles à comprendre — il s'agit, certes, de langue étrangère — presque devenue une condition *sine qua non*.

(Cf. également, pour ce qui est de l'enseignement centré sur l'apprenant, la majorité des contributions contenues dans Bausch et *al.*, 1982.) En ce qui concerne l'enseignement interactif des L.E. — où il est question prioritairement de l'interaction dans le groupe d'apprentissage — il est normal de prendre pour base la pragmalinguistique, qui s'est proposé pour but d'étude de l'interaction complexe entre émetteur et récepteur. Cette tâche a été abordée par Weber (1973a), Piepho (1974) et Pelz (1977).

Si l'on renonce ici à donner un fondement linguistique à l'enseignement interactif des L.E., cela ne signifie pas que l'importance de la linguistique pour cette forme d'enseignement n'a pas été perçue. Puisque ce type d'enseignement repose sur un concept socio-psychologique, il est par principe ouvert à toute théorie linguistique.

Sur la base de la pragmalinguistique, on a développé « l'enseignement communicatif des L.E. », dérivé de la théorie des « actes de langage » d'Austin (1962) et de Searle (1969) et de la « situation de langage » (Wunderlich, 1971). Dans la pratique, les différences entre cet enseignement et le concept éprouvé d' « enseignement situationnel des L.E. », qui part du contexte linguistique et extra-linguistique (Müller R., 1970 et 1971), ne sont pas aussi grandes que dans la théorie (Mindt, 1978, p. 352). Les deux concepts peuvent se concilier grâce à l'enseignement interactif des L.E.

La pragmalinguistique a apporté un sang neuf à l'E.L.E., dans la mesure où les besoins de communication et d'interaction des élèves ont été pris comme point de départ pour cet enseignement. On peut trouver un apport comparable chez Leontiev (1971) qui, en s'inspirant de Wygotski (1971), voit dans la médiation langagière un moyen d'interaction sociale qui peut aider le locuteur à se réaliser soi-même (Schüle, 1976). Ces contributions coïncident avec l'exigence de l'enseignement interactif des L.E. en direction d'une « communication **centrée sur l'apprenant** dans le groupe ». Mais celle-ci n'est elle-même qu'une partie de l'enseignement interactif, qui doit être réalisé **selon les possibilités existantes.** La conception de l'enseignement interactif des L.E. est en ce sens plus globale et plus modeste que les esquisses pragmalinguistiques, puisque — comme nous l'avons déjà précisé — toute activité d'enseignement qui conduit à l'interaction entre les apprenants peut être appelée interactive. Par exemple, lorsque les élèves discutent ensemble d'un problème grammatical ou travaillent collectivement à un exercice de grammaire, on a déjà affaire à une forme élémentaire d'enseignement interactif.

Alors que l' « enseignement communicatif des L.E. », fondé sur la pragmalinguistique, se rapporte aux situations de discours en L.E., l'enseignement interactif des L.E. prend en compte la situation globale de parole et d'apprentissage dans la classe. Il n'est rien d'autre qu'une forme pratique et utile d'organisation de l'apprentissage et de l'enseignement. « Il faut que l'élève ait quelque chose à dire et qu'il ait envie d'obtenir des renseignements inaccessibles par ailleurs pour que devienne assez fort le désir de se donner les moyens de le dire, le lire ou l'écrire » (Dalgalian et *al.*, 1981, p. 10). A cette forme d'organisation s'applique ce que Plattner (1963, pp. 57 sqq.) a dit de l'enseignement en général, à savoir que l'apprenant ne maîtrise que ce qu'il peut utiliser dans la communication au sein du groupe d'apprentissage ou ce qu'il peut expliquer à l'un de ses camarades.

Etant donné que l'enseignement interactif des L.E. prend en considération la totalité de la situation de parole et d'apprentissage, il pourrait trouver davantage sa base linguistique dans les travaux de Sinclair et Coulthard (1975). Ces recherches démontrent que le style « centré sur l'enseignant » est dominant dans le cours de langue. Même quand celui-ci est organisé de manière optimale, on peut se demander s'il représente la forme d'enseignement la plus efficace (Bowers, 1980). Cependant, un concept méthodologique relevant de la psychologie de la motivation, tel qu'il se présente ici, permet d'obtenir plus aisément des transformations concrètes de la réalité pédagogique. Pour analyser ces transformations, des recherches comme celles de Krumm (1977) et de Kramsch (1981) sont sans aucun doute d'un grand secours.

Une L.E. est un moyen de compréhension : ne recourir à l'interaction dans le groupe ni pour l'apprendre ni pour l'enseigner est à proprement parler une absurdité. Il est possible que, dans l'avenir, l'enseignement interactif des L.E. trouve une aide importante dans les matériels d'enseignement qui ont été développés à partir de point de vue pragmalinguistiques, pour autant que ces matériels auront été fabriqués en tenant compte de situations langagières authentiques (Weber, 1973b ; Ziegesar, 1976) et de critères se rapportant à l'apprenant. Mais il reste encore à éclaircir certaines questions, telle la prise de conscience des diverses situations de discours (Wunderlich, 1971, p. 178), la médiation des intentions et des moyens langagiers qui correspondent à ces situations, et en même temps la prise en compte d'une progression linguistique (Gutschow, 1977 ; Heuer, 1976, p. 90 ; Mindt, 1977 et 1978 ; Zimmermann, 1977, pp. 89-92).

On ne saurait défendre l'édification d'un concept d'E.L.E. exclusivement fondé sur une théorie linguistique, car en ce cas les facteurs **personnels** de l'interaction sociale au sein du groupe, qui sont d'une importance décisive pour l'E.L.E., sont laissés de côté. A quoi servirait donc, dans un E.L.E. aux fondements pragmalinguistiques, de fournir à l'apprenant les moyens de s'exprimer en L.E., si on ne favorisait simultanément la capacité à appliquer lesdits moyens à la communication dans le groupe d'apprentissage ? Pour faciliter la communication dans la classe, il s'agit avant tout de créer une atmosphère différente et de susciter un partage de responsabilités (Grandcolas, 1980).

En dehors du concept d'interaction que nous présentons ici, la méthode de Freinet est elle aussi appropriée à cette fin : malheureusement, l'auteur de ces lignes n'a eu connaissance de son adaptation aux L.E. (par Dietrich, 1979 et Poitevin, 1981) qu'après l'achèvement de ce livre.

Jusqu'à présent, dans l'élaboration théorique de l'E.L.E., les concepts socio-psychologiques — contrairement aux théories linguistiques — ont été presque totalement négligés, à quelques exceptions près (Zimmermann, 1973 ; Heuer, 1976, p. 92 ; Black et *al.*, 1977). Ce qui surprend d'autant plus que, dans de nombreux cas, les notions socio-psychologiques supportent mieux que les théories linguistiques d'être transférées dans l'E.L.E.

Conformément à notre hypothèse de départ, qui est à la base de l'enseignement interactif des L.E., nous allons dans ce qui suit :
— étudier l'importance de l'interaction sociale par rapport à l'E.L.E. (chap. 2), puis présenter :
— le comportement social interactif (chap. 3) ;
— les formes interactives de l'E.L.E. (chap. 4) et
— le travail de groupe interactif (chap. 5)
comme des possibilités d'influencer l'interaction sociale en un sens positif, afin d'aboutir à un E.L.E. plus efficace.

Pour terminer, nous ferons l'analyse d'un exemple d'enseignement, qui a été filmé, et chercherons à voir dans quelle mesure un enseignement interactif des L.E. s'y est réalisé, ou dans quelle mesure la procédure pédagogique employée peut être remplacée par des alternatives interactives.

Tout ouvrage scientifique s'adressant à des enseignants a le devoir, parallèlement à l'exposé des théories indispensables, de dire concrètement à l'enseignant ce qu'il peut modifier **demain** dans sa classe. A celui qui souhaite une information immédiate de ce type, nous conseillons de lire une présentation des formes d'enseignement interactives dans le chapitre 4, ou bien la pratique du travail de groupe (chap. 5) ou encore l'exemple de cours de L.E. que je donne en fin de volume et qui, on le comprend, est beaucoup plus « évident » à partir du film qu'à la simple lecture. Si le lecteur trouve clairs les débats tournant autour de la pratique didactique, si sa propre pratique en vient même à se modifier par le fait de sa lecture, il reviendra certainement à la théorie qui est à la base de cette pratique.

Chapitre 2.

Importance de l'interaction sociale pour l'enseignement des langues étrangères.

2.1. Recherches socio-psychologiques et enseignement des langues étrangères.

L'interaction sociale joue un rôle important dans toute pédagogie. Les recherches socio-psychologiques présentées ci-après montrent à quel point l'interaction sociale est décisive quant à la réussite dans l'E.L.E. De plus, elles éclairent le fait que l'enseignement peut influencer positivement l'interaction sociale au profit de l'E.L.E. Dans cet ouvrage, nous décrivons maintes expériences dans le domaine de l'E.L.E., au centre desquelles figure le comportement pédagogique consistant à favoriser l'interaction.

C'est d'abord aux U.S.A. et au Canada que l'influence des facteurs socio-psychologiques sur l'apprentissage d'une L.E. a fait l'objet de réflexions et d'investigations.

La situation particulière des U.S.A., qui durant des générations accueillirent des immigrants issus de pays non-anglophones, eut pour conséquence la formation d'enclaves culturelles, où le lien le plus fort était constitué par la langue du pays d'origine. Ces individus furent soumis à une forte pression assimilatrice de la part de la majorité « indigène » ; dans leur nouvelle patrie, ils ne purent obtenir aucune légitimation sociale tant qu'ils n'eurent pas maîtrisé la langue anglaise. La plupart du temps, ce ne furent que les enfants de ces immigrants qui devinrent « bilingues », en maîtrisant deux langues avec une égale aisance ou une seconde langue avec presque autant d'aisance que leur L.M. Il en alla de même au Canada. Bien que le français y fût langue officielle, il demeurait cependant la langue d'une minorité et qui plus est, d'une couche sociale « inférieure » : ces deux caractéristiques s'appliquent aussi à la situation des immigrants. Ces conditions sociales s'avèrent, à la lumière des recherches sur le bilinguisme, comme des facteurs exerçant une influence décisive sur le langage (Lambert et al., 1976).

Gardner et al. (1959 et 1972) et Gardner (1966) ont constaté que, dans l'E.L.E., la réussite était particulièrement grande lorsque apparaissait un besoin fort de s'intégrer dans la communauté linguistique en question ou que celle-ci était appréciée par l'apprenant ou plutôt, « socialement considérée » par le cercle familial. Il existe alors une motivation intégrative (intrinsèque), opposée à la motivation instrumentale (extrinsèque), celle-ci apparaissant, par exemple, quand l'apprenant espère, grâce à sa maîtrise de la L.E., obtenir un avantage dans sa carrière. Ces auteurs ont établi en outre qu'à côté de la dimension intelligence-aptitude, il y a une dimension motivation-attitude, et que les deux, indépendamment l'une de l'autre, peuvent déterminer la réussite dans l'apprentissage de la L.E.

Le désir de s'intégrer dans une communauté linguistique socialement considérée, mais en même temps de ne pas se couper de la communauté linguistique représentée par son milieu familial, peut conduire les bilingues à ce qu'on appelle l' « anomie », c'est-à-dire le sentiment de n'être intégré dans aucune communauté. Ceux qui étaient bilingues dès l'enfance ont eu tant de mal à vaincre cette anomie pour s'intégrer dans la communauté linguistique la plus élevée socialement, qu'ils se sont montrés, par la suite, incapables d'apprendre une autre L.E. Ils éprouvèrent inconsciemment, en étudiant une nouvelle langue, les mêmes difficultés que leur avait créées naguère, dans leur enfance, le fait d'être bilingues ; d'où la force de leur réaction de défense (Nida, 1957 et 1971). Les recherches ci-dessus mentionnées montrent bien que l'apprentissage d'une L.E. — au moins pendant la phase de socialisation précoce d'un individu — dépend étroitement du désir de s'identifier aux individus admirés qui font partie de l'autre communauté linguistique, processus qui est admis sans conteste pour l'acquisition de la L.M. A cet égard, le fait que des facteurs socio-psychologiques identiques valent pour l'acquisition d'une L.E. ressort d'autres recherches américaines. Buxbaum (1949) et Greenson (1950) décrivent des situations où, s'agissant de migrants, des réussites dans la langue seconde ne sont apparues que lorsque l'identification forcée avec les parents fut traitée par une psychanalyse.

Si l'apprentissage de la L.E. est lié à la disposition à s'identifier à des individus parlant une autre langue, c.-à-d. à assumer un nouveau rôle social, il est vraisemblable que cette disposition se rencontrera plutôt chez des gens « conviviaux » que chez des taciturnes. Sur ce point, nous pourrons trouver des informations dans les travaux de Pritchard (1952) et de Morrison (1961). Le premier, à partir d'un échantillon relativement restreint de 32 lycéens, montre une corrélation de 0.72 entre la « sociabilité » (mesurée à l'aide de critères d'observation du comportement pendant le jeu, dans les heures de loisir) et la capacité de parler couramment le français. Le second fit évaluer la structure de la personnalité de 80 élèves par leurs professeurs, au moyen d'un questionnaire en 15 points et découvrit que ceux qui éprouvaient des difficultés dans l'E.L.E. étaient précisément ceux qui, d'après le jugement des professeurs, étaient maladroits, renfermés et peu sociables. Sans aucun doute, ce résultat serait à considérer de façon moins critique si l'appréciation n'avait pas été portée par les professeurs eux-mêmes : dans ce cas la relation particulière qui se développe chaque fois dans le couple professeur-élève et qui, vraisemblablement, a exercé une influence sur le jugement porté par le professeur, n'aurait pu être considérée comme une cause possible de performance médiocre.

On l'a dit : le désir de s'identifier à des personnes appartenant à la communauté linguistique étrangère ou de s'intégrer dans celle-ci est d'une importance décisive dans l'apprentissage de la L.E. Mais que pouvons-nous tirer de cette constatation, en ce qui concerne nos écoles ? Seule une minorité d'apprenants a la possibilité de connaître une communauté linguistique étrangère dans les mêmes conditions que celles décrites ci-dessus aux U.S.A. et au Canada. Des mobiles intégratifs analogues pourraient certes être créés par des échanges d'élèves, mais ces possibilités sont limitées et n'entrent dans les faits qu'à un stade avancé de l'acquisition de la langue — si précieuses soient-elles dans l'E.L.E.

Pour l'enseignement aux débutants, il y a la possibilité d'atteindre, grâce aux méthodes audio-visuelles — surtout si elles présentent des scènes motivantes issues du pays de la langue-cible — une situation qui produise une motivation en partie semblable (cf. Scherer, 1964, p. 240). Malgré tout il ne fait aucun doute que, même dans un enseignement de ce type, les facteurs personnels jouent un bien plus grand rôle que ne peuvent le faire les moyens techniques. Plus jeunes sont les élèves, plus forte peut être cette influence (cf. Lambert et *al.*, 1976, p. 93). Ainsi, au moins en E.L.E., il n'existe pas pour l'élève de **représentant de la langue cible plus « important »*** **que le professeur de L.E.** lui-même. Il faut ajouter que, si l'influence du professeur joue un rôle si important, c'est parce que **dans aucune autre matière scolaire on n'exige comme en E.L.E., une identification partielle avec le professeur.** Elle est partielle dans la mesure où elle se limite à l'identification phonétique, encore que le langage (comme les recherches psychologiques mentionnées plus haut l'ont montré et comme le prouve la socio-linguistique) représente une part extrêmement importante de la personnalité de l'individu (cf. les travaux sur l'empathie de Wienold, 1973, pp. 53 sqq.).

Sur le plan de l'oral, l'apprentissage le plus correct d'une L.E. exige de l'élève qu'il imite le professeur en répétant après lui des sons tout à fait étrangers et une intonation autre. Cette dépendance de l'élève à l'égard du professeur est si forte qu'éventuellement il prendra du même coup l'accent **personnel** du professeur, si d'autres modèles langagiers corrects — comme dans l'enseignement audio-visuel — ne se trouvent pas à sa disposition (cf. Guiora et *al.*, 1968, et Guberina, 1970). La

---

* En allemand, **einflussreich**, « riche d'influence ». On aurait traduit par influenceur, si ce mot n'avait été utilisé par Claude Brémond dans un sens tout autre. (N.d.T.)

prise en charge langagière d'un rôle étranger crée des problèmes qui, dans la didactique des langues, ne sont mentionnés qu'en passant, ainsi le fait que les élèves — les adultes plutôt que les enfants — sont inhibés dans l'emploi de la L.E. parce qu'ils craignent de paraître ridicules ou de faire des fautes. Bouton (1969, p. 89) voit dans cette attitude le signe que la personnalité de l'apprenant est — à son insu — mise en cause : « C'est mettre en cause, du moins pour un certain temps, son MOI profond qui s'est édifié à partir de langue maternelle. » Stevick (1976) parle de l'E.L.E. comme d'un *teaching an* **alien** *langage** en raison des problèmes d'interaction qui doivent être surmontés en son sein. L'un des problèmes de l' « aliénation » est l'apprentissage de la prononciation, qui concerne la « self-image » de l'élève (p. 227).

Le psychologue Curran (1961, p. 79), dont nous discuterons ultérieurement les expériences, observe de même : « La menace d'être invité à parler une langue étrangère n'est pas seulement psychologique, tout le système psycho-somatique est directement impliqué. »

La relation avec le professeur peut donc, dans la plupart des cas, être décisive quant au succès ou à l'insuccès dans l'apprentissage des débutants et même plus tard, dans le cursus de l'E.L.E. Mais l'insuccès, dans ce secteur, est chez une majorité d'élèves responsable également de l'échec aux niveaux « supérieurs ».

La plupart des gens oublient rapidement, après leur scolarité, les connaissances qu'ils ont acquises en L.E. Mais ce qu'ils n'ont pas oublié, c'est la relation avec leur professeur ou leurs expériences heureuses ou malheureuses en classe de L.E. Quand des adultes expliquent pourquoi, malgré plusieurs années d'étude, ils ne peuvent communiquer dans la langue en question, ils disent souvent que c'est dû à une antipathie à l'égard du professeur ou à l'égard de son enseignement, tourné préférentiellement vers les connaissances grammaticales et orthographiques. Dans de nombreux cas, ils voient un rapport entre le rejet d'un professeur ou de sa méthode et leur propre insuccès dans la discipline considérée.

Qu'il s'agisse de rafraîchir ses connaissances en L.E. ou d'apprendre une langue entièrement nouvelle après sa scolarité, il est possible que, consciemment ou inconsciemment, surgissent de fortes inhibitions d'apprentissage chez ceux qui ont rejeté leur professeur de L.E. ou qui croient, du fait de leur insuccès, n'avoir aucun « don » pour les langues. Supposons maintenant que la relation avec le professeur de L.E. ait été différente, et que celui-ci, par un enseignement motivant, ait procuré à ses élèves quelques succès, même modestes ; peut-être que, après la scolarité, les notions de L.E. auraient été oubliées tout autant que par les classes de soi-disant haut niveau (le jugement subjectif des professeur est fortement déterminé par le nombre des bons élèves),

---

* « L'enseignement d'une langue **étrangère**. » (N.d.T.)

mais à coup sûr auraient subsisté l'attitude positive à l'égard de cette langue, le désir de la réapprendre et la possibilité de concrétiser ce désir, sans inhibitions. Le professeur qui aboutit à cela a plus obtenu, aux yeux de la plupart des élèves, que celui qui obtient nécessairement, grâce à une sélection continuelle fondée sur l'axiome : « 25 % des devoirs sont toujours au-dessous de la mention passable », un niveau de classe élevé.

L'image esquissée dans la mémoire des adultes d'un E.L.E. fortement marqué par les expériences d'échec et par le poids de la notation, ce dont le professeur est, aux yeux de l'élève, le premier responsable, cette image, malheureusement, n'appartient pas au passé : elle est plus que jamais actuelle. Le poids des exercices et de la notation se répercute plus fortement que jamais sous l'influence du *numerus clausus*. Lors d'interviews d'élèves faites sur ce problème par le journal *Die Zeit* (11/6/1975, p. 46), il n'y en eut qu'un à ne pas se plaindre du poids croissant des exercices dans les écoles. Parmi la multitude des avis contraires, citons une seule phrase : « Ceux qui veulent étudier montrent bien à quelles conditions on peut atteindre ce but. Ils souffrent de troubles du sommeil et tombent facilement malades. » Le second cycle réformé* renforce encore ces symptômes. Un autre élève : Si on est au second cycle réformé, le stress de l'ancienne terminale s'étend sur trois années. »

Et voici ce que dit un professeur : « A chaque semestre recommencent pour les élèves, dans environ huit cours, des luttes " au couteau ", car le professeur doit commencer dès les premières heures à faire des contrôles, s'il veut donner de façon fondée, à la fin du semestre, la note si importante pour le *numerus clausus*. Terrain de chasse pour le bon élève : les plus forts jouent des coudes dans le nouveau système de valeurs pour se hisser au sommet. » (*Die Zeit*, 22/8/1975, p. 26). Devant une telle situation, on pourrait se décourager et renoncer à exiger une interaction professeur-élèves, encourageant l'apprenant et favorisant son identification. Mais c'est justement en considérant une telle situation qu'il faut, plus que jamais, poser cette exigence, pour toutes les disciplines et particulièrement pour l'E.L.E.

Cette situation cause un préjudice non seulement à l'élève, dont la fin ultime n'est pas l'école, mais aussi et surtout au professeur. Si les exigences d'un enseignement interactif étaient remplies, le professeur serait sans aucun doute bien plus satisfait dans son activité professionnelle. Comment un enseignant qui veut faire accéder l'élève à une nouvelle langue et par là à un monde nouveau ne serait-il pas frustré en se rendant compte, de jour en jour, qu'il ne s'agit pour l'élève que d'être **noté**! Les discussions qui ont cours avant la rédaction des bulletins scolaires le montrent d'une façon effrayante. Souvent, elles

---

* D'après une réforme récente (1979-80) en R.F.A., les élèves, durant les trois dernières années du secondaire, se concentrent davantage sur des matières qu'ils ont eux-mêmes choisies et qui correspondent à leurs aptitudes. (N.d.T.)

grèvent si lourdement la relation professeur-élève que remplir les exigences ci-dessus mentionnées devient impensable.

C'est à des exigences du même ordre qu'en arrivent ceux qui se sont penchés sur les travaux socio-psychologiques contemporains orientés vers l'E.L.E. En Europe, ce fut Titone (1964, p. 36) qui, le premier, parvint à la conclusion : « L'enseignant de L.E., qui sent qu'il doit être en même temps un éducateur, doit éviter au jeune élève de subir des expériences négatives. » Le cri d'alarme poussé par le vieux professeur de philologie, Wilhelm Viëtor, nous devons aujourd'hui le répéter : « L'enseignement des langues doit renverser la vapeur ! » En 1882, c'était signifier ainsi une inversion absolument nécessaire quant à la méthode appliquée à notre discipline ; dans la situation actuelle, un changement socio-psychologique et pédagogique s'avère aussi nécessaire.

En R.F.A., Zimmermann (1973) a attiré l'attention sur quelques-unes des recherches que nous avons mentionnées au début de ce livre. Entre autres conclusions, il dit, se référant à Tausch et *al.* (1973, pp. 359 et 364) : « Des psychologues réputés font observer que la conception selon laquelle une compréhension juste des contenus d'expérience aussi bien qu'une interaction pédagogique adaptée à l'individu présupposent la connaissance d'une expertise diagnostico-psychologique reposant sur les tests et l'exploration, cette conception ne peut prétendre qu'à une validité restreinte ; ils notent que **le facteur le plus décisif est l'effort des adultes pour comprendre et pénétrer les sentiments et l'univers personnel de leurs jeunes partenaires** » (p. 11 ; c'est nous, L. Schiffler, qui soulignons).

Par ailleurs, Dietrich (1974, pp. 190 sqq.), en partant d'une réflexion sur les sciences de l'éducation, a réclamé une « sensibilisation renforcée de l'enseignant en L.E. aux dimensions relationnelles de la communication didactique » et a demandé que le rôle de l'enseignant « satisfasse davantage aux points de vue affectifs et orientés vers la thérapie communicative ». Elle poursuit : « Sous ce rapport, les variables que Rogers a développées concernant un comportement pédagogique axé sur la thérapie communicative reçoivent une nouvelle validité. Elles devraient appartenir au répertoire comportemental incontournable de l'enseignant en L.E. afin que soit créée une atmosphère d'acceptation franche et amicale de tous les énoncés produits par les élèves, atmosphère sans laquelle l'élève ne consent que difficilement à oublier ses préjugés par rapport aux " risques de la **langue-cible** ". Il est indispensable au succès de l'enseignement que l'élève ait une attitude d'apprentissage " non crispée ", laquelle cependant ne se présente pas comme allant de soi. D'après Fittkau (1972), les élèves montrent de l'appréhension surtout devant les professeurs qui " prennent leurs distances ", et moins d'appréhension devant ceux " qui se tournent vers eux de façon positive et émotionnelle ". L'appréhension de l'élève pourrait être définie comme le fait de s'attendre " à être blâmé par le professeur ". Fittkau en tire la conclusion que les élèves, en face des professeurs qui inclinent à s'adresser à eux de façon positive, sont plus disposés à dire des choses neuves, originales. Et c'est précisément ce qui leur est demandé en classe de L.E., lorsqu'ils se détachent du système de communication en L.M., qui leur est familier, et qu'ils doivent s'embarquer dans le moyen de communication encore inconnu qu'est la L.E. »

Rogers (1973, pp. 197 sqq.) a pu mettre en évidence le fait que les variables comportementales mentionnées ci-dessus étaient des facteurs efficaces dans l'échange centré sur les usagers et dans tout processus éducatif. Elles définissent rigoureusement le comportement qui rend possible l'identification partielle de l'élève avec le représentant de la L.E., c.-à-d. l'enseignant ; cette identification étant, pour l'E.L.E., à la fois nécessaire et favorable à l'apprentissage. Ces variables sont : les « verbalisations des vécus émotionnels de l'interlocuteur » (voir les problèmes à travers les yeux de l'autre et chercher à les exprimer à sa manière), l' « évaluation positive » et la « chaleur émotionnelle » (intérêt pour autrui et respect de sa personnalité) et enfin l' « authenticité » et l' « auto-congruence » (avoir la franchise de ne pas vouloir jouer un rôle ni dissimuler ses sentiments). (Cf. Tausch et al., 1973, pp. 78 sqq.)

Pour acquérir ce comportement, il n'est pas de voie plus efficace que celle de l'apprentissage social au sein du groupe, ou encore celle d'un entraînement au comportement pédagogique au sein du groupe. Rogers (1970, p. 9) lui-même tient le groupe — au sens de « groupe aléatoire » *(encounter-group)* — pour « une des grandes inventions sociales de ce siècle et vraisemblablement, somme toute, pour la plus puissante ». Le comportement « centré sur le patient » du psychothérapeute vise, selon Rogers, à favoriser l'autonomie du patient. Le même comportement, chez l'éducateur, doit être qualifié de « centré sur l'élève » ou encore « sur le partenaire ». Favoriser l'autonomie, cela veut dire, pour l'apprenant en L.E., qu'il **apprend à apprendre la L.E.** ou plutôt, de plus en plus, à s'enseigner lui-même. La coopération, sous la forme de tandem de responsabilité et de travail de groupe interactif, est une voie appropriée : c'est pourquoi nous en discuterons plus en détail dans les chapitres qui suivent.

2.2. Psychothérapie et E.L.E.

Le psychologue et psychothérapeute Curran (1961) a, durant plusieurs années, mis à l'épreuve les conséquences d'un comportement pédagogique centré sur l'apprenant en E.L.E. Il constitua plusieurs groupes d'apprentissage formés de collégiens. Pendant le semestre d'initiation, chacun de ces groupes disposait, pour quatre langues distinctes, de quatre conseillers en L.E. (« language counselors ») —

qui étaient des « locuteurs natifs » — bien que l'effectif de chaque groupe n'excédât pas douze participants. L'expérience était organisée comme seul un non-spécialiste en didactique pouvait oser le faire. Dans chaque groupe on laissait à la discrétion de chaque participant isolément le choix des langues à apprendre et à parler : allemand, français, italien ou espagnol.

Curran fit cette expérience avec les élèves de trois collèges. Le point de départ de ses réflexions fut le sentiment que la situation de l'apprenant en L.E. s'apparente à celle, pleine d'appréhension, d'un patient en psychothérapie : « L'observation faite par maintes personnes que, lorsqu'elles apprenaient à parler une L.E., elles devenaient angoissées et se sentaient menacées. Les réactions qu'elles décrivaient étaient souvent semblables — sinon identiques — à celle des gens qui, au début d'une consultation, essaient de décrire des problèmes personnels complexes. La menace consistant dans le fait d'être appelé à parler une L.E. n'est pas seulement psychologique : tout le système psycho-somatique est directement impliqué. Ceci est particulièrement vrai si on doit parler cette langue en présence d'autres personnes qui la connaissent bien. La déformation des sons, l'incapacité d'entendre les mots de façon distinctive ou de prononcer des sons nouveaux avec exactitude pourraient par conséquent être considérées comme résultant non seulement de la nouveauté des sons, mais aussi de l'état de tension nerveuse *(stress)* de l'individu. On peut se « cramponner » à une prononciation erronée parce qu'elle est semblable à une prononciation familière dans sa propre L.M. Peut-être trouve-t-on une sécurité dans ce son, alors qu'un son entièrement nouveau est trop étranger et mal connu. » (pp. 79 sqq.)

Pour résoudre ce problème, Curran propose que l'enseignant, face à l'élève, adopte un comportement semblable à celui du psychothérapeute, qui « consiste à réduire le sentiment de menace, d'insécurité et d'anxiété qu'éprouve l'apprenant et à favoriser en lui un sentiment de confiance, d'appartenance et d'**identification à l'expert en langue en même temps que de sécurité dans ses relations avec lui.** » (C'est nous, L. Schiffler, qui soulignons.)

Curran réalise cette exigence de la manièr suivante : les enseignants de L.E. choisis pour l'expérience, étant tous locuteurs natifs, ont reçu une formation en psychothérapie qui les a rendus capables de triompher, par la communication, du sentiment d'angoisse et d'insécurité éprouvé par leurs élèves et de leur donner le sentiment d'être pleinement compris. De plus, ces enseignants ont été placés expérimentalement dans des « situations de menace » où on ne leur laissait pas d'issue, de manière à ce qu'ils puissent, par la suite, se mettre plus aisément à la place de leurs élèves. Comme tous les enseignants vivaient dans un environnement qui leur était linguistiquement étranger, ils avaient une grande compréhension à l'égard des sentiments d'angoisse et d'insécurité éprouvés par leurs élèves. D'un autre côté, ils étaient alors, dans leur enseignement et leur tendance à « assister » leurs élèves, souvent trop protecteurs ou bien trop abrupts et brusques : ce qui provoquait des sentiments ou bien d'hostilité ou bien de trop grande dépendance. Curran appelle *incarnation* (1976, p. 48) une méthode visant à rendre l'enseignant conscient de ces sentiments. L'enseignant qui, en vertu de sa connaissance de la L.E., se sent « adulte » face à l'apprenant, apprend temporairement une langue nouvelle pour lui, dans ce groupe où sont enseignées quatre langues, et fait ainsi l'expérience de la « dépendance infantile » de l'apprenant. (Cf. un changement de rôle analogue chez Möhle, 1974.)

Le cours était divisé en trois groupes. Les participants se tenaient en cercle et déterminaient le thème de l'entretien. Aussi en venait-on à débattre de problèmes très personnels tirés de la vie des élèves. Ce qui rendait possible un enseignement de L.E. aussi exigeant, c'était que l'enseignant en L.E. se plaçait derrière celui qui voulait s'exprimer. Celui-ci faisait connaître à l'enseignant, à voix basse et en anglais (L.M.) ce qu'il voulait dire, mais de telle manière que tous pussent l'entendre. Ensuite, l'enseignant « soufflait » à l'élève en question son énoncé, traduit dans la L.E. visée, de telle sorte que l'élève était assuré de s'exprimer correctement. La façon de « souffler » était capitale : « Le conseiller reflétait alors ces idées dans une tonalité (en L.E.) chaude, accueillante et sensible » (1961, p. 82). Il devenait le « substitut d'un père linguistique » (1976, p. 27).

Ce procédé était employé au niveau 1, et devait donner à l'apprenant la **sécurité maximale**. Lorsque l'apprenant communiquait aux autres ce qu'on lui avait soufflé, l'enseignant l'aidait dès qu'il hésitait ou que des fautes d'expression lui échappaient.

Au niveau 2, l'apprenant commençait à s'adresser au groupe directement en L.E. : premier symptôme de confiance en soi chez l'apprenant en L.E. Ici encore, l'enseignant apportait son aide dès la première hésitation.

Au niveau 3, la règle était de parler sans traduction préalable par l'enseignant. Le groupe devait cette fois comprendre immédiatement les phrases simples en L.E., mais pouvait à tout moment demander une traduction après coup.

Au niveau 4, les apprenants produisaient des phrases de plus en plus complexes. A ce stade, ils étaient considérés comme suffisamment « solides » pour digérer également, de la part de l'enseignant, des corrections grammaticales.

Au niveau 5, l'enseignant intervenait même pour proposer des constructions plus élégantes ou des tours idiomatiques. Les apprenants de ce niveau jouaient également le rôle d' « assistants » auprès de l'enseignant en L.M. pour les niveaux 1 à 3.

Il n'existait pas de séparation tranchée entre ces différents niveaux. Les participants pouvaient à tout moment passer d'un niveau à un autre, « vers le haut » comme « vers le bas ». Toutes les séances étaient enregistrées sur bande magnétique. Ou bien elles étaient repassées immédiatement après aux participants, ce qui permettait de corriger les contributions de chacun, ou bien les enseignants seuls les auditionnaient et informaient ensuite chacun en particulier, par écrit, des fautes qu'il avait commises. Parfois aussi, on transcrivait la totalité de l'enregistrement, qu'on diffusait à l'aide d'un rétro-projecteur, si bien que les participants, durant l'écoute en commun, avaient également sous les yeux la représentation graphique de leurs paroles.

Aux niveaux 1 et 2, on employait le plus souvent des enseignants de L.E., dans la proportion d'un pour trois apprenants. Dans les cours correspondant aux niveaux supérieurs, les enseignants en L.E. se trouvaient en dehors de la classe, captaient les entretiens et n'intervenaient que par l'intermédiaire de haut-parleurs. Ensuite, les apprenants recevaient des écouteurs, de façon à être seuls à entendre les corrections de l'enseignant.

Tous les participants inscrivaient sur une échelle décimale le profit linguistique qu'ils comptaient obtenir à la fin du cours. A la fin du semestre ils pouvaient inscrire sur la même échelle le degré auquel ils pensaient être parvenus, et en discutaient. D'après leur estimation subjective, ils avaient largement dépassé le programme qu'ils s'étaient fixé. Lorsqu'ils avaient appris, au début, que l'on enseignerait quatre langues à la fois, ils avaient été sceptiques et très troublés. Curran dit, à propos de la discussion sur les résultats : « Dans les enregistrements, les apprenants exprimaient leur surprise quant aux possibilités de faire cela et devant le fait qu'ils aient été capables de participer de façon si prolixe à une discussion en quatre L.E. Ils n'exprimaient pas seulement un intense sentiment de participer avec les autres, mais aussi une profonde identité avec les quatre langues. En fait, ils avaient acquis un sentiment croissant de l'unité de ces langues ainsi que **leur propre identification à cette civilisation commune** (1961, p. 89 ; c'est nous, L.S., qui soulignons). Ces observations concordent exactement avec les exigences présentées en tête de ce livre. Il en va de même pour ce que Curran put constater quant aux inhibitions traumatiques et émotionnelles de quelques participants face à certaines L.E. Ces inhibitions devaient être attribuées à des expériences d'échecs largement antérieures, dans la L.E. en question.

En ce qui concerne le climat du groupe, Curran poursuit : « Dans les groupes à « conseillers langagiers », chaque apprenant avait un profond sentiment d'être accepté et de faire partie de l'ensemble » (p. 90). Il parle aussi du fait que les apprenants pouvaient se rappeler avec précision le moment où se produisait le « turning point »*, où apparaissait le « seuil langagier » *(language threshold)* à partir duquel ils se sentaient dans la L.E. « comme chez eux ». Sur ce moment décisif, Curran écrit : « Il s'apparentait de près à un profond sentiment d'appartenance psychologique et de partage avec le conseiller langa-

---

* On pourrait rendre cette expression par *décollage* (N.D.T.)

gier » (p. 91) et plus loin : « Ce processus était sans aucun doute favorisé par l'habileté du conseiller langagier à établir une relation chaleureuse, faite de compréhension et d'accueil. Lorsque cela se produisait, le conseiller cessait d'être une personne étrangère et devenait pour l'apprenant un « autre moi-même langagier » *(other language self)* (p. 92). Suivant les dires des apprenants, on arriva même, dans quelques cas, à vaincre une timidité personnelle et certains blocages langagiers. On en vint à une communication effective en L.E. : « Un autre résultat fut la prise de conscience croissante de ce que le langage, c'est véritablement des **individus**. Ce qui signifie que le point de mire s'est déplacé de la grammaire et de la formation de la phrase vers un sentiment de plus en plus profond de communication personnelle » (p. 92).

Des tests standardisés de compréhension de l'écrit et de l'oral, comportant quatre degrés de difficulté dans toutes les langues apprises (hormis l'italien), furent proposés aux groupes expérimentaux comme aux groupes de contrôle. Ces derniers étaient composés de 169 étudiants d'université qui avaient suivi les cours d'allemand, de français et d'espagnol durant la même période.

Les résultats des tests oraux et écrits montraient un gain évident. Maints étudiants avaient de meilleurs résultats dans toutes les langues que les apprenants des autres cours dans une langue unique. Les groupes expérimentaux avaient bénéficié de moins d'heures d'enseignement que les groupes de contrôle. Curran ne fournit pas les résultats précis des tests. Il tire la conclusion que les résultats en expression orale (non mesurée) auraient dû être au moins aussi importants, ce qui ne fait pas de doute puisque sa méthode était adaptée principalement à la communication dans le groupe. Une jeune fille reçut, au concours d'admission à une autre université que la sienne, la meilleure note en français, alors qu'elle avait appris cette langue exclusivement à travers l'enseignement expérimental. Et elle-même avait l'impression d'avoir appris autant en italien et plus encore en espagnol.

Il est regrettable que Curran n'ait fait aucun test de départ, ne nous ait pas donné d'informations précises sur les garanties que nous pourrions avoir relativement à l'influence exercée par d'éventuelles connaissances antérieures dans l'une ou l'autre L.E. sur le résultat du test et ne nous ait pas dit si, à l'annonce d'une expérimentation en L.E., des étudiants particulièrement doués pour les langues ne se seraient pas éventuellement inscrits dans son cours.

Mais devant le fait que Curran a alourdi la tâche des groupes expérimentaux d'une façon considérable, qu'on peut presque qualifier d'absurde, en enseignant quatre langues à la fois, la critique ne devrait pas peser d'un poids très lourd. Ses recherches sont étayées par de nombreuses autres recherches en Bulgarie et en Union soviétique, qui, de façon tout à fait indépendante de Curran, poursuivent un but analogue.

La méthode de Curran a été pratiquée ces derniers temps, surtout dans le cadre du *British Council*, sous l'étiquette de *Community language learning* (C.L.L.). Des comptes rendus d'expériences dans ce domaine ont été publiés par Stevick (1980), Bolitho (1982) et Rinvolucri (1983).

2.3. L'enseignement suggestopédique des langues étrangères.

Les recherches du médecin bulgare Lozanov (Ministère de l'éducation) au sujet de la suggestologie — c'est-à-dire la science traitant de l'influence exercée sur les hommes par le moyen de la suggestion et de la suggestopédie et l'application de la suggestologie dans le cadre de l'éducation — ont trouvé depuis des dizaines d'années un écho positif, particulièrement au Canada et en Union Soviétique, et ont provoqué d'autres recherches intensives.

Ce qui frappe à première vue dans la suggestopédie, c'est le rôle de la musique. Selon Lozanov, celle-ci peut être aussi bien utilisée dans un cours de mathématiques que dans un autre cours. Mais en fait les premières recherches sur la suggestopédie portèrent sur l'enseignement des langues étrangères, et celle-ci s'étendit hors des frontières de la Bulgarie exclusivement en tant que méthode d'enseignement des langues étrangères. Le psychiatre et médecin Lozanov (1971) consacra 20 années à l'étude de l'hypnose, de la suggestion et de l'hypermnésie (le développement extraordinaire de la capacité de mémorisation) avant de se tourner vers l'enseignement des langues étrangères, car celui-ci s'avérait particulièrement adéquat — à cause de l'apprentissage du vocabulaire — pour rassembler des preuves expérimentales.

Lozanov déposa en 1966 un compte rendu, dans lequel il était prouvé que plus de 1 000 mots français avaient été appris et retenus en une séance expérimentale suivant la méthode suggestopédique (Racle, 1977).

« L'Institut de Recherches sur la Suggestologie » de Sofia fut créé suite à ses recherches ; ses travaux sont rassemblés dans le compte rendu du congrès « Problems of Suggestology » (Ministère de l'Education, 1973).

Lozanov se rendit compte de l'efficacité de la suggestopédie en faisant des essais avec 102 jeunes à qui l'on avait passé, douze fois en tout — avant et pendant le sommeil — une bande magnétique sur laquelle étaient enregistrés 31 mots russes, accompagnés de leur traduction, et un poème russe. Lozanov mit le résultat positif sur le compte de **l'état de confiance et de détente** des participants au moment de la réception des informations.

Au cours d'une autre expérience, les mêmes participants reçurent les informations seulement avant le sommeil. On leur avait laissé croire qu'ils continuaient à les recevoir également pendant le sommeil. En fait, les performances de la mémoire furent aussi concluantes que lorsque ces informations avaient été données pendant le sommeil. Il était donc clairement établi que l'apprentissage suggestopédique se basait sur le style détendu de l'apprentissage et sur le fait que les participants étaient, selon les dires de leur professeur, persuadés de faire preuve d'une aussi grande performance de mémoire que lors de la première expérience.

Quels sont les principes de la suggestopédie ?

Elle se base principalement sur :
1. l'interaction suggestive entre le professeur et l'apprenant, ce qui favorise l'apprentissage ;
2. le plaisir et l'absence d'état de tension au cours du processus d'apprentissage ; s'il y a fatigue ou peur, l'apprentissage suggestopédique s'avère impossible ;
3. la prise en compte de la réception consciente et à partie égale de la réception **inconsciente** d'informations de la part de l'apprenant. Cette dernière sera favorisée par l'influence non verbale exercée sur l'apprenant, grâce à la salle et aux moyens d'étude, et surtout grâce au comportement du professeur.

Le comportement du professeur dans un cours suggestopédique peut être décrit brièvement de la manière suivante : il utilise consciemment l' « effet Pygmalion » ou l' « effet Rosenthal » (Rosenthal et *al.*1968), c'est-à-dire qu'il leur fait comprendre, consciemment et surtout inconsciemment, la plupart du temps au moyen d'une communication nonverbale, qu'il est convaincu de leur réussite. Cette composante non-verbale est ce qui rend si difficile une description du comportement suggestopédique du professeur.

C'est pourquoi l'enseignant doit être lui-même convaincu de la méthode et également représenter une autorité en la matière vis-à-vis des élèves, créer une atmosphère de confiance et de détente, et éviter toute critique négative, serait-elle cachée, telle que par exemple « cette fois-ci, c'était bien ». Il doit plutôt corriger les plus capables, ceux qui désirent une correction, correction dont les moins forts peuvent profiter. Il doit favoriser un travail en commun des élèves. Le prestige de la méthode et les capacités d'enseignement du professeur doivent exercer une influence convaincante sur les élèves. Il leur communique ainsi la conviction qu'ils sont capables d'accomplir des performances étonnantes. L'accent mis sur l'autorité du professeur aura également pour but d'éviter l'emploi de moyens techniques d'enseignement, qui remettrait cette autorité en question.

Il est certain qu'un tel comportement suggestopédique de l'enseignant sera d'autant mieux compris et assimilé, s'il en a fait lui-même l'expérience. C'est dans cette optique qu'un groupe de recherche a suivi un cours en Bulgarie (Commission de la Fonction Publique du Canada,

1975, p. 3) et que les enseignants apprirent tout d'abord une langue inconnue, d'après la méthode suggestopédique, à l'Institut Pédagogique d'Etat Lénine, et à l'Institut de Recherches de la Suggestologie (Smirnova, 1975).

Le comportement suggestopédique sera concrétisé au mieux par un argument ex contrario. Dans un cours, le professeur utilise souvent des facteurs **anti-suggestifs,** qui compliquent sans raison son enseignement. Par exemple, l'enseignant explique aux élèves le degré de difficulté de la matière, quel travail il est nécessaire d'accomplir pour surmonter ces difficultés ; ce qu'il illustre par des devoirs compliqués, que les élèves ne parviennent pas à résoudre ; il n'est jamais indulgent vis-à-vis des fautes, et fait comprendre aux élèves qu'ils ne savent encore que très peu de choses, que leurs performances sont remplies de fautes ; il les oblige à faire souvent des répétitions inutiles, et est convaincu de la mauvaise volonté d'apprentissage de la plupart des élèves.

La suggestopédie se base principalement sur certains faits : l'enseignant évite de telles informations verbales et non verbales, et communique au contraire, de manière consciente, les informations opposées aux élèves. Le fait que le comportement suggestopédique de l'enseignant ne soit pas facile à décrire est peut-être à l'origine du malentendu suivant : l'élément **essentiel** de la suggestopédie ne serait que, soit l'hypnose, l'hypnopédie ou le training autogène, soit des formes d'expression musicales ou artistiques, telles que la musique, la rythmique, l'intonation ou le jeu de rôles (voir les comptes rendus de Racle, 1977, pp. 5 sqq, et de Lozanov, 1973, pp. 659 sqq.).

Pour compléter l'explication déjà donnée, nous allons présenter maintenant le déroulement d'un cours suggestopédique de langue étrangère. Cette présentation repose sur les observations personnelles de l'auteur au Canada avec l'appui de nombreuses prises de vue vidéo, et sur les descriptions de Bancroft (1972) et de Saféris (1978).

La pièce dans laquelle se déroule le cours correspond exactement à une pièce d'habitation, seule la présence d'un tableau et de haut-parleurs introduit une différence. De confortables fauteuils, avec de grands dossiers, sont disposés en demi-cercle.

Tout d'abord, le professeur explique aux élèves les principes d'un enseignement suggestopédique, ainsi que nous les présenterons plus bas. Mais surtout il insiste sur le fait que 1800 mots seront appris sans fatigue, et que 93 % d'entre eux seront retenus, au cours du séminaire qui durera 5 semaines, ce qui permettra aux apprenants de participer à une conversation de tous les jours dans la langue-cible. Il n'est pas absolument nécessaire que l'élève croie à cette méthode ; l'important est qu'il soit prêt à y participer. La seule chose qu'il devra faire sera de lire un nouveau texte, comme il lirait un journal, pendant 15 à 20 minutes, avant de s'endormir, et après le réveil.

Le cours commence ainsi : le professeur présente le sujet de la leçon. Au début, il parle à rythme normal, mais il traduit doucement chaque phrase dans la langue maternelle, donnant de brèves indications grammaticales, lorsque cela semble indispensable. Il présente les personnages qui apparaissent dans la leçon et qui, grâce à leur activité, ont un certain prestige social. Chacun des 12 élèves reçoit désormais le rôle d'un des personnages présents, rôle qu'il conservera tout au long du cours. Le nouveau nom de chacun comprend un phonème qui n'existe pas dans leur langue maternelle, et qui est donc difficile pour l'apprenant. Après un cours exclusivement audio-oral ayant duré plusieurs heures, le professeur donne à chacun personnellement le manuel, en accompagnant à chaque fois son geste de quelques mots. Ce manuel comprend 10 leçons. Chaque leçon est composée d'un dialogue d'environ huit pages, qui se trouve à gauche, alors que le côté droit est réservé à la **traduction** intégrale.

Les participants consacrent les premières leçons à faire connaissance, et le reste du cours de débutants, au domaine concernant la vie de l'**apprenant**. Le contenu du cours est fait de manière à ce que quelques-uns des personnages y apparaissant soient originaires d'une ville du pays des participants, et qu'ils informent les autres sur les coutumes de leur vie dans ce pays-là.

C'est seulement dans les cours suivants que l'on traitera le pays de la langue-cible.

Le professeur présente la première leçon avec quelques phrases. Il traduit chaque phrase, mais d'une voix douce et calme. Il pose des questions aux élèves dans la langue étrangère. Ceux-ci y répondent ou bien les répètent.

Une **séance active** suit cette phase. Le professeur présente le texte avec un accompagnement musical, en adaptant autant que possible sa voix au rythme de la musique — de préférence baroque. Les participants lisent au fur et à mesure le texte écrit et, si nécessaire, la traduction.

La séance active est suivie de la **séance passive** (phase de concert) : les apprenants sont assis de manière tout à fait détendue dans leurs fauteuils et respirent calmement. Ils entendent un morceau de musique baroque. Peu après que la musique ait commencé, le professeur commence à relire, à voix haute, de la même façon, le dialogue. La fin de l'heure se déroule dans un silence complet, jusqu'à ce que le professeur ait quitté la salle en premier.

Ceci dure deux fois deux heures, avec une demi-heure de pause. L'exploitation suit ces deux premières « heures doubles », le jour suivant. Le professeur répète le contenu de la première leçon dans un dialogue avec les apprenants. Les élèves gardent le rôle qui leur a été donné au départ, de telle manière que leurs réponses se transforment peu à peu en renseignements fictifs sur eux-mêmes ou bien sur leur rôle. La grammaire est expliquée et étudiée suivant le même modèle, sans pour cela que le professeur s'y attarde trop longuement, afin que l'élève ait l'impression d'avoir affaire à un phénomène grammatical simple à apprendre, et qu'il maîtrise d'ores et déjà. Il est à conseiller d'éviter toute explication grammaticale exhaustive, à cause de son effet

« anti-suggestif ». Différentes formes de jeux et accessoires visuels sont utilisés à tour de rôle. Le professeur **ne corrige pas,** mais au contraire encourage chaque intervention, même si elle est faite dans la langue maternelle. Dans certains cas, le professeur corrige indirectement, en reprenant, « sans en avoir l'air », l'expression fausse de manière correcte, après avoir encouragé l'élève.

On attribue une grande importance au **ton affectif** employé par l'apprenant, ce à quoi le professeur l'aura initié.

Au cours de la deuxième « heure double », le reste de la leçon est traité sous forme de jeux de rôle, brefs et amusants, d'exercices structuraux accompagnés de lancements de balles ou d'une chanson. Le professeur aide en soufflant — aussi de nouveaux mots dont il donne immédiatement la signification dans la langue maternelle. A la fin de la 3e heure du deuxième jour, les apprenants ont fait la connaissance de 200 mots, avec environ 12 structures aux variations différentes, et de la palette complète des phonèmes de la langue française.

Le troisième jour, l'application des éléments connus de la langue est pratiquée dans des situations entièrement nouvelles. Les apprenants font des exercices écrits sur ce qu'ils n'avaient connu jusqu'à présent que par la lecture.

Le professeur fait des propositions de comportements de rôles non conventionnels, ce qui donne un intérêt particulier au jeu de rôle, même si celui-ci devient parfois, du point de vue du langage, incompréhensible pour l'observateur.

La deuxième leçon est présentée, à la deuxième « heure double », du deuxième jour, de la même manière que la première leçon le premier jour, de nouveau avec 200 mots nouveaux, et plusieurs nouvelles structures.

Le quatrième jour se déroule comme le deuxième, le cinquième comme le troisième, avec l'introduction de la leçon suivante, et ainsi de suite. Après cinq semaines, comprenant chacune cinq jours d'école (en tout 75 heures), les dix leçons, comprenant 1 800 mots, ont été traitées. Le test se déroule à la fin, avec 100 mots, 10 phrases orales et 10 phrases écrites qui, à chaque fois, sont traduites par écrit par les participants. Cette description montre à quel point l'enseignement suggestopédique peut être comparé, à divers niveaux, à un enseignement de langue étrangère favorisant une communication active, tel qu'il est pratiqué dans de nombreuses écoles du secondaire.

Nous allons, dans ce qui suit, commenter plus précisément les recherches concernant les facteurs suggestopédiques dans l'enseignement décrit précédemment, et les expériences faites sur l'enseignement suggestopédique d'une langue étrangère.

Les facteurs suggestopédiques ne se rapportent pas seulement, ainsi que nous l'avons déjà annoncé, à l'enseignement, mais aussi à la salle de cours et aux moyens d'enseignement. La pièce devrait être arrangée de telle manière qu'elle ne rappelle absolument pas une salle de classe. Des images, des meubles, et surtout de confortables fauteuils, disposés en cercle doivent plutôt donner l'impression d'une pièce d'habitation agréable, au lieu de faire penser à une salle de cours. Suivant le même processus, le manuel doit plutôt inciter, grâce aux images, aux proverbes et aux anecdotes, à une lecture agréable, qu'à un apprentissage pénible.

Les « phases de concert » et les intonations diverses dans la voix du professeur sont, pour les observateurs non concernés, les facteurs qui sont tout de suite reconnus comme différents d'un cours de langue habituel. Il a été prouvé, lors d'une expérience, que les seuls éléments suggestifs de l'intonation et de la phase de concert — sans qu'un cours soit fait — engendraient une augmentation de la mémorisation jusqu'à 51,3 %, en ce qui concernait la compréhension passive (en langue maternelle) de 20 mots inconnus (des adjectifs) (Ganovski, 1975). Ces résultats ont été confirmés par d'autres expériences avec 1 400 élèves (Balevski et *al.*, 1975). Les recherches furent renouvelées en dehors de Bulgarie, et des résultats similaires furent obtenus, notamment en U.R.S.S. (Smirnova, 1975). Les 12 groupes expérimentaux de contrôle devaient apprendre, sous forme de dialogues, pendant un séminaire de deux mois (39 jours de cours) jusqu'à 3 fois plus de mots (2 530) que les groupes de contrôle (827 mots). Les groupes expérimentaux étaient non seulement supérieurs en ce qui concerne la mémorisation, mais ils auraient retenu plus de 90 % du vocabulaire appris ; après le deuxième mois, ils en savaient environ 91 %, malgré un programme deux fois plus vaste.

Le même processus se déroula lors des recherches à longue durée de Lozanov (1973), dans la période d'une année scolaire : une classe recevait tous ses cours suivant la méthode suggestopédique ; les programmes prévus purent être terminés deux mois plus tôt, bien que le nombre d'heures d'enseignement et les devoirs à la maison aient été moins importants. A la place de ceux-ci, cette classe eut des cours de sport et de musique. Le climat social était meilleur, élèves et parents considérant, sans exception aucune, la méthode comme positive.

Il est compréhensible que l'effet positif de cet enseignement des langues étrangères sur des apprenants qui sont atteints psychiquement ait été démontré par plusieurs recherches (Kolarova, 1973). C'est dans cette optique que d'autres expériences eurent lieu, uniquement avec des malades mentaux ; elles ont démontré que ces cours de langue étrangère étaient plus efficaces que d'autres moyens thérapeutiques, et qu'entre autres les possibilités intellectuelles des participants pouvaient être accrues (Kolarova et *al.*, 1975).

Au cours de plusieurs expériences, les répercussions positives de la méthode sur les relations existant entre les apprenants furent mentionnées. Dans l'une d'elles, qui comprenait 156 étudiants répartis en 13 groupes, on examina l'intensité de l'interaction et l'augmentation de la capacité de mémorisation. Les deux variables atteignirent une valeur étonnamment haute (Punchev 1973).

Les arguments critiques sont quasi inexistants dans les publications citées précédemment. Il a été seulement mentionné une fois que la quantité du lexique communicatif appris aurait encore nécessité un complément grammatical (Bassin et *al.* 1973, p. 115).

L'expérience la plus poussée en apparence, tout au moins celle qui est expliquée de la manière la plus détaillée, a été faite au Canada (Commission de la Fonction Publique du Canada, 1975). Outre celle-ci, deux expériences ont été menées, la dernière sur une base plus élargie (4 groupes expérimentaux et 4 groupes de contrôle). Tous les élèves savaient qu'ils participaient à une expérience, mais les groupes d'essai, contrairement aux groupes de contrôle, étaient formés de manière hétérogène, en fonction du goût des participants pour les langues étrangères, et comprenaient ceux qui s'étaient portés **volontaires**. Ceci est une division qui, bien que compréhensible, aurait pu influencer les résultats en faveur de ces mêmes groupes expérimentaux. Les cours eurent lieu à mi-temps, pendant 22 jours, durant à chaque fois 3 heures, avec une pause d'une demi-heure, en français et en anglais.

Puisque le cours suggestopédique était spécialement centré sur la capacité de communication, un test contrôlant uniquement celle-ci fut conçu. On y ajouta en plus le test M.L.A. (Modern Language Association), qui, lui, n'est pas centré sur la communication. D'après celui-ci, il n'y avait pas de différence entre les groupes, alors que d'après le test de communication (des questions orales, 20 principales et 20 complémentaires), au contraire, les apprenants qui avaient suivi le cours suggestopédique étaient nettement supérieurs du point de vue de la compréhension, mais aussi du point de vue de l'expression.

Dans un compte rendu (non daté) demandé par le gouvernement canadien, Bibeau critique cette expérience. D'après l'auteur, des facteurs tels que l'intelligence, la personnalité, le professeur et le rythme d'apprentissage auraient été négligés (p. 20). Il se prononce contre une répétition de cette expérience, tant que ces facteurs ne peuvent pas être contrôlés, et surtout parce qu'il met même en question la méthode suggestopédique. Sans même avoir pris connaissance des recherches de Lozanov, il met en doute, dès le départ, tous les principes de la méthode. Il s'oppose aux prétentions de la méthode suggestopédique d'atteindre une plus haute performance de mémorisation, donc de meilleurs résultats, en affirmant que celle-ci se contente d'une connaissance superficielle de la langue étrangère. Il est possible que cette supposition de Bibeau, malgré son ignorance des recherches de Lozanov, soit fondée, puisque les résultats des expériences de ce dernier se basent en général seulement sur le nombre de mots appris.

Apparemment et en réaction à cette critique, la Commission de la Fonction Publique du Canada (Todesco 1978) a effectué des recherches étendues et minutieuses avec 112 apprenants adultes, afin de trouver les critères d'aptitude pour un cours suggestopédique. Dans cette optique-là, les facteurs de personnalité, de recrutement et de caractéristiques d'apprentissage, entre autres, ont été spécialement pris en considération.

Il en résulte que l'aptitude à apprendre une langue dans des conditions naturelles, qui ne seraient pas typiquement scolaires, et le désir de communiquer oralement sont, entre autres, les critères de réussite d'un apprentissage avec la méthode suggestopédique (p. 63 sqq.). Les résultats des tests démontrèrent d'autre part qu'il n'y avait pas de différence significative entre les groupes qui avaient suivi un cours audio-visuel basé sur une progression grammaticale et ceux qui avaient suivi un cours suggestopédique. Ce contrôle final a été fait en fonction du M.L.A.-M.A. « Co-operative Foreign Language Test of French » et du « test de communication » développé pour cette expérience. Les résultats détenus par le Language-Knowledge-Examination, qui accorde une plus grande importance à l'exactitude grammaticale, ont montré, en ce qui concerne l'expression orale, la supériorité du groupe qui avait reçu un enseignement audio-visuel.

Malgré tout, les apprenants qui avaient suivi l'enseignement suggestopédique se montrèrent très satisfaits de la méthode. Todesco commente à ce sujet (p. 67) : « ... it may nevertheless have an effect that extends beyond the classroom, in a more positive attitude to communicate on the job and in a willingness to continue acquisition of their second language » *.

La contradiction entre les résultats totalement positifs de Bulgarie et ceux, plus critiques, du Canada nécessite une explication. Les recherches en Europe de l'Est se réduisent, comme nous l'avons déjà mentionné, au contrôle des connaissances passives, puisqu'il a seulement été demandé aux participants de traduire des informations orales et écrites. Sans que ceci ait été perçu par les partisans de la suggestopédie, on pourrait ici parler de l'extension de la suggestopédie au niveau des contrôles des buts d'apprentissage. Il suffit pour cela d'être conscient de la diminution de la motivation, lorsque le professeur et les élèves sont désespérés par le grand nombre de fautes dans les dictées et les devoirs de grammaire en français. Si nos élèves n'étaient estimés que d'après leurs versions, les professeurs, comme les élèves, auraient certainement beaucoup plus souvent une impression positive en ce qui concerne l'apprentissage. Nous n'essayons nullement ici de plaider pour la version, mais on pourrait donner aux élèves plus souvent l'occasion d'obtenir des feed-backs positifs en leur proposant des tests informels sous forme de « choix multiple », qui seraient basés sur une communication réelle.

Les recherches canadiennes non seulement nous informent avec plus de précision sur les différents systèmes d'évaluation, mais s'efforcent aussi de donner des mesures de contrôle différenciées pour toutes les capacités. Il est compréhensible qu'un cours audiovisuel, dans lequel on accorde une grande importance, par le moyen d'exercices spéciaux, à l'assimilation progressive des phénomènes grammaticaux, donne de tels résultats.

---

* « Il peut néanmoins avoir un effet qui s'étend au-delà de la salle de cours, et se marque par une attitude plus positive pour communiquer dans leur travail et par l'empressement à continuer l'acquisition de la L.E. »

D'autre part, on ne peut négliger le fait que les professeurs du cours audiovisuel, qui travaillaient dans le même institut que les professeurs du cours suggestopédique, avaient été influencés par l'engagement de cet institut, pendant plusieurs années, pour la suggestopédie, et qu'ils aient acquis des facteurs suggestopédiques dans leur comportement d'enseignant.

En fait, l'étonnant dans ces expériences a été que l'enseignement suggestopédique, où l'accent est mis sur le comportement encourageant du professeur, sur la communication dans le groupe et sur l'apprentissage sans contrainte, a obtenu le même succès **malgré** la plus grande densité du programme.

La critique la plus véhémente vient d'un didacticien allemand, Mans (1981) qui — par contre — n'a jamais fait lui-même de recherches en suggestopédie. Il récuse sévèrement les calculs statistiques de Lozanov en se basant uniquement sur ses publications. Mans reproche notamment une méconnaissance des procédés statistiques et une information insuffisante au sujet des méthodes empiriques.

Au cours d'une présentation statistique très détaillée, effectuée seulement avec un nombre réduit de participants, von Baur (1982) contrôla avec des instruments médicaux non pas l'enseignement suggestopédique en soi, mais seulement quelques facteurs, à savoir la mémorisation, dans un état de détente, ainsi que le conditionnement créé par un accompagnement musical. Les résultats, quelquefois contradictoires, démontrèrent malgré tout que la musique peut favoriser la détente et une plus grande réussite dans l'apprentissage.

Nous allons essayer, dans les lignes suivantes, de répondre à la question concernant l'application de la suggestopédie à l'enseignement des langues étrangères dans nos écoles.

Nous n'avons pas d'informations plus précises en ce qui concerne l'enseignement suggestopédique des langues étrangères dans les écoles bulgares, mis à part les résultats positifs déjà cités.

Malgré les succès remportés dans les écoles bulgares, il reste possible que la méthode suggestopédique perde de son efficacité à partir du moment où elle est appliquée dans un enseignement scolaire extensif de quelques heures seulement par semaine, puisque les moments positifs pour l'apprenant se répartissent dans le temps. Malgré tout, les expériences montrent que l'instauration à l'école de phases intensives pour cours de débutants est également possible. Dans cette direction, des essais encourageants ont déjà été effectués (cf. Preißendörfer, 1974). La meilleure manière de mettre en pratique cette revendication est d'introduire de telles phases intensives dans toutes les écoles et à tous les niveaux, ainsi que l'ont déjà pratiqué quelques « Gesamtschulen » (Ecoles uniques)* à Berlin (Ouest). Ces phases intensives pourraient être périodiquement réservées aux cours de langues étrangères pour débutants.

---

* Ecoles que fréquentent des élèves de niveaux hétérogènes (à peu près C.E.S. français, plus classes terminales des lycées). (N.d.T.)

Le caractère expérimental de ces phases intensives faciliterait sans doute la réalisation du cours suggestopédique. Mais les résultats donnés par la suggestopédie peuvent être aussi favorables pour l'enseignement extensif des langues étrangères à l'école. Le fait que le professeur joue un rôle primordial dans le succès d'un cours de langue étrangère n'est pas contesté par la didactique, mais malgré tout celle-ci s'est beaucoup trop peu préoccupée jusqu'à présent du rôle du professeur et des conséquences de son comportement. La suggestopédie est à ce sujet très précise. Ces constatations ont été utilisées par l'auteur dans sa présentation du comportement « interactionnel » du professeur et pour l'ébauche d'un « training interactionnel pour professeurs de langues étrangères » spécialement orienté sur leur comportement en classe (Schiffler, 1980).

Il paraît évident qu'un tel comportement du professeur est plus facilement réalisable dans de petits groupes d'apprentissage, comme c'était le cas dans les expériences citées. Les expériences concernant la suggestopédie sont une nouvelle preuve de la nécessité de n'avoir que de petits groupes lorsqu'il s'agit de débutants. Mais si le professeur n'apprend pas, grâce à une formation professionnelle continue, à avoir un nouveau comportement plus efficace vis-à-vis des élèves, il aura certainement tendance à conserver un style autoritaire renforcé par le fait que les classes sont chargées, et cela même s'il se trouve face à un groupe restreint.

Une conséquence des recherches de Lozanov serait de reconnaître le caractère anti-suggestif de notre système scolaire qui, pour des raisons d'évaluation, oblige le professeur à corriger strictement l'oral et à faire faire un nombre précis d'interrogations écrites, ce qui a évidemment pour effet de décourager, dès le départ, bon nombre d'élèves. Une méthode suggestopédique consisterait à faire écrire régulièrement des tests, informels de préférence — c'est-à-dire des tests qui contrôlent uniquement les connaissances passives. Ces tests ne seraient pas notés et leur seul but serait de donner aux élèves la possibilité de s'auto-évaluer.

Par rapport à l'importance centrale prise par le comportement du professeur, les autres éléments suggestifs sont, à mon avis, secondaires. Ces éléments ne jouent un rôle important que s'ils sont liés à un comportement adéquat du professeur. Il est par contre plus facile de les introduire dans la classe.

Ainsi, il serait possible de procurer aux élèves un matériel bilingue. L'argument majeur de Butzkamm (1973) en faveur d'une traduction donnée par le professeur est un gain de temps, temps qui peut être alors utilisé pour un travail plus intensif de la langue. La suggestopédie va plus loin. L'enseignant peut renoncer à une traduction, puisque chaque élève reçoit côte à côte le texte original et sa traduction, ce qui sécurise l'apprenant et rend possible la mémorisation d'un programme plus dense. D'autre part, la traduction laisse plus de place aux phases unilingues : les phases de fixation et de répétition prennent la place de l'explication unilingue souvent pénible d'un nombre restreint de mots.

Pendant ces phases, l'intonation du professeur et la musique de fond rendent possible un apprentissage dans un état de détente et une meilleure mémorisation.

L'insistance sur le rôle du professeur en suggestopédie a conduit Lozanov à un refus d'utiliser la technique. Il craint qu'elle ne porte préjudice au prestige de l'enseignant. Ceci dépend peut-être de la qualité des médias qu'il connaissait, ou de l'expérience négative lorsque ces médias sont employés de manière excessive, ce qui entraîne une diminution de l'engagement personnel du professeur. Mais ces conséquences négatives découlant des médias peuvent être, sans aucun doute, évitées.

Lozanov se contredit lui-même lorsque d'une part, il met en évidence les éléments suggestifs de chaque forme de représentation artistique utilisée en cours et les exploite pour l'enseignement tant qu'elle appartient au domaine de la musique, et que d'autre part, il ne veut pas les reconnaître en tant que tels lorsqu'il s'agit par exemple d'un film, même si celui-ci se révèle être motivant.

Il se déclare contre toute répétition monotone, donc anti-suggestive, ce qui devrait l'amener à se servir, dans la phase de répétition, non seulement de la musique, mais aussi de moyens visuels.

Les autres phases de son cours correspondent à un enseignement communicatif, qui stimulerait l'initiative personnelle de l'apprenant, ce qui correspond à un des objectifs de notre enseignement. A mon avis, cet objectif ne peut être atteint que si le professeur a un comportement suggestopédique.

Voilà une raison supplémentaire pour que la didactique des langues étrangères fasse des recherches concernant le rôle de l'enseignant.

2.4. Psychodrame et E.L.E.

Le psychothérapeute Curran et le médecin psychiatre Lozanov ont, bien que non-didacticiens et non-linguistes, découvert la configuration spécifique de l'interaction enseignant-apprenant et en ont fait une voie nouvelle pour l'E.L.E. ; d'une manière comparable, à Paris, le dramaturge Urbain (1975) a développé des formes du psychodrame en s'inspirant de Moreno (surtout le miroir, le double et le triangle) et en a fait une véritable méthode d'enseignement élémentaire des langues, qu'il nomme « expression spontanée dramaturgique et linguistique » (cf. Moreau, 1975).

Les apprenants (12 au plus) se tiennent en cercle et sont pris en charge par un enseignant et une enseignante (les « agonistes »). Au début du cours, un enseignant ou une enseignante (en fonction du sexe de l'apprenant) se consacre à un apprenant, qui dans cette phase est nommé « protagoniste ». Il porte un masque intégral si bien qu'il est « aveugle et muet ». L'enseignant s'assied alors derrière l'apprenant et devient pour ainsi dire son *alter ego*. Il cherche à exprimer dans la L.E. les sentiments de l'apprenant. Celui-ci, aidé par sa « cécité », se concentre tout entier dans l'écoute de la mélodie phrastique.

Dans la deuxième étape, il reçoit un demi-masque, de sorte qu'il est encore « aveugle », certes, mais qu'il peut commencer, à son gré, à répéter mots, bouts de phrases ou phrases entières. Traductions et rectifications sont exclues. Dans la troisième étape, l'apprenant reçoit un masque qui lui permet également de voir. Il aperçoit maintenant son interlocuteur, le second enseignant. Aidé par son double, l'enseignant qui est derrière lui, à sa gauche, il entame maintenant un dialogue avec ce second enseignant. Le masque, qui est ôté par la suite, sert à l'élève de protection et l'aide à accepter la seconde identité qui lui est créée par le fait de prendre en charge la L.E. L'agoniste qui se trouve devant lui et celui qui est derrière lui perçoivent ce que l'apprenant **voudrait** exprimer et ce qu'il **peut** exprimer, et le premier, celui qui est derrière, assume un rôle d'assistance, tandis que le second, celui qui est devant, assume un rôle de stimulation et aussi, un peu plus tard, d'opposition. Dans une phase ultérieure, celle du triangle, les deux enseignants deviennent pour l'apprenant des interlocuteurs, le Double, assis à gauche, continuant à avoir une fonction plutôt d'assistance, comme l'enseignant assis à droite conserve son rôle de « dialogueur stimulant ».

Les autres participants voient comment « naît » la L.E. et, avant d'être protagonistes à leur tour, apprennent, grâce à cette participation intensive, une quantité étonnante de choses.

En 1974, le C.R.E.D.I.F. (1976) fit une expérimentation comparée de cette méthode et de son cours audio-visuel *De vive voix* (1972). Les deux classes testées ne comprenaient que des débutants complets, de sorte qu'on pût mesurer uniquement le progrès de chaque individu quant à l'apprentissage de la compréhension et de l'expression orales. Dans les deux classes les progrès furent considérables. Mais pour ce qui est de l'expression orale, on nota des performances particulièrement élevées dans la classe où l'on avait utilisé la méthode *Expression spontanée*. Les auteurs attachaient une grande importance à l'exploitation de la copieuse interview qui avait été conduite en français avec chaque participant. Ainsi furent mis en relief le climat social positif et l'absence d'appréhension devant le fait de s'exprimer en L.E., par les élèves de la classe « expression spontanée ». La méthode fut désignée comme particulièrement appropriée à l'enseignement aux débutants. Cependant les participants émirent des doutes quant à l'aptitude de cette méthode à donner également des connaissances grammaticales précises. Dans le groupe de contrôle, on fit aussi l'éloge de la méthode C.R.E.D.I.F., mais avant tout c'est l'enseignant qui fut considéré comme « idéal ». Ceux qui menèrent l'expérience trouvèrent que dans le groupe « expression spontanée » l'identité effective des apprenants était particulièrement préservée, si bien qu'assez souvent ceux-ci se refusaient à jouer des « rôles ».

Du fait que, dans le groupe C.R.E.D.I.F., c'était, au témoignage des participants, un professeur « idéal » qui faisait le cours, cette expérience, en tant que comparaison, ne pouvait guère donner d'autre résultat que celui-ci : l'interaction enseignant-apprenant — même dans l'enseignement audio-visuel des L.E. — est d'une importance déterminante.

A l'Université de Mayence, en 1976, un groupe d'étudiants dépourvus de toute connaissance préalable en français reçut pendant douze jours, à raison de cinq heures par jour un enseignement selon la méthode « expression spontanée ». Tout cet enseignement fut enregistré sur bande vidéo. Après cette période de cours, les étudiants pouvaient, grâce à cette méthode, s'exprimer sur leurs expériences avec une aisance étonnante, et ces commentaires furent également filmés. Depuis lors, Dufeu (1983) a poussé plus loin cette méthode, sous l'étiquette de « psycho-dramaturgie linguistique ».

Cette brève présentation fait sûrement apparaître, au premier abord, un tel procédé comme impraticable. En outre, il est malaisé de décrire au lecteur les facteurs non verbaux, comme la voix, le maintien de l'enseignant et la prise de contact affective et intellectuelle avec l'apprenant, qui étaient des éléments décisifs quant au succès de ce type d'enseignement. Mais on peut observer ces facteurs avec netteté sur la bande vidéo, si bien que cette possibilité d'information est à la disposition des intéressés pour une vérification critique. Malgré ces brillants résultats, il faut signaler que cette méthode jusqu'à présent n'a été expérimentée que sous forme de cours intensifs de brève durée, en renonçant à l'acquisition des capacités scripturales et en s'adressant à des personnes à coup sûr motivées et rompues à l'apprentissage. Mais dans de telles conditions — surtout quand il s'agissait de la **phase initiale** de l'acquisition langagière — on a déjà obtenu des résultats remarquables avec d'autres méthodes et on les a mis en évidence d'une façon expérimentalement rigoureuse.

Pour l'enseignement scolaire, il faut tirer de ces constatations deux conséquences. L'enseignement de la première L.E. devrait être, pendant un ou deux ans, donné de façon plus intensive que cela n'a été fait jusqu'à présent, au sein de groupes d'apprentissage plus restreints. Par la suite, il suffirait, pendant un an ou deux, d'un « cours de maintien » de seulement deux heures par semaine. Durant cette période, on enseigne la deuxième L.E., de façon aussi intensive que la première. Puis, on reprend la première langue de façon intensive ou on apprend une troisième langue de la même façon. L'intensité est une condition essentielle si l'on veut que les élèves comme l'enseignant connaissent des succès, grâce à un progrès continu et visible de l'apprentissage. Il faudrait qu'à l'avenir cet enseignement d'une ou deux années soit orienté vers un but de communication concrète. Au terme d'un tel enseignement pilote, il serait bon de prévoir un voyage collectif dans le pays de la langue-cible préparé dans le cours tant sur le plan linguistique que sur les plans culturel et politique.

Une amélioration plus aisée à réaliser consisterait à organiser, au moins une fois par an, une phase intensive de deux semaines, durant laquelle la totalité des heures de classe se ferait dans une L.E. En Allemagne, on a déjà expérimenté cette formule avec succès dans l'enseignement scolaire (Preißendörfer, 1974).

La seconde conséquence, concernant un enseignement motivant de longue durée, est l'utilisation « à plein » de l'interaction, sous la forme d'un enseignement interactif. A la longue, il ne suffit pas que l'enseignant motive les apprenants seulement par son propre engagement, comme cela se produit dans l'enseignement suggestopédique. Il doit exploiter l'important potentiel d'interaction du groupe d'apprentissage. Il peut créer, par son style pédagogique, les conditions nécessaires pour le travail en commun des élèves. Si par la suite des difficultés d'apprentissage surviennent — ce qui est inévitable dans l'enseignement avancé — elles peuvent être maîtrisées bien plus facilement si l'on a pratiqué dès le début le travail « en tandem » et le travail de groupe, et la motivation peut être conservée intégralement.

L'interaction sociale dans le groupe est favorisée de façon continue par l'aide mutuelle et le travail en commun. Ce comportement coopératif dans le groupe d'apprentissage ne peut être séparé de l'interaction positive entre enseignants et apprenants.

Le comportement pédagogique qu'on vient de présenter ne correspond pas à une exigence difficile à remplir, comme pourrait le faire croire la description de ces résultats de recherche. Pour anticiper sur les mises en œuvre pratiques dont il sera question ci-dessous, mentionnons le cas d'une institutrice d'école primaire qui, sans connaître les méthodes présentées plus haut, pratiquait une forme de comportement pédagogique interactif. Elle avait en effet établi que, dès la première année, les élèves avaient le droit, chaque jour, de commencer la classe par une anecdote personnelle. Chaque fois, un enfant parlait de dix à quinze minutes sur n'importe quel sujet qui lui tenait à cœur. Le tour de parole était réglé en fonction de l'urgence du problème de l'élève concerné et en tenant un compte égal entre tous les élèves, d'une façon collective. Le travail en commun des élèves et l'absence de tout problème de discipline dans cette classe étaient perçus, par les professeurs spécialisés qui venaient ensuite faire cours, comme un phénomène difficile à expliquer, mais provenaient, aux yeux de l'institutrice, de la sympathie réciproque que suscitait cette phase de l' « anecdote ».

Chapitre 3.

Comportement pédagogique interactif dans l'E.L.E.

3.1. Remarques préliminaires visant à la réalisation d'un comportement pédagogique interactif.

Nous avons donné en 1.2. les traits spécifiques d'un comportement pédagogique interactif : il coïncide sans aucun doute à maints égards avec un style éducatif qualifié, dans les sciences de l'éducation, de « socio-intégratif » ou de « centré sur l'apprenant ».

Le terme interactif est employé ici pour les raisons suivantes :
— A travers cet emploi, il est fait référence aux « procédés pédagogiques interactifs » comme à une possibilité — sur le plan méthodologique et organisationnel — de réaliser ce comportement.

— En outre, on exprime par là le fait qu'à la réalisation méthodologique vient s'ajouter comme élément principal le comportement de l'enseignant qui s'efforce d'améliorer l'interaction entre les apprenants et lui-même.

— Ce terme néologique ne se heurte pas à la prévention de maints enseignants à l'égard des styles éducatifs mentionnés ci-dessus, qu'ils ont tenté, sans succès, de réaliser dans leur classe.

Afin que le comportement pédagogique interactif ne conduise pas à des expériences d'échec, il nous faut à présent exposer les raisons pour lesquelles les enseignants échouent souvent à mettre en œuvre les styles pédagogiques socio-intégratifs.

Commençons par la première heure de cours d'un enseignant dans une classe. Le louable idéalisme de plus d'un enseignant le conduit, quand il débute dans l'enseignement ou qu'il prend une classe en mains pour la première fois, à vouloir réaliser aussitôt un certain style éducatif sans prendre en considération les expériences antérieures que les apprenants ont subies avec d'autres méthodes. Il est nécessaire que l'enseignant sache quel style éducatif a été pratiqué antérieurement par les enseignants de la classe en question et quels styles éducatifs sont pratiqués par les autres enseignants, parallèlement à son propre enseignement. Lorsque les apprenants sont habitués à la prédominance d'un comportement autocratique, ils interprètent le comportement non-autocratique, dans de nombreux cas, comme une marque d'impuissance et de faiblesse. C'est ce qu'ont montré les premières recherches en matière de style éducatif, faites par Lewin et *al.* dès 1939 (cf. Walz, 1968, pp. 37 sqq.). Les apprenants réagissaient au style « laisser-faire » avec une étonnante agressivité, surtout lorsque celui-ci, à la suite d'un changement de professeur, succédait à un style « autoritaire ». Ceci peut très bien se produire lorsqu'un enseignant « engagé » veut instaurer d'emblée son style non-autoritaire. Pour savoir à quel style éducatif les élèves sont habitués, il existe un moyen très simple : c'est de discuter avec eux. Lors de la première rencontre avec un nouveau professeur, les élèves s'intéressent à lui en tant que personne. C'est pourquoi la première heure de cours se prête particulièrement bien à un entretien au cours duquel les élèves font part au professeur de leur expérience et de leurs opinions concernant le comportement pédagogique, et le professeur donne aux élèves des informations sur lui-même et sur sa conception de la pédagogie. Ces informations et ces opinions permettent au professeur de pratiquer **momentanément** un style éducatif qui ne soit pas en contradiction trop vive avec celui des autres professeurs ni avec l'expérience antérieure des élèves.

La transition de ce style vers un style interactif devrait se faire graduellement, sur la base de conventions passées entre enseignants et apprenants. Les résultats des investigations de Flanders (1951) montrent l'avantage de telles conventions. Ce chercheur a constaté que nombre de difficultés d'apprentissage se ramènent, entre autres, à des problèmes d'interaction avec l'enseignant. Ceux-ci s'estompent nettement dès que l'enseignant appuie ses directives sur des décisions de groupe. La majorité des apprenants attend, à juste titre, de l'enseignant, qu'il leur rende possible un apprentissage **serein.** On peut prendre, comme base participative de telles conventions, l'axiome selon lequel ne peut s'exprimer qu'**un locuteur à la fois.** L'enseignant a le devoir — en collaboration étroite avec les apprenants — de veiller au respect de cette convention. Ce qui l'oblige, lui aussi, à céder aussi souvent que possible son droit de parole aux apprenants (cf. 4.1.). Une participation trop limitée des apprenants à la communication, comme l'a constaté par exemple Tausch (1960) porte préjudice à l'interaction sociale dans la classe. Il a établi que, pour 50 heures d'enseignement, il y avait en moyenne 57,1 questions posées par l'enseignant contre seulement 2,2 posées par les apprenants.

Un autre motif d'insuccès de l'un des styles mentionnés peut résider dans une représentation inexacte du style éducatif « centré sur l'apprenant » ou encore « socio-intégratif, démocratique, indirect ou participatif ». Aucun de ces styles, pas plus que le style pédagogique « interactif », **n'est le contraire du style autoritaire-autocratique.** Ils représentent plutôt un compromis raisonnable entre contrôle et directivité maximaux et refus de tout contrôle et de toute directivité : nous exposerons ceci plus en détail dans les définitions des styles éducatifs que nous présentons ci-après. (Cf. la « non-directivité atténuée » chez Dalgalian et *al.*, 1981, pp. 14-15 et pp. 23 sqq.)

L'enseignant, dans le comportement interactif — comme dans le comportement centré sur l'apprenant — a le droit de « s'affirmer lui-même » et de « s'investir lui-même » (Wagner, 1976, p. 28). Ce qui signifie concrètement que l'enseignant, par exemple, explique d'une façon très « compréhensive » pourquoi certaines formes de comportement des apprenants lui portent préjudice dans sa fonction pédagogique ; qu'en outre, il n'hésite pas à prendre des mesures, lorsqu'il les a annoncées et que les explications et les souhaits qui ont précédé sont demeurés inopérants. Il est fondamental que lors de toute demande, de tout avertissement et de toute prise de mesures, l'enseignant exprime, face à l'élève, un mot d'excuse, d'explication et de confiance dans le changement de comportement qui s'opère. L'importance de ces composantes émotionnelles a été mise en lumière par Ojemann et *al.* (1951). Seule « l'aide émotionnelle » apportée par l'enseignant a pu faire que des « laissés-pour-compte » aient été socialement intégrés dans la classe et que leur attitude devant le travail, comme leurs résultats effectifs, se soient améliorés dans les tests (Tausch, 1977 ; Aspy et *al.*, 1974). Pour les enseignants qui, déçus par le mécontentement de bien des élèves devant leurs performances, veulent conserver un style autoritaire, c'est le résultat suivant qui compte : le groupe conduit « autoritairement » et réagissant avec servilité a montré la plus grande intensité de travail. Mais, contrairement à ceux du groupe conduit « démocratiquement », leurs élèves détruisaient les produits de leur propre travail, et leur zèle diminuait de plus de la moitié lorsque l'enseignant s'éloignait. En revanche, dans les groupes conduits « démocratiquement », ce zèle, dans la même circonstance, ne diminuait que de façon négligeable. C'est en leur sein que régnait le meilleur climat de groupe (Lewin et *al.*, 1939).

Ces résultats ont été confirmés par des recherches ultérieures (Anderson et *al.*, 1945-1946).

C'est à un style semblable, reposant sur des conventions entre enseignants et apprenants, et n'étant ni autoritaire ni non plus « le contraire », qu'aspire Gordon (1977). Ces remarques restrictives ne vont nullement à l'encontre du style interactif, mais doivent amener l'enseignant à chercher à le réaliser progressivement, à travers des entretiens avec les apprenants et sur la base de conventions mutuelles.

3.2. Etude du style éducatif et de la forme sociale dans l'enseignement des L.E.

Une fois défini et recommandé un style **interactif,** la question se pose de savoir quel style éducatif est effectivement pratiqué dans l'E.L.E. et s'il est bien légitime d'exiger un changement en direction du style interactif pour l'E.L.E. L'auteur a tenté de répondre à cette question par une étude (Schiffler, 1974 d) que nous présenterons en détail dans les pages qui suivent. Malgré d'amples recherches sur le style éducatif (Gage, 1965 et Pause, 1973), les styles éducatifs ou formes sociales sont restés, en ce qui concerne l'E.L.E., quasiment inexplorés. Mais des recherches sont nécessaires dans ce domaine : on parle couramment de la **situation particulière** de l'E.L.E., qui n'était accordée jusqu'à présent qu'aux disciplines concernant les sciences naturelles ou physiques. Il résulte peut-être de ladite situation de l'E.L.E. que celui-ci s'accorde préférentiellement avec des styles et des formes sociales spécifiques. Mais cette hypothèse aurait besoin d'être vérifiée.

Les recherches de R. et A. Tausch (1963) sur le style éducatif sont connues depuis plus de quinze ans. Comme elles ont aussitôt reçu une large diffusion dans la formation pédagogique des enseignants, on pourrait s'attendre à ce qu'elles ne soient pas restées sans influence, au moins auprès de la jeune génération des enseignants en L.E. C'est ici, naturellement, qu'il faut prendre en considération l'écart existant entre le style éducatif auquel vise l'enseignant lui-même et celui qui est réalisé (Tausch, 1973, p. 194 et pp. 445 sqq.). Il est significatif que de nombreux enseignants qui se mirent à notre disposition dans cette recherche donnèrent à entendre qu'ils connaissaient les études menées jusqu'alors sur cette question. Ils se référèrent à ces études pour contester la nécessité d'une telle recherche en matière d'E.L.E.

Le but de notre recherche était :
— de définir le style éducatif des enseignants observés et
— de déterminer la forme sociale prise dans chaque cas par l'acte pédagogique.

La planification de la recherche souleva trois problèmes :
— comment définir les styles éducatifs ou mieux, la forme sociale de l'enseignement ?
— comment mesurer la validité de notre observation ?
— comment saisir la pratique pédagogique réelle ?
Nous allons traiter ces problèmes l'un après l'autre.

Définition des styles éducatifs.

La définition des styles éducatifs est extrêmement difficile et complexe, car en règle générale on ne peut, par définition, rencontrer chez aucun enseignant *un* seul et unique style éducatif. Néanmoins on peut dégager des valeurs approximatives dès qu'apparaissent de façon suffisamment nombreuse, les traits caractéristiques d'un style éducatif (Klafki, 1970, p. 88).

Quand on étudie les typologies qui ont été élaborées pour distinguer les styles éducatifs, ce qui frappe, c'est que, sans doute, elles sont issues de théories et de définitions différentes (Gordon, 1970, p. 17), mais que, dans toutes, on peut déceler une antinomie reposant sur une conception identique.

La plupart des typologies se rattachent aux recherches, déjà mentionnées, de Lewin, Lippitt et White à partir de 1939. Ils distinguèrent trois catégories de style éducatif : autoritaire, démocratique et laisser-faire et étudièrent l'influence de ces styles éducatifs sur le comportement social dans le groupe. A partir des travaux de Lewin, Anderson et ses collaborateurs Brewer et Reed (Anderson et *al.*, 1946) développèrent les critères stylistiques concernant le comportement pédagogique « dominateur » et le comportement « intégratif ». Chez Lewin comme chez Anderson, nous rencontrons deux grandes catégories fondamentales entrant dans la description du comportement pédagogique :
— le caractère émotionnel de la relation enseignant-apprenant ;
— le contrôle des apprenants par l'enseignant.

L'appréciation du style pédagogique reposant exclusivement sur l'intensité comportementale pratiquée selon ces deux axes paraît s'imposer de plus en plus, car dans ce cadre il est possible de parvenir à une appréciation du style pédagogique plus nuancée que par une division en deux ou trois catégories. On obtient un bon résultat en représentant les deux dimensions comportementales sous la forme d'un système de coordonnées.

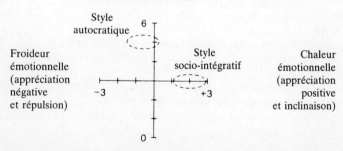

R. et A. Tausch (1973, p. 298) considèrent, selon ce système de coordonnées, le secteur « style autocratique » comme non seulement fortement marqué au point de vue du contrôle, mais aussi, du point de vue de l'intensité émotionnelle, comme plutôt neutre et allant au « méprisant ».

Ils définissent le style « socio-intégratif » (p. 299) comme « un contrôle moyen et une appréciation positive de l'élève assez forte ».

Pour la présente recherche, qui se souciait moins de typifier exactement le comportement d'un enseignant que de dégager une tendance dans les échantillons étudiés, on s'est borné à appliquer des critères analogues à ceux qu'Anderson a formulés (1945 et 1946), et qui sont assez faciles à appliquer.

C'est pourquoi les critères d'observation des deux catégories opposées : style « dominateur » et style « intégratif » (Anderson) devraient être formulés en tenant compte des conceptions sus-nommées. La catégorie du style « laisser-faire », où l'enseignant s'abstient très largement d'influencer le processus pédagogique, pourrait, dans le cadre de notre étude, être laissée de côté, parce que ce style se manifeste vraisemblablement assez rarement dans l'E.L.E., où l'enseignant joue le rôle d'un modèle linguistique.

En nous fondant sur la liste des critères employés par les auteurs que nous avons cités, nous avons déterminé les critères d'observation qui devraient permettre la répartition la plus claire possible dans l'un ou l'autre des deux styles comportementaux. La différence essentielle avec la liste de R. et A. Tausch est la suivante : nous avons affecté les expressions laudatives au style intégratif, bien que les considérations de R. et A. Tausch aillent en sens inverse. Ils rangent la louange fréquente (10 % de l'activité globale) dans le style autocratique (Tausch, 1973, p. 178), comme étant généralement irréversible et liée au blâme en tant que trait stylistique et conduisant à la dépendance au lieu de l'auto-évaluation du comportement (Tausch, 1963, p. 111). Mais puisque les appréciations portées par le pédagogue caractérisent un style positif et qu'une différenciation dans les expressions laudatrices et leur affectation aux différents styles constituent un critère d'observation litigieux, les expressions laudatrices, dans la présente étude, vont être rangées exclusivement dans le style intégratif. Dans la dernière mouture de leur *Erziehungspsychologie (Psychologie de l'éducation)*, R. et A. Tausch n'adoptent plus le même point de vue critique à l'égard de la louange, mais insistent de façon beaucoup plus détaillée sur le « changement dû au renforcement ». Ils disent que « l'on peut admettre avec un taux élevé de vraisemblance que les enseignants, dans de nombreux cas, ne réalisent pas dans toute leur ampleur les possibilités de transformer le comportement des jeunes par des renforcements positifs » (1973, p. 102). S'appuyant sur de vastes recherches expérimentales, ils formulent cette invitation : « Il semble donc convenable que les enseignants, les parents et les éducateurs expriment dans leur comportement plus d'assurance vis-à-vis d'eux-mêmes, pour être aux yeux des enfants et des adolescents des modèles suffisants pour apprendre à observer et qu'ils " renforcent " et encouragent plus fréquemment les apprenants » (1973, p. 74).

Si nous nous étions attendu à l'attitude négative des enseignants devant un enregistrement sur bande magnétique, nous aurions utilisé le schéma catégoriel de Flanders (1960) en raison de son analyse des faits simple et claire, pensée et appropriée pour être appliquée même en l'absence d'un enregistrement. L'introduction extrêmement claire qu'ont faite Handke et *al.* (1973) à l'analyse interactionnelle de Flanders et surtout la discussion circonstanciée concernant l'adaptation de cette analyse à l'E.L.E. (faite par Nearhoof), discussion que l'on rencontre chez Krumm (1973, pp. 60 sqq.), chez Nissen (1974, pp. 270 sqq.), chez Dalgalian (1981) et chez Soulé-Susbielle (1982), n'avaient pas encore été publiées au moment de nos recherches.

Flanders (1960) propose, pour permettre la saisie complexe de l'interaction sociale, dix critères observables, dont sept se rapportent à l'enseignant, deux aux apprenants et un à la classe en tant que collectivité.

Influence indirecte :

— Les sentiments sont acceptés.
— L'enseignant loue ou encourage.
— Il prend en considération les pensées (les idées) des apprenants.
— Il pose des questions.

Influence directe :

— L'enseignant « informe » (il parle sans discontinuité).
— Il donne des directives (il commande).
— Il critique ou justifie le fait de prendre des mesures.
— L'apprenant répond.
— Il parle de plein gré (de sa propre initiative).
— Silence ou brouhaha dans l'ensemble de la classe.

L'exploitation de ces catégories peut se traduire dans une matrice interactionnelle, ce qui permet de donner une image claire et « parlante » de l'interaction sociale.

La validité de l'observation aurait peut-être pu, dans cette étude, être accrue par l'emploi de la grille interactionnelle de Flanders, car les catégories y sont très fortement réduites à l'appréciation formelle des manifestations langagières, ce qui limite la possibilité de commettre des erreurs lors de l'affectation des faits observés aux différentes catégories. C'est encore bien plus le cas dans l'adaptation, ci-dessus mentionnée, de cette analyse à l'E.L.E. Cette réduction aboutit à ce que le facteur émotionnel, qui est précisément d'une telle importance dans l'E.L.E., est complètement laissé de côté. Avec un instrument d'observation aussi limité, le but de la présente étude aurait sans nul doute été impossible à atteindre.

Nous avons donc, en ce qui nous concerne, adopté les critères d'observation suivants :

Style dominateur (autocratique)	Style intégratif (socio-intégratif)
1. Paroles inamicales (non compréhensives, impatientes et toutes irréversibles)	1. Paroles amicales (compréhensives, patientes et réversibles)
2. Interdits prononcés sur un plan personnel	2. Interdits prononcés sur un plan impersonnel et général
3. Refus directs	3. Indications utiles
4. Invitation à être attentifs	4. Invitation à « faire par soi-même »
5. Punitions arbitraires	5. Punitions comme « conséquence naturelle »
6. Invitation à répéter des phrases commencées	6. Aide dans la formulation de ses propres pensées
7. Menaces	7. Critique objective et constructive
8. Poser des conditions	8. Expressions louangeuses
9. Expressions décourageantes	9. Autres renforcements
10. Invites et ordres	10. Verbalisation des pensées et des intentions de l'apprenant

Nous allons expliciter ci-dessous les critères que la brièveté de leur formulation pourrait rendre insuffisamment compréhensibles.

Interdits prononcés sur un plan personnel :

Par exemple : *Michel, please stop it!* au lieu de : *Don't talk now, please, I want to explain...* (en s'adressant à toute la classe). (Cf. « Interdits d'ordre général et impersonnel », qui sont mieux acceptés par les élèves comme invitation à changer de comportement ; Tausch, 1973, pp. 299 sqq.)

Refus directs :

Réagir à la demande des élèves sans justification, uniquement par la négative, par ex. : *C'est faux, non*, au lieu de : *Ce n'est pas encore tout à fait ça* ou quelque chose d'approchant, avec une aide correctrice (cf. « Indications utiles »).

Invitation à répéter des phrases commencées :

Par ex., le professeur dit : *Mr. Brown didn't feel...* et l'élève doit compléter la phrase selon la forme souhaitée par le professeur. Ce style favorise à la longue une fixation de l'activité intellectuelle sur le professeur, au lieu d'encourager l'élève à trouver une formulation personnelle de ses pensées.

Menace :

Par ex. : *Pierre, je vais te mettre à la porte !* au lieu de : *Pierre, tu as du mal, aujourd'hui, à être attentif. Y a-t-il quelque chose que tu n'aies pas compris ? Dois-je te l'expliquer encore une fois ?* (Cf. « Critique objective et constructive » et « Verbalisation des pensées de l'apprenant ».

Invites et ordres :

Là, c'est évidemment l'intonation qui est décisive, ou encore la formulation. *Go to the blackboard!* est à ranger sous cette rubrique, mais non : *I think you would like to try it.*

Punitions comme conséquence naturelle :

Les punitions, dans la mesure où elles sont inévitables, devraient être telles que l'élève puisse les identifier comme des suites immédiates de son comportement contesté, et pas seulement tributaires de la décision du professeur. Là, le commentaire de ce dernier est aussi important que le type de punition lui-même. Par ex. : *Je remarque que tu n'as pas prêté attention à mes explications ; tu viendras me voir à la fin de l'heure et je te les donnerai encore une fois. — Puisque tu as barbouillé le cahier de Marion, tu lui en achèteras un neuf pour demain matin.*

Aide dans la formulation de ses propres pensées :

Là, on ne doit pas anticiper sur la solution trouvée par l'élève, et celui-ci doit se sentir accepté en tant que personne. Par ex. : *Peut-être pourrais-tu le dire ainsi...*

Critique objective et constructive :

Par ex. : *Tu as oublié de mettre le subjonctif. — If you don't pay attention now, you won't be able to do your home-work.*

Autres renforcements :

Par ex. : *Oui ; c'est ça ; bien ; O.K.*

Verbalisation des pensées de l'apprenant :

On veut parler ici de remarques compréhensives faites par le professeur à l'égard de processus qui certes demeurent informulés et restent « à l'intérieur de l'élève », mais dont souvent il existe des symptômes externes évidents. Par ex. : *Tu trouves l'école ennuyeuse, mais cela ne t'amuserait-il pas si tu devais, la prochaine fois, interpréter ce dialogue avec Sabine et Ute devant la classe ?* (On trouvera de nombreux exemples, en français, de langage pédagogique socio-intégratif chez Schiffler et *al.*, 1977d.)

Définition des formes sociales :

Etablir la forme sociale de l'acte pédagogique est, par rapport aux styles éducatifs, une tâche incomparablement plus aisée. Mais il nous faut poser, en sus des précédents, quelques critères susceptibles d'indiquer aussi bien le style éducatif du professeur que la forme sociale. Nous voulons parler des critères verbaux tels que la quantité des phrases prononcées et par le professeur et par les élèves. Comme il est vraisemblable que ces critères dépendent dans une plus large mesure de la forme sociale que du style éducatif, nous les avons rangés à cette place. Les voici :

1. L'enseignant occupe-t-il une position frontale par rapport à la classe ? (le cas échéant, de façon temporaire).
2. Donne-t-il un aperçu de son activité et du but de son cours ?
3. Est-il seul à déterminer le déroulement du cours ?
4. Quel est le pourcentage des phrases prononcées par l'enseignant par rapport à la totalité des phrases prononcées durant les heures de cours ?
5. Parmi les phrases prononcées par l'enseignant, combien sont des questions ?

Et voici d'autres critères de la forme sociale, pour ce qui concerne les apprenants :

6. Y a-t-il place pour un travail de groupe ou « en tandem » ?
7. Si oui, qui constitue les groupes (l'enseignant ou les apprenants) ?
8. Qui détermine les étapes du travail *(idem)* ?
9. Quel est le pourcentage des phrases prononcées par les apprenants par rapport à la totalité des phrases prononcées durant les heures de cours ?
10. Parmi les phrases prononcées par les apprenants, combien sont des questions ?

Validité de l'observation :

L'observation, faute de disposer d'une aide, est faite par un seul observateur. Il est évident qu'on aurait pu obtenir une plus grande validité si deux observateurs, séparément, avaient abouti à des résultats qui auraient pu ensuite être vérifiés par une mise en corrélation. Ajoutons que le cours est enregistré sur bande magnétique et que, ou bien il a été réentendu ultérieurement par l'observateur lui-même, pour tester la validité de sa propre observation, ou bien cette exploitation a été faite par quelqu'un d'autre, indépendamment du premier observateur.

Saisie de la pratique pédagogique réelle :

Voici ce que nous entendons par « pratique pédagogique réelle ». Ce sont des enseignants formés à la suite d'une assez longue expérience de l'enseignement qui sont pris comme objets d'observation, car ceux qui se trouvent encore en formation ne donnent pas une image valable de l'enseignement journellement pratiqué dans nos écoles. Ces derniers, en raison de leur manque d'expérience, tendraient, plus que les enseignants chevronnés, à se mettre à l'unisson de l'observateur comme dans une situation d'examen pédagogique, surtout quand ils connaissent les critères d'observation.

On peut attendre d'un enseignant expérimenté qu'il ne transforme pas sensiblement, d'une manière « ad hoc », son enseignement habituel ni son style éducatif en raison de la présence d'un simple observateur. Toutefois, pour éviter une influence éventuelle, on devrait à chaque fois demander aux enseignants leur accord, *peu de temps* avant l'observation proprement dite, dans la mesure du possible le jour même de l'observation.

Nous avons opéré un choix dans la population à observer, sur les bases suivantes :

a) les directeurs d'école prennent d'abord connaissance explicitement des critères d'observation et doivent désigner les enseignants susceptibles, selon eux, de participer à cette expérience, puis :

b) les critères d'observation sont présentés aux enseignants désignés, et ceux-ci doivent alors décider s'ils acceptent de se soumettre à l'observation.

Cette façon de procéder devrait être adoptée en raison du fait que, sur la base des recherches menées par R. et A. Tausch, il fallait s'attendre à une dominance du style autocratique et des formes d'enseignement correspondantes. Pour travailler **contre** cette hypothèse, pour parvenir à des résultats **plus fiables,** nous devions donc faire une présélection positive, grâce aux mesures mentionnées. On trouverait ainsi des enseignants que l'on pourrait, d'après leurs supérieurs et à travers leur propre jugement, apprécier comme étant moins dominateurs et autocratiques.

Nous nous sommes adressé — au fur et à mesure de nos besoins — à 70 professeurs, pour n'obtenir finalement qu'environ 40 observations de professeurs ayant donné leur accord.

Réalisation de l'étude :

Il s'est avéré assez difficile de trouver des enseignants en accord avec le principe de l'observation, bien que nous nous soyons adressé à eux sur la recommandation de leurs supérieurs. La difficulté aurait été plus grande encore si nous nous étions contenté d'observer les enseignants qui avaient aussi donné leur accord pour être enregistrés sur bande magnétique. Tant d'enseignants refusèrent ces contrôles que nous nous sommes décidé, au rebours de notre projet initial, à faire des observations même sans les enregistrer. Et pour obtenir une identité de traitement de toutes ces observations pédagogiques, on ne recourut finalement qu'aux résultats de l'observation directe sans utiliser les enregistrements existants. Ce qui n'a pas été sans porter préjudice à la validité des estimations en ce qui concerne le style éducatif, mais non pas en ce qui concerne la forme sociale, qui, elle, a pu être observée sans aucune ambiguïté possible.

En trois mois et malgré toutes ces difficultés, nous avons observé 29 enseignants. Leur répartition se présente comme suit :

Types d'école :

primaire* : 9 enseignants   collège (niveau moyen) : 6
collège (niveau faible) : 8   lycée (niveau fort)** : 6

Niveaux :

5e classe : 3 9e classe : 2
6e classe : 6 10e classe : 2
7e classe : 10 11e classe : 1
8e classe : 5

Disciplines :

anglais : 21   français : 8

Sexe :

hommes : 9   femmes : 20

Age :

20-30 ans : 17   40-50 ans : 2
30-40 ans : 7   50-65 ans : 3

L'importance numérique des jeunes enseignants est due au choix opéré par les directeurs d'établissement. Peut-être ceux-ci supposaient-ils qu'il y avait chez les plus jeunes enseignants une meilleure disponibilité à se prêter à une telle observation. Il est heureux que, en ce qui concerne les autres domaines, la répartition ait été homogène, ou plutôt ait reflété la réalité.

---

* Il s'agit là de classes C.M.2 et 6e. A Berlin, où ont été menées ces recherches, les classes appartiennent jusqu'à la 6e inclusivement à l'école primaire (Grundschule). On enseigne la première L.E. à partir du C.M.2 (5e année scolaire).
** Collèges et lycées commencent avec la 5e à Berlin.

Interprétation des résultats :

Comme le nombre en lui-même des phrases « dominatrices » ou « intégratives » prononcées par un enseignant est peu « parlant » tant qu'il n'est pas mis en relation avec la totalité de ses énoncés, il convenait de présenter ces phrases classées selon les deux catégories, en indiquant leur pourcentage par rapport au nombre total des phrases prononcées par l'enseignant en une seule heure de cours. Les résultats sont plus parlants si l'on adopte le mode de calcul du quotient « intégration »/« domination » (I.D.Q.) inventé par Anderson :

$$\frac{\text{total des phrases intégratives}}{\text{total des phrases dominatrices}} \cdot 100$$

Si le I.D.Q. est supérieur à 100, l'enseignant tend au style socio-intégratif, s'il est inférieur à 100, l'enseignant tend au style dominateur, autocratique. En prenant l'I.D.Q. comme mesure, nous avons pu constater qu'un seul enseignant, durant l'observation, pratiquait un style équilibré, à mi-chemin du dominateur et de l'intégratif (I.D.Q. environ 91), mais qu'en revanche pas un seul n'avait eu un style manifestant au moins une tendance intégrative (I.D.Q. au-dessus de 100). Il n'y eut que deux enseignants à ne pas montrer un style marqué d'autocratie (I.D.Q. au-dessus de 75), tous les autres trahirent des tendances fortes (où très fortes) à la **direction de classe** autocratique. C'est pourquoi la valeur moyenne de 34,7 % est très basse par rapport à l'I.D.Q. 100, et pourtant relativement élevée par rapport aux résultats. Ceci est dû au petit nombre de résultats élevés et à la quantité de ceux qui se situent entre 0 et cette moyenne. La marge de variation est donc forte (v = 94,4). (Cf. le tableau ci-contre.)

Il est instructif, pensons-nous, de donner encore une rapide vue d'ensemble des valeurs mesurées par rapport aux diverses caractéristiques « stylistiques ». Les dénombrer du seul point de vue de leur fréquence absolue serait quelque chose de trop ample et de trop peu significatif. C'est pourquoi nous ne présenterons ici que la valeur minimale obtenue dans notre échantillon : elle est dans chaque catégorie égale à zéro, sauf pour les « renforcements », qui sont apparus tout de même quatre fois chez les enseignants les plus autocratiques avec la valeur la plus faible.

La fréquence maximale d'apparition du critère intégratif chez un des enseignants se chiffre à :
- paroles amicales, compréhensives, patientes : 38.
- expressions louangeuses : 35.
- indications utiles : 26.

Pour les critères dominateurs, cette valeur se chiffre à :
- paroles inamicales, non-compréhensives, impatientes : 51.
- invitation à achever des phrases commencées : 27.

N° d'ordre des enseignants	% d'expressions dominatrices	% d'expressions intégratives*	I.D.Q.
1	33,2	19,0	57,9
2	52,3	15,7	30,0
3	30,2	24,5	81,2
4	39,1	5,9	15,1
5	33,9	19,9	58,9
6	49,6	9,8	19,8
7	25,5	7,9	31,2
8	70,0	9,2	13,1
9	39,0	4,0	10,3
10	20,8	5,3	25,6
11	22,2	17,5	78,9
12	45,4	6,5	14,4
13	37,0	3,7	9,9
14	17,1	15,6	91,4
15	46,2	19,9	43,1
16	33,0	1,7	5,2
17	82,1	3,8	4,7
18	50,6	17,0	33,6
19	25,4	17,3	68,1
20	30,7	7,4	24,1
21	33,1	6,5	19,6
22	32,7	4,7	14,3
23	33,8	6,7	20,0
24	37,1	4,3	11,5
25	33,6	12,3	36,5
26	48,2	25,3	52,5
27	42,4	10,5	25,0
28	23,9	3,2	13,5
29	28,6	2,6	9,1

* Le total n'atteint pas 100 % du fait que les expressions estimées non classables n'ont pas été enregistrées ici.

- refus directs : 23.
- invitation à être attentifs : 23.
- expressions décourageantes : 15.
- paroles irréversibles : 10 ;

Pour tous les autres critères, les valeurs maximales sont inférieures à 10.

Voici les réponses données, sur la base des observations, aux questions concernant les formes sociales :

1. L'enseignant occupe-t-il une position frontale devant la classe ?

OUI = 29 ; NON = 0

2. Donne-t-il un aperçu de son activité et du but de son cours ?

OUI = 3 ; NON = 26

3. Est-il seul à déterminer le déroulement du cours ?

OUI = 28 ; NON = 1

4. Y a-t-il place pour un travail de groupe ou de « tandem » ?
OUI = 0 ; NON = 29

Du fait qu'on n'ait pu observer en aucun cas un travail de groupe, les autres questions visant la forme de ce travail étaient nulles et non avenues.

Le nombre maximal des phrases prononcées par un enseignant que nous avons pu relever dans notre échantillon atteignait 471, le nombre minimal 154, soit respectivement 78,3 % et 48,3 % de la totalité des phrases prononcées en une heure de cours. La moyenne était de 67,2 %, la variation de 30 %.

Il n'y eut qu'un seul enseignant à laisser les élèves parler, globalement, autant que lui-même ; chez tous les autres, les deux tiers des phrases, en moyenne, étaient prononcées par les enseignants.

Nous avons mis les « phrases d'enseignants » en corrélation avec certains critères, selon le mode de calcul « produit-moment » imaginé par Pearson (Frölich-Becker, 1971, p. 434). Cela nous a donné les corrélations suivantes, entre le nombre des « phrases d'enseignants » et :

- les refus directs = 0.59
- les expressions décourageantes = 0.46
- les ordres et les invitations = 0.47
- les invitations à achever des phrases commencées = 0.65
- les renforcements = 0.73

Ces corrélations confirmaient les résultats des recherches antérieures, à savoir qu'un nombre élevé de « phrases d'enseignant » est la plupart du temps l'indice d'un style dominateur (Tausch, 1963, p. 70.) Comme les renforcements peuvent être tenus pour assez neutres, donc n'ayant pas toujours une valeur positive, on peut sûrement (dans la mesure où ils ne sont pas analysés de façon plus différenciée) les rencontrer aussi bien chez les enseignants « autocratiques », et ils ne sont pas à eux seuls un indice de style socio-intégratif. Mais l'examen montra également qu'il pouvait y avoir des exceptions flagrantes. Par exemple, l'enseignant n° 3 avait un I.D.Q. élevé, de 81,2, et néanmoins 76,5 % des phrases prononcées en classe le furent par lui-même. Il est évident qu'il s'efforçait de créer un climat amical et socio-intégratif, mais n'organisait pas son enseignement de manière à donner leur chance aux élèves. L'enseignant n° 28, au contraire, comprit très bien ce problème. Les apprenants, au total, parlèrent plus que lui (51,7 %), bien qu'il fût, dans les phrases qu'il prononçait, extrêmement autocratique (I.D.Q. de 13,5).

Un argument qui plaide pour la validité des divers critères spécifiques caractérisant le comportement pédagogique dominateur est que 16 corrélations pertinentes ont pu êtres mises en évidence entre les traits caractéristiques d'un tel comportement.

Comme on pouvait s'y attendre au vu des valeurs de l'I.D.Q trouvées ci-dessus, les formes sociales centrées sur l'apprenant ne furent pas pratiquées, et c'est seulement dans des cas exceptionnels que les apprenants furent associés aux décisions concernant les processus d'enseignement et d'apprentissage. A partir des critères relatifs au comportement intégratif, on obtient six corrélations pertinentes. Avec une forme sociale autre que l'enseignement frontal, peut-être n'aurait-on pas rencontré chez l'enseignant un autre style pédagogique, mais à coup sûr la fréquence de ses interventions, comparée à celles des élèves, aurait baissé. C'est ce qu'indique l'une des corrélations négatives trouvées en sus des autres : pour une quantité élevée d'invitations à « faire par soi-même », le nombre des questions posées par l'enseignant est peu élevé et inversement ($r = -0.44$).

Quant aux interventions des élèves, le nombre maximal pour une heure était de 233, le nombre minimal de 60, soit respectivement 51,7 et 21,7 % (nombre moyen 32,8 ; écart 30) de toutes les interventions, comme on pouvait déjà le déduire des données correspondantes concernant les enseignants.

Il était extrêmement important de savoir quelle part avaient les questions dans les interventions d'apprenants. Le nombre minimal était effectivement zéro, et ceci dans quatre cas, le nombre maximal atteignait 37,4 %. La majorité des 29 classes était située au-dessous de 10 %. La moyenne était donc faible, avec 7,6 %. Dans trois classes seulement les questions représentaient plus de 20 % des interventions d'apprenants, dans 20 classes la part des questions tombait à moins de 10 % et parmi ces 20 classes, **9 étaient même à 1 % et au-dessous.** On peut dire globalement que sur un ensemble de 20 classes, ou bien les élèves ne posaient aucune question, ou bien ils en posaient bien que cela entrât en conflit avec la planification didactique de l'enseignant. Que ce fût en vertu du style pédagogique ou de la planification didactique, la mission d'amener les apprenants à poser des questions n'était visiblement pas prise en considération.

Ce constat était d'autant plus inquiétant que toutes les questions qui avaient été suscitées par l'enseignant dans le cadre d'exercices grammaticaux ont été, dans notre étude, classifiées comme « questions d'apprenants ».

Ce résultat montrait qu'avec un style pédagogique autocratique et une forme sociale centrée sur l'enseignant — abstraction faite des effets pédagogiques — tout donnait à croire que pas une seule fois les buts d'apprentissage posés à partir de la discipline elle-même n'étaient réalisés de façon satisfaisante. Pour atteindre le but « compétence de communication orale », il est indispensable qu'au moins la technique de l'interrogation soit utilisée plus souvent. En outre, elle représente, en anglais et surtout en français, en raison des structures différenciées du code oral et du code écrit, une des principales difficultés d'apprentissage.

La dépendance des questions d'apprenants par rapport au style pédagogique est un autre résultat que fournissent les calculs de corrélation : plus petit était le nombre des refus directs venant de l'enseignant, plus élevé était celui des questions posées par les apprenants (r = − 0.41). Quand les enseignants accordent un prix élevé à la coopération de leurs élèves et que leurs interventions présentent une forte réversibilité, ils donnent aux apprenants plus d'occasions de parler, et la disposition de ces derniers à proposer leur concours devint plus élevée, comme l'a montré une enquête de Stephan (1971, cité par Hoeger, 1972, p. 77).

Quoi qu'il faille relativiser quelque peu les résultats de la présente enquête, en raison de l'étendue limitée de l'échantillon et de la méthode d'observation, elle légitime néanmoins l'idée selon laquelle la tendance vers un style pédagogique autocratique et dominateur et vers des formes sociales centrées sur l'enseignant persiste encore dans l'E.L.E. ; car les résultats de nos recherches coïncident avec ceux d'études antérieures, telles qu'elles ont été menées dans d'autres disciplines, notamment par R. et A. Tausch (1973). Il faut par conséquent répondre oui à la question initiale : « L'exigence d'un changement de style pédagogique dans l'E.L.E. est-elle justifiée ? »

Une autre recherche, fort intéressante, concernant le style pédagogique et l'interaction dans l'E.L.E., fut présentée postérieurement par Natorp et *al.* (1975). Les auteurs (femmes) développaient, en s'appuyant aussi sur les recherches de Lewin et *al.* (1939), Anderson et *al.* (1946), Flanders (1960) et d'autres encore, un schéma catégoriel qui leur permettait de porter une appréciation distincte sur les phrases prononcées en allemand et en français par les quatre enseignantes françaises et sur les phrases allemandes d'enfants de 5 à 6 ans ; ceux-ci étaient répartis en 8 groupes issus de 4 jardins d'enfants où ils recevaient chaque jour un enseignement monolingue en français d'une durée de 20 minutes avec l'appui de dessins et de tableaux de feutre. Les phrases des enseignantes furent classifiées selon les catégories suivantes : phrases aidant l'apprenant ; phrases de reconnaissance et d'éloge ; phrases structurantes (concernant un problème pédagogique) ; phrases neutres (signification administrative) ; phrases directes ou exhortatives ; phrases de blâme et notifications d'échec.

Les phrases allemandes des enfants furent évaluées d'après les critères non-pertinentes/adaptées à l'objet et affectives/non-affectives, et en séparant deux phases d'enseignement : matériaux nouveaux et répétition.

L'observation fut faite par un seul observateur : sur les enseignantes, d'après une technique d'échantillonnage temporel par intervalles de deux minutes, sur les enfants de façon continue. C'est au total dix unités didactiques qui ont été évaluées de cette manière.

Il est significatif que trois observateurs aient apprécié, de façon concordante, le climat social de deux jardins d'enfants comme étant plus « directif » et celui des deux autres comme plus « permissif » et que cette appréciation ait pu être nettement confirmée en se rapportant au nombre des manifestations verbales à caractère « punitif ». Les autres comptages de fréquence ne fourniront pas de résultats significatifs, mais indiquèrent une tendance, selon laquelle le nombre des phrases dites en allemand par les enfants diminuait (malheureusement le nombre de leurs phrases en français ne fut pas comptabilisé) dans la même proportion que les enseignantes parlaient elles-mêmes français d'après le procédé du « bain linguistique ». Les auteurs plaident pour une fixation scrupuleuse de la « dose » de L.E., qui ne doit pas conduire à une « noyade » verbale de l'enfant.

En se basant sur une autre tendance statistique, ils supposent que « des aides intermittentes et contrôlées en L.M. accélèrent la « devinette » habituelle en faisant découvrir des significations étrangères et favorisent donc le processus d'apprentissage sémantique ; ils pensent aussi que la répression à l'égard de la traduction « lèse l'équilibre affectif et cognitif des enfants, au point qu'ils sont motivés pour rétablir ledit équilibre en recourant à des énoncés en L.M. » (p. 172).

Un résultat significatif a été établi : dans des conditions rendues plus socio-intégratives grâce à une certaine permissivité, il apparaissait une communication plus efficace, centrée sur l'enfant, en langue allemande et sans rapport immédiat avec la réalité ; les auteurs la définissent comme « syndrome de décontraction ». Les phrases orientées vers la réalité étaient plus fréquemment adressées aux enseignants.

Par rapport aux phases de l'enseignement, on obtint deux résultats significatifs, mais contradictoires, que les auteurs inerprètent de la manière suivante : il est vraisemblable que plus la révision se fera à l'aide d'un contexte original, et moins les enfants produiront de phrases en L.M.

Cette étude solide n'est pas sans poser quelques problèmes, en partie identiques à ceux mentionnés lors de la discussion de l'étude précédente. Mais celle-ci est dépassée par l'étude présente, dans la mesure surtout où elle permet de témoigner des conséquences du comportement pédagogique sur l'E.L.E. Les conditions reconnues comme favorables à l'apprentissage, du point de vue du climat social, et la prise en compte des facteurs émotionnels, en liaison avec une rupture du monolinguisme, sont d'une importance capitale pour la réalisation d'un comportement pédagogique interactif et de formes d'enseignement interactives en E.L.E.

Les études menées jusqu'à présent permettent de conclure que, sans aucun doute, il est possible d'obtenir, par un comportement pédagogique autocratique, une certaine « adaptabilité » immédiate des élèves. Mais les expériences liées à ce comportement et ressenties affectivement comme négatives conduisent du même coup à une détérioration des rapports personnels entre enseignant et apprenants, à une spontanéité et à une activité plus restreintes, dans le travail comme dans le domaine social, et à une plus grande dépendance à l'égard des personnes qui servent de référence à l'apprenant (Tausch, 1973, pp. 175 sqq.) Il y a d'autres effets à long terme, si l'on considère les expériences sociales que font les élèves à l'école, durant de nombreuses années : à savoir une motivation plus faible pour le travail autonome et un penchant pour un mode de pensée conformiste.

C'est grâce à un style pédagogique socio-intégratif que ces conséquences à long terme doivent pouvoir être évitées et qu'à l'inverse, des attitudes positives doivent être favorisées. Dans l'immédiat, l'enseignement peut s'accompagner d'une atmosphère de classe plus détendue, d'une attention plus soutenue, d'une limitation des difficultés, ce qui permet un meilleur comportement social (Tausch/Köhler/Fittkau, 1966.)

Comme nous l'avons déjà exposé, ces effets positifs seront atteints (non sans peine) pourvu que l'enseignant en L.E. « pratique une nouvelle relation maître-élève » (Dalgalian et al., 1981, pp. 23 sqq.) Des efforts pédagogiques équivalents, dans d'autres disciplines qui sont considérées comme moins « rentables » — ce qui est également institutionnalisé par les coefficients utilisés lors du passage dans la classe supérieure — demeurent infructueux, lorsque précisément dans des disciplines considérées comme rentables telles que les L.E. des styles pédagogiques non-autocratiques ne sont pas définitivement adoptés. Mais il faut aussi que les règlements administratifs donnent à l'enseignant une plus grande liberté d'action. Aussi longtemps que (par exemple) les enseignants sont astreints, pour distribuer les notes, à passer par les exercices écrits de type traditionnel et ne peuvent encourager l'auto-contrôle de l'apprenant grâce à des tests informels, ni non plus accorder davantage de valeur à l'**évaluation de la progression pédagogique individuelle,** et à l'obtention d'un objectif d'apprentissage convenu avec les apprenants, ce qu'on appelle les contraintes matérielles font obstacle à une interaction sociale propice à l'apprentissage au sein de la classe. Nous avons présenté dans le chapitre introductif (cf. 2.2 et 2.3), surtout en référence à Curran (1961) et à la suggestopédie de Lozanov (Ministry of education, 1973), l'importance d'un tel style précisément pour l'E.L.E. Cependant, on ne saurait faire des recommandations de ce genre sans prendre quelques précautions. Les enquêtes de Lewin et al. (1939), mentionnées au début, ont montré les conséquences que peut avoir un style non-autoritaire appliqué à un groupe habitué à un style autoritaire (cf. 3.1.). Cela signifie (comme nous l'avons dit) pour un enseignant arrivant pour la première fois dans une classe qu'il doit prendre conscience du style qui est pratiqué ordinairement dans ladite classe, et que ce n'est qu'à la suite d'un entretien approfondi avec les apprenants, et pas à pas, qu'il en viendra à appliquer un autre style pédagogique. Les enseignants qui, dans l'ignorance des faits que nous venons d'exposer, ne suivent pas ce conseil et éprouvent éventuellement des difficultés importantes et continuelles, pratiquent alors, par nécessité, un style pédagogique autocratique et s'y cramponnent. Tout ce que nous avons dit plus haut est pour eux « théorie pure ».

Un moyen de transformer cette théorie en pratique consiste à collaborer avec d'autres enseignants et à se mettre d'accord sur ces diverses questions, ce qui peut être obtenu par un entraînement tendant à l'interaction.

Chapitre 4.

Formes interactives de l'enseignement des langues étrangères

4.1. La configuration du réseau de communication.

Les recherches de Leavitt sur l'efficacité des différents réseaux de communication et sur leurs effets quant à la satisfaction des participants à la communication ont révélé que le cercle est, certes, la formule la plus satisfaisante au point de vue social, mais ne rend pas possible la forme la plus rationnelle de transmission communicative. C'est pourquoi il est évidemment justifié que l'enseignant s'adresse à tous à partir d'un emplacement visible pour tous. Plus grande est la classe, plus ce principe est opportun. Cependant, depuis les recherches de Leavitt, on s'interroge sur l'opportunité de conserver cette forme au réseau de communication, pour des raisons de climat social, tout au moins pendant certaines phases du cours. Le fait que les élèves parlent davantage dès que l'enseignant n'est plus le point central où converge toute communication, peut être observé dans de nombreux cas. Cependant, il est tout à fait possible qu'un enseignant, par sa façon vivante de faire cours, entraîne les élèves à prendre plus souvent la parole. Si profitables que puissent être de nombreuses interventions de la part des élèves quant à l'objectif que se donne la compétence de communication, elles ne sont rien d'autre, malgré tout, que des réactions verbales aux impulsions données par l'enseignant. Un **acte de communication spontané, déterminé par l'apprenant,** est empêché lorsque l'enseignant occupe une position centrale dans le réseau de communication. La situation communicative non-verbale de l'enseignant, à savoir sa position face à la classe, rappelle en permanence que l'on n'attend pas d'autres réactions que celles qui sont suscitées par l'enseignant. « Quand l'enseignant aura accepté de perdre le monopole des questions et des corrections, de discuter avec les élèves les objectifs des activités proposées, quand les élèves auront véritablement écouté ce que disent leurs voisins et leur auront parlé directement, alors se tissera un réseau de communication beaucoup plus proche de ce qui se passe dans la vie réelle. » (Grandcolas, 1980, p. 57).

Aux Etats-Unis, une organisation extra-scolaire a reconnu ce dilemme et a pour ainsi dire placé à la base de sa méthode un enseignant de L.E. « muet », d'où le nom de *Silent way* qu'on lui a donné (Gattegno, 1963). Un groupe de 10 participants au maximum s'assoit autour d'une table aux côtés de l'enseignant. Celui-ci montre et corrige, en s'aidant d'un tableau alphabétique ordonné selon des points de vue phonétiques ou en utilisant comme matériel de démonstration de nombreuses bûchettes de longueur et de couleur variées, en plus d'images. Lors de l'introduction de mots nouveaux, il se contente de parler une seule fois, et laisse les autres parler à sa suite. En même temps il approuve, par un moyen non-verbal, celui qui a le mieux parlé.

Dans cette méthode, l'enseignant est certes le partenaire central de la communication, dans toutes les phases de présentation et de correction, ce qui est concrètement tout à fait justifié. Néanmoins, cette méthode a indéniablement quelques retombées positives quant à l'interaction dans le groupe d'apprentissage.

Les participants sont assis face à face. Ce qui rend possible que d'une seconde à l'autre chaque participant occupe à l'intérieur du réseau de communication la même position centrale que détenait précisément l'enseignant. Du fait que ce dernier, dans la mesure du possible, ne parle pas, il n'a que la ressource de céder dès que possible sa place, avec ses accessoires, à l'un de ses élèves **parlants**. Celui-ci peut alors, avec l'aide desdits accessoires, parler en s'écartant plus ou moins du modèle que constitue l'enseignant. Comme ce dernier est condamné au silence, l'élève obtient une place communicative toute différente, et il s'exprime plus fréquemment. On lui donne d'autant mieux la possibilité de trouver de nouvelles phrases originales.

Seconde conséquence : l'enseignant voué au silence ne peut donner de renforcements que non-verbaux, c.-à-d. qu'il n'a plus la faculté de diriger le cours à sa guise, comme il pouvait le faire dans le *système verbal*. C'est seulement lorsque l'élève regarde l'enseignant qu'il est possible à ce dernier de manifester son accord ou son désaccord par sa mimique et sa gestuelle. Tant que l'élève est sûr de son fait et qu'il se concentre sur son partenaire, il ne peut être ni interrompu ni corrigé par l'enseignant. Mais lorsqu'il le regarde, alors d'une part il est réceptif à la correction, d'autre part l'enseignant doit faire parvenir à l'élève un renforcement positif, au cas où celui-ci s'est exprimé correctement. Un sourire amical pour marquer l'assentiment n'a jamais l'effet d'un stéréotype et crée, malgré les répétitions nombreuses et concrètement nécessaires, une atmosphère encourageante. C'est ainsi que, par exemple dans l'enseignement suggestopédique, les éléments para-linguistiques sont introduits pour améliorer les performances dans l'E.L.E. (Cf. Maslyko, 1973).

L'inconvénient de cette méthode « silencieuse » — qui n'est pas conservée sous cette forme dans l'enseignement avancé — réside à coup sûr dans son caractère absolu. C'est un leurre que de faire garder le silence à l'enseignant justement lors de l'apprentissage de la phonétique, et de recourir à des signes graphiques pour la correction. De même, une intervention verbale est justifiée dès qu'une faute n'est pas reconnue par le groupe et que celui-ci la commet systématiquement. De plus, la voix de l'enseignant et le type de correction sont extrêmement importants pour ce qui est de ne pas décourager l'élève notamment dans une entreprise aussi délicate que l'imitation des sons étrangers, au début d'un enseignement de langue. Le procédé psychothérapique de Curran (1961, cf. pp. 22 sqq.) nous indique la voie à suivre. La correction phonétique d'après ces points de vue psychologiques a été présentée avec plus de précision par Schiffler (1977). Une étape ultérieure est la « correction communicative », telle qu'elle apparaît dans la communication naturelle (non-pédagogique) à travers la distribution symétrique des rôles (Cf. Raabe, 1982).

Mais dans des phases d'exercices autres que phonétiques, une telle attitude de silence et d'intervention non-verbale de la part de l'enseignant peut s'avérer dans bien des cas tout à fait favorable à l'apprentissage. Nous voulons parler ici de la majorité des formes d'enseignement interactives que nous allons présenter ci-dessous.

Le changement qui intervient dans le réseau de communication par le fait que les élèves ne communiquent que les uns avec les autres est connu de tout praticien. Mais à la suite d'un grand nombre d'observations pédagogiques auprès d'enseignants chevronnés comme d'enseignants en formation, l'auteur de ces lignes a acquis l'impression que, pour la plupart des enseignants, il est extrêmement difficile de « lâcher les rênes » et de les remettre entre les mains des élèves. Beaucoup d'enseignants veulent inconditionnellement être face à la classe, agir *eux-mêmes* face à la classe et n'admettent presque jamais qu'une communication ne passe pas par leur intermédiaire. De même, au cours d'exercices tirés des manuels et faits successivement, il n'est pas encore passé dans les mœurs didactiques que les élèves s'interrogent mutuellement. Au moment des corrections, il est rare que l'élève « à corriger » interroge lui-même le camarade qui doit le corriger, que ce soit avec ou sans l'impulsion de l'enseignant. Celui-ci est la figure centrale de tout acte pédagogique, l'irremplaçable timonier de tous les coups de barre donnés devant la classe et c'est de lui que partent des phrases aussi « importantes » que : *Georges, la prochaine phrase!* ou : *Bill, next sentence, please!* ou encore : *Who can correct Mary?*

Tant que les éléments externes et non-verbaux de la situation de communication enseignant-élèves ne seront pas changés, ce « rite » subsistera, y compris chez des enseignants qui approuvent entièrement, au point de vue théorique, le travail centré sur l'élève et sur le partenaire.

Les changements nécessaires au point de vue du réseau de communication seraient les suivants :
1. L'enseignant *s'assoit derrière* la classe ou *parmi* les élèves.
2. Les élèves s'assoient de façon à pouvoir se regarder les uns les autres (groupe face-à-face).

La forme la plus propice est celle des trois-quarts de cercle ouverts en direction du tableau ou de l'écran de projection, et qui peuvent à tout moment se fermer en un cercle complet. Les objections stéréotypées de beaucoup d'enseignants à cette proposition, comme à celle du travail de groupe, sont : « La classe est trop chargée pour faire cela » ou bien : « L'espace ne s'y prête pas. »

Quand un espace est assez vaste pour contenir tous les élèves, il est toujours possible d'adopter une disposition en trois-quarts de cercle concentriques ou en groupes. Même quand les sièges sont fixés au sol, il est possible que l'enseignant s'assoie au milieu des élèves. Ces arguments reposent la plupart du temps sur la crainte de perdre le contrôle de la classe ou de ne plus se voir reconnaître par celle-ci l'autorité convenable.

La pratique montre qu'il arrive malgré tout à de nombreux enseignants, même avec une disposition des sièges différente, de continuer à pratiquer le style pédagogique traditionnel, centré sur l'enseignant. On peut imaginer que certains, même assis derrière la classe comme une autorité invisible, continueraient à enseigner dans le style qu'ils pratiquaient lorsqu'ils étaient assis devant la classe.

Les changements dans la situation concrète de communication ne sont que la condition *sine qua non* permettant de créer un réseau de communication centré sur l'élève : mais ce réseau n'est efficace que s'il est en liaison étroite avec un style pédagogique approprié. L'enseignant remplit sa mission de façon optimale lorsqu'en préparant son cours il trouve une réponse à la question : « Quelle forme dois-je donner à mon enseignement pour que les élèves atteignent **par eux-mêmes** l'objectif de l'apprentissage ? » au lieu de se demander : « Comment vais-**je** conduire les élèves jusqu'à l'objectif ? »

Cette condition est aisée à réaliser, au niveau du comportement. Prenons un manuel traditionnel, comprenant des explications de règles grammaticales : même au lycée, elles ne sont, la plupart du temps, comprises sans l'aide de l'enseignant que par les bons élèves — et encore ! On donne à la classe un délai assez bref pour lire ces explications et pour s'entretenir en dialoguant les uns avec les autres afin de s'assurer une meilleure compréhension. Puis les élèves posent des questions, non plus à l'enseignant, qui s'est éclipsé de sa position frontale, mais à la classe tout entière. Les camarades se sentent interpellés, et quelques-uns sont généralement en situation de pouvoir expliquer les règles. Si l'on traite ensuite les exercices de grammaire enregistrés dans le livre, les élèves s'interrogent mutuellement et se sentent bien plus obligés de venir en aide à leurs camarades par une correction lorsque l'enseignant ne se trouve plus en face d'eux. Dans un enseignement centré de façon conséquente sur l'élève, l'enseignant peut, sans avoir l'air d'y toucher, quitter la classe, et les élèves continueront à travailler, ayant appris à apprendre de façon autonome. Si cela marche, l'enseignant a atteint un but pédagogique important, peut-être même le plus important de tous.

Si l'on dispose d'un rétroprojecteur ou de moyens audiovisuels, les possibilités de pratiquer ce type d'enseignement sont encore plus grandes. Nous avons, dans notre ouvrage sur l'enseignement audiovisuel des L.E. (Schiffler, 1976, pp. 87-110), fourni de nombreux autres exemples et suggestions pour une telle pédagogie, centrée sur l'apprenant et utilisant les moyens A-V. ; aussi n'irons-nous pas plus loin dans ce domaine, et seuls les exemples se rapportant au travail de groupe seront repris dans le chap. 5. (On trouvera de nouvelles propositions pour changer le réseau de communication chez Heinrichs, 1983).

Non seulement le changement du réseau de communication, mais aussi celui de l'espace de la communication peut avoir une influence favorable sur l'interaction dans le groupe d'apprentissage. C'est ainsi que, dans l'enseignement suggestopédique (cf. 2.3.), on accorde une grande valeur à la forme de la salle de cours des L.E. Elle doit être meublée de façon à faire penser, autant que possible, plutôt à une pièce d'habitation qu'à une salle de classe.

Les suggestions les plus développées quant à la configuration de l'espace comme facteur favorisant l'apprentissage ont été élaborées par Moskowitz (1978) pour sa méthode linguistique « humanisée ». Les élèves font des affiches coloriées, ornées de sentences « humanisées » telles que : *The only way to have a friend is to be one* (R. W. Emerson) * « Le sourire est le plus court chemin entre deux personnes », etc. En annexe à son livre figurent 66 sentences du même genre, rédigées en 7 langues. De même, des sentiments et des souvenirs heureux non seulement sont exprimés dans la L.E., mais sont également mis en images. On joue de la musique avant et après la classe.

Cela n'est réalisable que de façon exceptionnelle dans la situation scolaire actuelle. Mais on pourrait, pour commencer, essayer de modifier en ce sens tout espace scolaire, sans parler de l'exigence évidente qui amène, dans les écoles, à faire des cours de langue dans des **espaces de L.E.**, où une atmosphère favorable est créée à l'aide d'informations sur le pays de la langue-cible.

4.2. Participation et autonomie.

La participation pédagogique est possible dès le début dans l'E.L.E., bien que ceci paraisse au premier abord hautement improbable ; dans aucune autre discipline les élèves débutants — en raison de leur ignorance de la L.E. — ne semblent aussi peu autorisés à intervenir. I. Arnold (1971) a tenté de laisser les élèves pratiquer d'entrée de jeu la participation au niveau du contenu de l'enseignement. Ceux-ci déterminent eux-mêmes les situations (par ex. manger une glace, demander son chemin) où ils croient pouvoir plus tard utiliser la L.E. En rapport avec ces situations, le professeur (femme) développe lui-même 5 dialogues. A la suite de quoi, les élèves peuvent fixer l'ordre de succession des

---

* « Le seul moyen d'avoir un ami est d'en être un soi-même. »

dialogues ainsi que les phases du déroulement du cours telles que lecture scénique, jeu, explication grammaticale, dictée, etc. Bien que rien ne soit dit concernant la poursuite de cette participation au-delà de la tentative de 6 semaines, on ne saurait sous-estimer la réaction positive des élèves à cette tentative. Elle présente certes le lourd inconvénient que des cours soigneusement élaborés, pourvus de multiples possibilités d'exercices, susceptibles avec l'apport des moyens visuels et auditifs non seulement de motiver l'élève, mais aussi de lui fournir des aides pédagogiques appréciables, que ces cours, donc, sont remplacés par un matériel plus ou moins bien fait par l'enseignant lui-même et où même des erreurs ne sont pas à exclure. Sinon, des matériaux bien élaborés pour les débutants proposent dans de nombreux cas les situations que les élèves désirent affronter dans la perspective d'un voyage à l'étranger. Cette tentative, cela est sûr, ne représente pas un progrès quant au matériel pédagogique. Mais elle est à juger comme progressiste dans l'optique de la méthode employée, c.-à-d. dans la mesure où l'enseignant offre aux élèves de nombreuses possibilités d'exercices et où les élèves — en fonction de leur intérêt et de l'appréciation qu'ils portent sur leur performance, ou mieux sur leur retard en fait de performance — peuvent déterminer ce qu'ils apprennent et comment ils l'apprennent. Si de nombreux enseignants prenaient vraiment au sérieux l'idée selon laquelle un apprentissage motivé mène à une plus grande réussite, cette forme de participation ne pourrait demeurer plus longtemps l'exception. Mais bien des enseignants constateraient alors avec surprise que, de ce fait, il existe un mode d'enseignement qui ne s'accorde plus du tout avec leur conception méthodologique. Alors, vraisemblablement, la plupart des élèves donneraient la préférence à un enseignement dans lequel il y aurait, clairement séparées les unes des autres, des phases monolingues à côté de phases bilingues d'exercices et de sémantisation (cf. Dietrich, 1973). De telles manifestations d'intérêt de la part des élèves sont légitimes et devraient être prises au sérieux. D'autre part, l'enseignant doit faire comprendre aux élèves qu'ils ne peuvent s'orienter que vers ce qu'ils connaissent eux-mêmes. C'est pourquoi ils devraient accepter également d'apprendre à connaître, pendant un certain temps, la nouvelle conception qu'un enseignant a de son travail avant que celui-ci et les élèves se mettent d'accord sur les questions de méthodologie. Il est certain que l'enseignement monolingue d'une L.E., surtout quand il n'est pas couplé avec des moyens audiovisuels motivants, sera rejeté de prime abord par de nombreux élèves s'ils n'ont connu que l'enseignement de type traditionnel dit « grammaire-traduction ». En outre, la part de décision des élèves, concernant le type et l'ampleur des « travaux à la maison », devrait s'étendre. Dans beaucoup de cas, les élèves plaideront pour une réduction du nombre de ces travaux, ce qui ne devrait pas être toujours un inconvénient. C'est que les enseignants surestiment souvent le temps que les élèves consacrent à faire un devoir. La conséquence est que les élèves copient les devoirs les uns sur les autres. Au contraire, lorsque le devoir repose sur un « contrat » entre l'enseignant et la classe, les élèves se sentent davantage tenus de faire le devoir réellement eux-mêmes.

Dès la deuxième année de l'enseignement aux débutants, l'enseignant peut commencer à accorder aux élèves un droit de participation, au niveau des contenus. Mais pour ce faire, il est nécessaire qu'il fournisse une information appropriée, qui doit conduire à un choix entre plusieurs solutions possibles. Aussi, enseignant et élèves peuvent réfléchir ensemble sur les suppressions qui doivent être opérées dans un manuel, sur l'intérêt de lire, en complément, une B.D. en langue étrangère, un texte facile ou une revue périodique à caractère linguistique. Bien entendu, l'enseignant peut trancher de tout cela à lui seul, et de façon très compétente, mais pour la motivation ultérieure à l'égard du cours, une participation telle qu'on la propose ici peut avoir un impact décisif.

Participation et autogestion s'obtiennent également quand l'enseignant, à la fin de chaque heure de cours, invite les élèves, par principe, à prendre une position critique vis-à-vis des leçons et des lectures, à identifier les représentations stéréotypées, les interdépendances sociales entre les individus, l'auteur et le contenu et à poser la question : **Ce contenu exprime quel centre d'intérêt, et pour qui ?** A vrai dire ces questions, quand il s'agit de « documents authentiques », sont liées à chaque interprétation. Il est moins évident qu'on peut les poser également, dans l'enseignement pour débutants, à propos du contenu des leçons de manuels. Nous avons, à ce sujet, décrit ailleurs (Schiffler, 1976, pp. 108 sqq.) des exemples tirés de la pratique scolaire. La famille intacte et sans conflits, le comportement des gens conforme à leur rôle (surtout pour les femmes et les enfants), l'existence assurée et sans problèmes, telles sont les descriptions qu'on trouve dans la plupart des manuels : elles donnent largement prise à la critique. Rendre les élèves capables de formuler cette critique — tout d'abord en L.M., puis avec l'aide de l'enseignant, en L.E., et postérieurement, directement en L.E., c'est un moment central de l'enseignement interactif des L.E.

Même chose lorsque l'enseignant s'efforce de rendre les élèves capables de formuler leur critique à l'endroit de son cours, de lui-même en tant qu'individu et de leurs condisciples, en L.M. ou en L.E.

Dès que, dans les cours plus avancés, on lit des textes fictionnels ou non-fictionnels, la participation des élèves à la décision par rapport au contenu est à proprement parler évidente bien que, même ici, une pré-information faite par l'enseignant demeure indispensable. Nous montrerons plus loin quelle forme interactive peut prendre le cours de lecture.

I. Dietrich (1974, pp. 220 sqq.) a montré comment une telle participation pouvait s'appliquer avec succès à des thèmes « factuels ». Les élèves choisissent un thème, par ex. la drogue, élaborent à partir de plusieurs textes le vocabulaire spécialisé afférent à ce thème, et traitent ensemble deux textes illustrant les points de vue les plus contradictoires possibles, et susceptibles de conduire à des prises de position et des discussions personnelles. Eventuellement, le problème débattu peut aussi amener à la rédaction d'un jeu de rôles qui, dans la mesure où il est effectivement joué et où il concerne des problèmes personnels pris dans la vie des élèves, pourrait avoir un effet thérapeutique. La participation poussée jusque-là est à coup sûr un degré élevé d'un enseignement interactif des L.E., que l'on a rarement l'occasion d'atteindre.

Accorder la participation aux élèves quand il s'agit de la forme de l'enseignement et la leur refuser dès qu'il est question d'évaluer leurs performances, voilà qui serait paradoxal ! Ce qui est essentiel ici, c'est que des tests informels orientés vers l'objectif de l'apprentissage permettent de fonder l'évaluation sur des bases plus objectives que par le passé. Ces tests ne devraient pas aboutir chaque fois inconditionnellement à une note, de même que le système traditionnel de notation devrait autant que possible rester limité à l'inévitable note de fin d'année. Mais un grand nombre de tests informels, cela pourrait éclairer élèves, parents et enseignants sur les progrès de chaque individu et sur sa place dans le groupe d'apprentissage. Lesdits tests, cependant, ne devraient pas aboutir à faire des enseignants les esclaves d'un pensum pédagogique qu'ils seraient tenus d'exécuter au pas cadencé avec d'autres classes, comme cela se pratique malheureusement dans bien des écoles. Si les tests ne sont pas orientés vers des objectifs d'apprentissage déterminés, lesquels ont fait l'objet d'un accord avec le groupe d'apprentissage et quant à leur contenu et quant au délai nécessaire pour les atteindre, alors toute forme interactive d'enseignement est rendue impossible et toute auto-gestion est refusée non seulement aux élèves, mais également à l'enseignant.

Ce qui compte, c'est la performance en fin de semestre. Si l'examen terminal donne un résultat plus mauvais que les examens en cours de semestre, ceux-ci devraient être pris en compte au profit de l'élève, d'une manière appropriée. Avec la notation par semestre, les élèves doivent avoir amplement l'occasion de dire leur mot relativement à ce problème. Si un enseignant qui inscrit à chaque cours dans son carnet les notes portant sur l'oral voulait octroyer sous cette forme le droit d'intervention, il en viendrait certainement, débordé par le débat public, à ne plus pouvoir faire cours. La tradition consistant à donner des notes à chaque heure de cours sécrète des sentiments d'angoisse durables, et souvent aussi le découragement, lorsque les élèves se sentent jugés à tort. Bien des enseignants choisissent un expédient, celui de distribuer des « bons points », à chaque cours, pour chaque performance. A coup sûr, un tel procédé plaît beaucoup aux élèves. Mais l'éloge individuel et la reconnaissance devant la classe peuvent éventuellement équivaloir au même renforcement, voire à un renforcement plus important. La distribution de « bons points » ne va pas sans phénomènes négatifs concomitants, qui peuvent porter préjudice au comportement dans la classe, et entre enseignant et élèves. Des réclamations surgissent, comme : *Pourquoi je n'ai pas eu de « bon* point » aujourd'hui ?, *Pourquoi je n'y suis pas arrivé ?* ou bien : *J'ai pourtant interprété tout le dialogue, et Caroline, pour rien qu'une seule réplique, a déjà eu un « bon point »* ! En revanche, la notation traditionnelle est le plus souvent considérée comme évidente par les élèves. Plus d'un enseignant parle des effets positifs de sa pratique de notation, et allègue que, sans celle-ci, de toute façon, ça ne marche pas. L'enseignant aussi bien que les élèves admettent comme inévitable la situation de concurrence et même les rapports tendus des élèves entre eux et avec l'enseignant, rapports pouvant aller jusqu'à la haine à l'égard des enseignants et de la L.E. Le travail interactif semble alors utopie, et l'est assurément, dans de telles conditions.

La participation dans le cours implique — en partie — un travail autonome de la part de l'enseignant, ou le « faire par soi-même ». Dans l'E.L.E., ces buts sont le plus souvent limités par la connaissance imparfaite de la L.E. Le travail de groupe permet de reculer ces limites de façon considérable. Au point de vue méthodologique, le faire créatif des élèves, dans le cours, est habituellement cantonné dans la phase de transfert, où ce qui est appris doit être appliqué dans des situations analogues. On montre ci-dessous, et notamment dans les jeux interactifs, que même dans les phases de début et d'entraînement, le faire créatif des élèves peut être mis au premier plan.

Kaufmann (1977) a montré, dans une tentative faite « sur le terrain », que la participation, dans un cours avancé, peut conduire avec un succès considérable à une autogestion et à un travail autonome permanents. Cette tentative s'est faite presque par hasard, alors que deux classes de second cycle, correspondant à la 5e année d'apprentissage du français, avaient reçu un professeur remplaçant à orientation « grammaticale », puis, au retour de leur enseignant habituel, avaient retrouvé un enseignement à orientation « de groupe ». Les différents vœux émis par les élèves relativement à la méthode pédagogique amenèrent l'enseignant à se décider à appliquer dans son cours les principes de l'« apprentissage en liberté » de Rogers (1974). La liberté, en l'occurrence, se rapportait surtout à la méthode d'apprentissage, car pour ce qui était du contenu, le programme (un manuel) d'une part, le nombre et la forme des contrôles d'autre part, étaient fixés de manière rigide. En outre, il fut convenu que le français serait la seule langue autorisée et que l'on ferait les devoirs préparés chaque fois à la maison par un seul élève. Durant 8 mois, les élèves décidèrent eux-mêmes s'ils devaient lire livres, journaux ou manuels ou bien auditionner bandes magnétiques ou disques. L'enseignant se transformait en « station-service » pour le prêt des matériels, et en agence de renseignements. Il devait parfois compulser lui-même le dictionnaire, ou il lui arrivait de ne pas comprendre immédiatement le contenu d'une bande magnétique. Les élèves travaillaient selon une alternance étonnamment fréquente, isolément, en tandem ou en groupe. L'inévitable remue-ménage ne les dérangeait pas. Que l'enseignant ou des gens de passage fussent présents ou non, cela n'avait aucun effet sur leur travail.

Dans l'enquête faite par écrit, environ 90 % des élèves dirent qu'ils trouvaient cette forme d'enseignement agréable et très efficace, qu'ils s'y sentaient acceptés par leurs camarades et par l'enseignant, que cet enseignement favorisait le travail en commun, l'indépendance et le sens des contacts, et que l'enseignant s'était exprimé de façon compréhensible. Environ 65 % avaient l'impression qu'ils avaient eux-mêmes apporté quelque chose à l'acte pédagogique, que la classe avait bien collaboré, que l'enseignant avait su aborder les difficultés et prendre position personnellement de façon convaincante. Dans leurs libres prises de position, des élèves mentionnaient que le français était devenu leur matière préférée, alors qu'auparavant ils en avaient « ras-le-bol », et que leurs blocages expressifs s'étaient réduits.

L'enseignant affirma que la compétence de communication orale avait été favorisée à un point tel que « cela rejetait dans l'ombre tout ce qu'il avait obtenu avec les méthodes d'enseignement traditionnelles » (p. 235). Néanmoins, il fallait s'accommoder d'un léger affaiblissement quant aux performances écrites. Voici quelle fut l'opinion des élèves : « presque tous estimaient que la compréhension et l'expression orales étaient particulièrement favorisées dans un enseignement de ce type, tandis qu'ils pensaient que grammaire et expression écrite étaient mieux apprises dans un enseignement de type traditionnel ». Mais ces résultats doivent aussi être examinés en relation avec les examens, qui divergeaient considérablement de la forme malheureusement courante dans nos écoles. Ils étaient constitués, par ex., d'exercices de compréhension d'une bande magnétique, ou d'un dialogue portant sur des thèmes donnés à l'avance, élaboré en tandem et enregistré sur bande.

Un enseignement communicatif, qui laisse tant d'autonomie à l'apprenant, et que l'enseignant en question ne recommande qu'aux collègues qui n'ont pas de problèmes de discipline, est un procédé interactif par excellence, qui ne se laisse guère réaliser sous cette forme que dans un enseignement avancé. Mais c'est la plupart du temps l'enseignant lui-même qui se dresse, comme un obstacle, sur la voie de la réalisation. Il lui est difficile de supporter que quelques élèves « tournent parfois à vide ». Mais l'enseignant auteur de cette tentative est parvenu à cette « grande maîtrise » en se rappelant qu'il était arrivé à quelques élèves, **même** dans un enseignement antérieur (traditionnel), de passer une partie de leurs « heures de français » à rêver.

On trouvera d'autres expériences fondées sur l'auto-apprentissage chez Holec (1981). Elles s'étendent également au domaine scolaire (Dickinson et *al.*, 1981). La majorité des élèves a émis à leur propos une opinion positive, bien que souvent la moitié seulement du temps disponible pour le travail autonome ait été effectivement utilisée (Moulden, 1981, p. 37).

4.3. L'enseignant comme « locuteur fantôme » (*Ghostspeaker*).

L'une des plus grandes difficultés dans l'élaboration d'un enseignement interactif des L.E. est assurément le fait que les élèves doivent communiquer entre eux dans une langue qu'ils apprennent, et donc que, le plus souvent, ils maîtrisent encore très imparfaitement. Lorsque l'enseignant parvient réellement à motiver les élèves pour une intercommunication, ceux-ci prennent conscience de l'écart important qui sépare leur compétence en L.M. et en L.E. La seule issue pour eux est généralement de s'exprimer dans leur L.M. Si l'enseignant ne les y autorise pas, alors leur est ôtée toute motivation à s'exprimer. Le comportement pratiqué par Curran (1961), pour qui il s'agit avant tout d'une psychothérapie visant à éviter les sentiments d'insécurité qu'éprouve l'apprenant débutant (cf. 2.2), peut très bien s'appliquer aussi, sans formation psychothérapique particulière, à l'enseignement aux apprenants avancés.

Ce qui ne signifie pas que le comportement que nous décrivons ci-dessous sous l'appellation de « locuteur fantôme » ne constitue pas également un moyen de diminuer les fortes inhibitions qu'il s'agit de vaincre quand on communique en L.E. Wicke (1978) explique, avec une louable franchise, qu'il n'était possible que dans les classes de débutants et de lycées, mais non au collège (cycle court des *Realschulen*) ni à l'Université populaire *(Volkshochschule),* d'amener les apprenants à utiliser les moyens discursifs simples qu'on leur a fournis, dans le cadre d'un cours fait uniquement en L.E. Ils ne pouvaient, de leur propre aveu, « vaincre leurs blocages ni leurs angoisses verbales » (p. 91).

Voici en quoi consiste le comportement du « locuteur fantôme » : les élèves, dans la mesure du possible, se tiennent en groupe « face à face » et au mieux, en cercle, et communiquent les uns avec les autres, l'enseignant se tenant en dehors de ce cercle. Il est clair, à travers cette disposition des lieux, que l'enseignant, durant cette phase, n'a plus d'influence sur le contenu de l'entretien de groupe. Tout élève peut faire signe à l'enseignant, à la suite de quoi celui-ci s'installe derrière lui. L'élève fait part à l'enseignant de ce qu'il voudrait exprimer dans la L.E., ou bien il lui demande la traduction d'un mot déterminé, etc. En fonction de la situation, cela peut se faire à voix basse ou à voix haute : dans ce cas, les autres élèves, évidemment, sont au courant du contenu. L'enseignant, certes, a le devoir de traduire ce que lui communiquent les élèves, mais n'a nullement le rôle d'un interprète ; car c'est chaque fois l'apprenant qui doit lui-même, avec l'aide apportée par l'enseignant, s'exprimer en L.E. Il reste le véritable partenaire communicatif de ses camarades. Dans cette première phase, les corrections ne devraient être apportées par l'enseignant que comme des adjuvants verbaux et non comme une interruption du flux de la communication. Dans une phase ultérieure, il peut notifier ses corrections à l'élève.

Pour les discussions auxquelles on se livre dans l'enseignement avancé, le « locuteur fantôme » se présente comme une aide particulière pour ceux qui sont souvent « écrasés » dans un enseignement de ce type, en raison des faiblesses de leurs performances et de leur introversion. Pour donner effectivement une chance à ces élèves, l'enseignant leur fait former un cercle, à la disposition duquel il se tient en tant que « locuteur fantôme ». Les autres élèves forment un autre cercle concentrique autour de leurs condisciples, rédigent un compte rendu de la discussion et juste après, prennent position sur le caractère interactif de celle-ci et sur son contenu.

C'est une fonction semblable à celle du « locuteur fantôme » que remplissent les deux enseignants qui, dans la méthode de l'*expression spontanée* (cf. 2.4), jouent le rôle du « double ». Là, l'enseignant saisit les intentions discursives des élèves et leur « souffle » les mots à dire. Brüggemann et *al.* (1977) se sont inspirés de cette méthode et l'ont remaniée pour la pratique de leur cours de langue pour adultes. Deux participants imaginent entre eux un dialogue quelconque, par ex. « demander l'heure à quelqu'un » et le représentent par une pantomime. Ensuite, les deux enseignants imitent la pantomime des élèves, après s'être placés derrière eux. Au cours d'une répétition multipliée, ils introduisent peu à peu les réalisations verbales qui sont prises en charge par les élèves participant au jeu, d'abord fragmentairement, puis progressivement, en partant de l'intonation. Plusieurs fois — d'après les souhaits des élèves — on procède à un échange du double, c.-à-d. que les élèves, à leur tour, jouent les « ombres » derrière les enseignants et répètent, pour assumer ensuite, de nouveau, le rôle dirigeant. Enfin, chaque fois, un second élève se place derrière l'enseignant « souffleur » et correcteur, pour ainsi dire comme un second écho. On reconstruit alors le dialogue, de mémoire, avec l'ensemble du groupe (limité à 9 élèves) et le texte en est dicté à l'enseignant devant le tableau, pendant que tous écrivent simultanément. Dans les cours suivants, le dialogue, en fonction des besoins des élèves, est élargi au point de vue lexical et éclairci quant aux structures grammaticales. A la fin des cours, on se trouve en présence d'un manuel auto-élaboré. Cet enseignement en « situation idéale » était favorisé également par le fait que les deux enseignants étaient des locuteurs natifs.

En liaison avec ce procédé du locuteur fantôme, on peut utiliser la plupart des procédés interactifs qu'on vient de décrire, même dans des groupes d'apprentissage aux performances faibles.

Il va sans dire que seul peut assumer le rôle du locuteur fantôme l'enseignant qui se sent sûr de lui dans la L.E. qu'il enseigne. C'est peut-être bien là, pour pas mal d'enseignants, un motif pour ne pas pratiquer les formes d'enseignement interactives, comme celle-ci ou d'autres qu'on décrira plus loin.

L'enseignement interactif est à coup sûr facilité par une bonne compétence de l'enseignant en L.E. Mais même celui dont la compétence n'est pas tellement bonne peut employer des procédés interactifs avec l'aide des ouvrages pédagogiques dont il dispose et avec d'autres moyens, décrits principalement au chapitre 5.

4.4. La coopération dans des « tandems de responsabilité ».

Un procédé interactif qui représente en même temps une condition propice aux procédés interactifs décrits ci-après, est la constitution stable d'un « tandem de responsabilité » où les élèves sont ou bien responsables l'un de l'autre, quand il s'agit de partenaires aux performances équivalentes, ou bien, dans le cas contraire, le plus fort responsable du plus faible. Billows (1973, p. 105) dépeint une classe dans laquelle l'enseignante a réparti toutes ses élèves en trois groupes A, B et C, chacun étant situé, dans la classe, nettement à part des deux autres. Le groupe A était composé des meilleures élèves. Tous les travaux préparés à la maison étaient en principe achevés en tandem. A cette fin on désignait chaque fois une élève A comme responsable d'une partenaire appartenant au groupe C, celui des plus faibles. L'enseignante s'adressait à l'élève A en question lorsque le travail de sa partenaire C ne correspondait pas aux exigences. Si la partenaire A ne satisfaisait pas aux demandes qui lui étaient faites, elle passait dans le groupe B. Les élèves de ce groupe achevaient également leurs travaux en tandem, mais avec une responsabilité réciproque. L'enseignante s'efforçait de réduire le plus possible les effectifs du groupe C tout au long de l'année scolaire.

Abstraction faite de ce qu'un tel travail en tandem appliqué aux travaux « préparés à la maison » ne peut à proprement parler être réalisé que dans un internat, il faut cependant s'attendre à des effets sociaux négatifs dus à la répartition des élèves en groupes et à la disposition des sièges, déterminées par l'enseignante. Selon celle-ci, il n'y aurait pas eu dans la classe de sentiments d'infériorité ni de supériorité, du fait qu'elle avait explicité devant les « fortes » les raisons qui avaient conduit leurs camarades à des performances faibles, et que l'on ne devait pas rechercher dans les individus mêmes. Mais le fait que l'enseignante avait disposé les sièges sans tenir compte des désirs des élèves avait instauré un critère de discrimination, dans le domaine non-verbal, bien plus puissant que ne le supposait l'enseignante. Si elle n'avait pas créé cette situation, peut-être que ces appels à la compréhension des plus faibles n'auraient pas été nécessaires. Mais au point de vue interactif, il est efficace qu'en plus des groupes destinés au travail de groupe, il y ait par principe de tels « tandems de responsabilité » constitués sur l'initiative de l'enseignant. Ceux-ci peuvent évidemment être composés d'élèves logés dans des maisons voisines et qui font leurs devoirs ensemble. Mais on doit accorder une importance plus grande aux tandems de responsabilité qui jouent un rôle pendant le cours et où un élève fort prend la responsabilité d'un élève faible. Les élèves forts qui assistent les faibles doivent être choisis par l'enseignant de façon à recevoir cette « mission » comme une récompense. Allons plus loin : il est fondamental que l'équipe de responsabilité soit créée par les deux partenaires sur la base du volontariat. L'inclusion institutionnelle de ces tandems dans l'organisation de l'enseignement a des répercussions sur l'intensité et la durée du travail. Par exemple, les travaux écrits « à la maison » peuvent toujours être corrigés en tandem. A cette occasion, il surgit fréquemment des questions et des obscurités que le partenaire « fort » peut aider à dissiper et à résoudre. De même, de nombreux exercices se prêtent spécialement au travail en tandem. Il est également profitable que les élèves puissent commencer pendant le cours, dans ce travail en coresponsabilité, à achever leurs « devoirs à la maison ».

C'est pourquoi une disposition particulière des sièges n'est pas nécessaire. Dès que le travail « en tandem » est annoncé, les partenaires concernés s'assoient à la même table (par paires hétérogènes fort-faible), tandis que les autres se cherchent, à leur guise, un partenaire homogène.

L'inconvénient évident du travail de groupe habituel avec des groupes hétérogènes réside en ceci, qu'un ou deux élèves seulement font le travail, sans que les autres apportent la moindre contribution. Dans le « tandem de responsabilité », au contraire, on obtiendra bien mieux — et on pourra même contrôler en s'appuyant sur le partenaire le plus faible — que le meilleur élève rende l'autre capable d'exécuter lui-même la tâche qui lui était proposée. Le tandem conduit également, dans de nombreux cas, à un rapprochement social entre les deux élèves. Comme on peut le lire dans presque tout sociogramme, les élèves forts se choisissent volontiers réciproquement. Aussi, quand les groupes ne sont formés que sur la base du volontariat, il est rare qu'apparaissent des groupes hétérogènes. Mais le « tandem de responsabilité » est un moyen de favoriser l'intégration, de plein gré, de faibles et de forts au sein d'un seul groupe. C'est pourquoi le travail avec un partenaire dans un tandem de responsabilité devrait précéder tout travail en groupe comme une étape indispensable de l'apprentissage social.

On peut éviter de faire une discrimination à l'égard de ceux à qui le travail en tandem apporte de l'aide, en interrogeant surtout l'élève faible. Si celui-ci reçoit une approbation pour une bonne performance, cela est en même temps un succès pour le partenaire « fort » qui l'a aidé. En outre, on devrait mettre fin au tandem dès que l'élève faible montre de meilleures performances. La dissolution de l'équipe peut alors représenter, pour les deux partenaires, l'expérience d'un succès.

Si l'on réussit, au-delà de l'expérience, à procéder de même dans d'autres disciplines, il est tout à fait possible que le « faible en langues » soit cette fois choisi par l'enseignant comme partenaire « fort » capable d'aider l'autre.

4.5. Jeux interactifs.

Tous les jeux pédagogiques conduisant à ce que l'élève exprime ses propres pensées face à un ou à plusieurs élèves ou à l'enseignant, sont des jeux interactifs. Il suffit, dans cette perspective, d'examiner les nombreuses propositions de jeux qui figurent dans la bibliographie de la didactique (B.E.L.C., 1976 ; Bloom et *al.*, 1973 ; Caré et *al.*, 1978 ; Chamberlin et *al.*, 1976 ; Goebel et *al.*, 1977 ; Mundschau, 1974) pour trouver bien d'autres suggestions en matière de jeux interactifs ; nous n'entrerons pas ici dans leur détail. Se rattachent également à cette catégorie les jeux pédagogiques de J. Wagner (1977), les exemples de cours de Rivers, (1978, pp. 38 sqq.) et les propositions de Schwerdtfeger (1977, pp. 84 sqq.) visant l'enseignement de groupe. On trouvera d'autres indications chez Höper et *al.* (1974) et chez Bianchi et *al.* (1981).

Dans les jeux interactifs, il ne s'agit pas seulement pour les élèves d'appliquer ce qu'on a appris, mais **d'apprendre** aussi **quelque chose de nouveau**. Le procédé utilisé est exactement l'inverse de celui qu'on avait l'habitude d'employer autrefois dans l'E.L.E. Par le jeu interactif, l'élève est amené à **vouloir** exprimer quelque chose. S'il ne peut le faire dans la L.E., il s'adresse à l'enseignant, qui l'aide ou lui fait consulter un dictionnaire. Il n'existe certainement pas de moment plus fécond, au point de vue de la motivation à apprendre un mot nouveau, que celui où l'élève perçoit son ignorance et désire y porter remède. **Le recours à l'enseignant en ce « moment fécond »,** tel est le point central de la méthode des jeux interactifs.

Le déroulement de tout jeu interactif doit être expliqué auparavant à l'élève. Ceci peut se faire dans la L.E., mais comme la réussite d'un jeu de ce genre (en L.E.), son véritable but, dépend étroitement d'une compréhension exacte de son déroulement, c'est à l'enseignant de décider s'il ne ferait pas mieux de fournir cette explication en L.M.

Les jeux interactifs ne demandent, dans la plupart des cas, aucune préparation lexicale particulière. Mais bien entendu, il y a avantage à ce que les élèves connaissent déjà les structures les plus importantes de la langue-cible, ou tout au moins celles qui ont le plus de chances d'apparaître dans le jeu en question.

Comme les intentions de communication des élèves tiennent le rôle principal dans le jeu interactif, et qu'elles ne sont pas exactement prévisibles, il ne faut pas faire d'autre préparation qu'un entraînement à des structures appropriées. On doit s'en remettre à l'enseignant pour estimer dans quelle mesure l'état des connaissances des élèves suffit pour le jeu interactif concerné.

On ne rencontre évidemment pas, dans cette façon de procéder, le travail systématique du vocabulaire tel qu'on le pratiquait d'habitude. En outre, le mot nouveau n'est intéressant, dans la procédure que nous venons de présenter, que pour l'élève qui en a justement besoin. Pour créer à partir de là un apprentissage valable pour tous, **il faut que l'enseignant respecte certains points de méthode durant le jeu ou après.** Ils peuvent se résumer à ceci : l'enseignant confectionne, avec le rétro-projecteur, un aide-mémoire visible pour tous. Sinon, le jeu à lui seul — au moins pour les participants actifs — possède un effet pédagogique important, certes, mais incomplet. Les manières de procéder correspondant aux divers jeux interactifs sont décrites séparément ci-dessous.

Les jeux interactifs que nous présentons permettent de conduire un enseignement sans livre sur une longue période, ce qui n'est nullement une façon de remettre en cause le manuel comme outil central. Pour un cours de débutants en L.E., une progression et une « séquentialité » systématiques présentent des avantages, surtout pour les élèves faibles. Cependant, au plus tard dans la 3e année de l'enseignement, il apparaît souvent une lassitude d'apprendre qui reflète aussi un dégoût du travail sur manuel, sans qu'aient été activement maîtrisés par les élèves les matériaux linguistiques les plus importants. Le recours à l'interaction dans le groupe d'apprentissage sous la forme de jeux interactifs peut, déjà à un stade antérieur, mais surtout en ce point de crise, susciter des motivations nouvelles.

Les jeux d'identité.

Comme le point capital, dans les jeux interactifs, réside dans la verbalisation d'intentions **individuelles** de communication, les **jeux d'identité,** avec leurs nombreuses variantes, sont les **jeux interactifs par excellence.**

Avec l'aide de l'enseignant, chaque élève bâtit sa propre carte d'identité, qui correspond soit à ses vœux soit à la réalité. Les mots nouveaux qui sont nécessaires sont communiqués à toute la classe avec l'aide du tableau, du rétroprojecteur ou par une photocopie immédiate, avec leur sens en L.M. Chaque carte d'identité devient, par les ajouts faits durant le cours qui suit, une description fictive et détaillée, construite par l'élève lui-même, de sa vie et de son caractère. Au début, la carte d'identité sert aux élèves pour s'interviewer mutuellement. Si par exemple on apprend les métiers, les élèves ne décrivent plus un quelconque *boulanger-de-manuel* et son activité : ils interrogent *Pierre Dumont* sur le déroulement de sa journée de travail et s'entretiennent avec lui de son activité. Lorsqu'on doit apprendre les *nombres,* ils s'interrogent réciproquement sur leurs payes, et s'entretiennent de ce sujet.

Voici une variante de ce jeu interactif : chaque élève se choisit un partenaire et ils s'interviewent réciproquement. Ensuite, chacun présente l'autre à la classe, le partenaire veillant à être présenté « correctement ».

Dans l'enseignement avancé, les élèves peuvent, de façon analogue, s'interroger sur les problèmes de la vie de tous les jours, du genre : *Qu'est-ce que tu ferais si tu disais à ton fils de vider la poubelle et qu'il réponde : « Fais-le toi-même ? »* A partir de là peuvent naître des discussions importantes sur le plan pédagogique, dans lesquelles les élèves ont la faculté d'investir leurs propres expériences et représentations. Ces dernières, sous leur aspect optatif, peuvent, dans d'autres cas, servir de point de départ à l'apprentissage. Les élèves du groupe sont interviewés séparément avec la question : *What would you do, if you won the big lot ?* et tout de suite après, interrogés **sur les raisons** qui motivent leurs souhaits. La phrase conditionnelle et les structures qui y sont liées peuvent ainsi être pratiquées de façon intensive et pour ainsi dire « comme en passant ».

Au début du cours, le questionnement réciproque peut se rapporter à des objets déterminés : *Qu'est-ce que tu ferais avec une bicyclette/un appareil photo/etc. ?*

Sous une forme identique, on peut thématiser les angoisses de tout individu, qui en général sont transformées en tabous ; lorsque, par exemple, les élèves se posent l'un à l'autre la question : *Que ferais-tu, si on t'annonçait que tu allais mourir dans un an ?*

Dans un autre cas, par exemple quand il est question des *verbes pronominaux,* les élèves peuvent dépeindre leurs *vacances de rêve* ou encore les *rêves de vacances* qu'ils ont faits, et utiliser ainsi les formes difficiles du passé composé de ces verbes. C'est alors qu'apparaîtraient, parmi d'autres, des verbes comme *se promener, s'amuser, se baigner, se la couler douce, se payer qqc., se jeter dans,* etc.

L'échange d'identité.

Autre variante*: chaque élève tire un bout de papier sur lequel figure le nom d'un élève. Sans parler, et aidé par l'enseignant, éventuellement aussi par un dictionnaire, chacun rédige alors quelques phrases sur les qualités, les habitudes, les souhaits, les actes de l'un de ses camarades. Ces phrases doivent être à la première personne. Par exemple : *I speak all the time and I often interrupt my friends. But I am very good at football playing. I'd like to have a motor-bike and to become a pilot**. Le groupe doit ensuite deviner l'élève ainsi décrit.

Encore une autre variante : un ou deux élèves quittent la classe et c'est alors leur aspect extérieur qui est décrit. Une description

---

* Je parle tout le temps et j'interromps souvent mes amis. Mais je suis un très bon joueur de foot. J'aimerais posséder une moto et devenir pilote de course. »

caractérologique n'a de chance de réussir que si l'enseignant veille à ce que celle-ci donne un « précipité » plutôt positif ou neutre.

Dans l'enseignement avancé, on peut se fixer pour tâche de formuler une petite annonce matrimoniale pour un camarade, texte à partir duquel il pourra être identifié.

Le jeu du portrait.

Dans un jeu analogue, l'enseignant dicte à chaque élève les questions suivantes ou les lui présente sous forme de questionnaire en L.E. :

— *Qu'est-ce que vous feriez, si vous gagniez le gros lot ?*
— *Quel est votre plat préféré ?*
— *Quel est le personnage que vous admirez le plus ?*
— *Quel est votre livre préféré ?*
— *Où aimeriez-vous passer vos vacances ?*
— *Quel est l'animal que vous aimez le moins ?*
— *Quelles qualités aimeriez-vous voir chez votre partenaire ?*

La liste peut être allongée. Chaque élève y répond seul, avec l'aide langagière de l'enseignant. Puis les élèves, à tour de rôle, lisent à voix haute les réponses qu'on a mélangées dans une boîte, les corrigent et la classe doit deviner l'auteur de chaque ensemble de réponses.

L'enseignant qui se préoccupe de la forme créative que doit prendre cette phase de transfert inventera sûrement encore d'autres variantes de ces jeux d'identification.

Le travail d'équipe.

Un élève dit une phrase, son voisin la répète et en ajoute une nouvelle, et ainsi de suite jusqu'à ce que naisse, au bout du compte, une histoire relativement longue. Quand la classe est nombreuse, on peut former deux (ou plus de deux) groupes en cercle, afin de limiter la longueur des histoires. D'une manière analogue, on peut, entre autres, raconter la vie d'une personne fictive.

Les élèves demandent une aide langagière en L.M., aide fournie par le groupe ou par l'enseignant et prise en note comme un nouvel objet à apprendre.

Le même procédé peut naturellement s'employer par écrit. En même temps, il est très significatif que chacun commence une histoire ou un dialogue par une phrase que le voisin doit continuer, si bien qu'à la fin on a autant d'histoires ou de dialogues qu'il y a d'élèves dans la classe. On choisit dans des sous-groupes les meilleures histoires, qui sont lues à voix haute.

Sous la même forme, on peut construire des *tableaux de société* sur des thèmes de manuels, ou encore librement choisis, comme *un accident de voiture, le développement des villes, our society, our future, pollution, les Américains* (pour un débat sur les idées préconçues). Chaque élève reçoit un transparent pour rétroprojecteur. On convient d'un laps de temps de trois minutes environ, durant lequel chacun peut exprimer graphiquement ses idées relativement au thème. A l'expiration des trois minutes, tous les élèves, au signal donné, communiquent leur dessin à leur voisin, qui le complète à son gré, si bien qu'au bout d'un certain temps on a des dessins qui représentent un véritable travail d'équipe (de 3 à 10 élèves), mais expriment également, de par la pression temporelle, beaucoup d'éléments spontanés que les intéressés n'auraient pas introduits dans une discussion. Pour finir, les dessins sont montrés avec le rétroprojecteur et interprétés par tous les élèves. Ils peuvent également servir de points de départ à des discussions ou être donnés d'abord à divers groupes qui inscrivent, au bas du dessin qu'ils ont choisi, une prise de position écrite, qu'on lit ensuite, avant ou après la discussion. Comme les élèves, dans ce cas, discutent sur quelque chose qu'ils ont produit en commun et de façon autonome, cela éveille un intérêt tout autre que n'importe quelles informations imagées fournies à l'avance.

Le « jeu de la sympathie ».

La classe s'assoit en formant un cercle où un siège reste libre. Celui qui est à gauche de la place libre doit commencer. Il pose une question à l'élève de son choix, qui y répond, éventuellement avec l'aide de ses camarades et de l'enseignant. Puis, celui qui vient de répondre s'assoit à la place libre, et l'élève assis à gauche de la place ainsi libérée pose à son tour une question. L'enseignant doit veiller à ce que les élèves ne s'adressent pas toujours aux mêmes, par exemple que les garçons ne fassent pas entrer seulement les garçons dans leur jeu, ou les filles seulement les filles. Il peut orienter le jeu par ses directives et par le fait qu'il est lui-même de la partie.

En principe, tout exercice linguistique sous forme dialoguée se prête à ce type de jeu. Mais celui-ci devient bien plus proche de la réalité lorsque les exercices consistent en questions auxquelles on peut répondre par oui ou par non. Si un élève répond négativement à une question, son questionneur peut l'interroger sur la raison de ce non ou bien passer tout de suite à un autre. Voici deux exemples. Dans le premier, on s'entraîne à *should* * :

— *How about an egg ?*
— *Well, **I shouldn't**, but I think I will have one.* (L'élève s'assoit à la place libre.)

---

 * « Que diriez-vous d'un œuf ?
 — Oui, je ne devrais pas, mais j'en prendrai un volontiers.
 — Non, merci, je préfère ne pas en prendre.
 — Pourquoi non ?
 — Je suis à la diète. / Ça me fait grossir. / Mon docteur ne m'autorise pas à manger des œufs », etc.

— *No, thank you,* **I'd** *better not have any.* (L'élève reste à sa place.)
— *Why not?*
— *I'm on diet.* / *I'm getting too fat.* / *My doctor doesn't allow me to eat eggs,* etc.

Dans le second, on s'exerce sur l'heure. Chaque élève peint un cadran avec une heure donnée, sur une feuille de papier, et la tient devant lui :

— *Tu viens au cinéma avec moi à quatre heures et demie ?* (L'élève dit l'heure que celui qu'il interpelle a dessinée sur sa feuille.)
— *D'accord, à quatre heures et demie devant le cinéma.* (L'élève prend la place libre.)
— *Non, merci.* (L'élève reste à sa place.)
— *Pourquoi est-ce que tu ne viens pas ?*
— *Je n'ai pas le temps.* / *Je n'ai pas envie aujourd'hui,* etc.

Le jeu des astronautes.

On peut le jouer avec le groupe entier, ou avec des sous-groupes de 3 à 5 élèves. Ceux-ci représentent une équipe d'astronautes qui, après un atterrissage forcé sur un astre, doivent se frayer un chemin vers une seconde capsule, se trouvant à une distance de 100 km. Ils ne peuvent emporter qu'une partie des objets qu'ils ont sauvés. Ces derniers doivent en outre être classés hiérarchiquement d'après leur importance. Les élèves ont pour tâche de trouver ce classement hiérarchique par la discussion et de coucher par écrit les raisons pour lesquelles ils placent tel objet à tel rang. Voici la liste des objets en question :

— *1 boîte de nourriture concentrée* / *1 can/tin of condensed food*
— *1 appareil de chauffage* / *1 heater*
— *30 m de soie pour parachute* / *30 m of parachute silk*
— *2 pistolets* / *2 guns*
— *20 m de fil de nylon* / *20 m nylon cable*
— *1 boîte d'allumettes* / *matches*
— *1 boussole* / *1 compass*
— *20 l d'eau* / *20 l of water*
— *1 bateau pneumatique* / *1 safety craft*
— *1 carte du ciel* / *1 astrometric map*
— *2 réservoirs d'oxygène* / *2 oxygen tanks*
— *20 cartouches de signalisation* / *20 flares*
— *5 boîtes de lait concentré* / *5 cans/tins of condensed milk*
— *1 boîte de secours* / *1 first aid kit*
— *1 appareil émetteur* / *1 wireless*

Après avoir corrigé le procès-verbal de la discussion, l'enseignant communique aux élèves le classement que la N.A.S.A. avait élaboré :

1. *réservoirs d'oxygène,*
2. *eau,*

3. *carte du ciel,*
4. *boîte de nourriture concentrée,*
5. *appareil émetteur,*
6. *fil de nylon,*
7. *boîte de secours,*
8. *soie pour parachute,*
9. *bateau pneumatique,*
10. *cartouches de signalisation,*
11. *pistolets,*
12. *lait concentré,*
13. *appareil de chauffage,*
14. *boussole,*
15. *allumettes.*

Le reportage en images.

L'enseignant demande à quelques élèves de faire un reportage imaginaire à partir de photos découpées dans des illustrés, sans y adjoindre de texte. Ensuite, dans le cours, tous les élèves, ensemble ou par groupes, le « verbalisent », puis le fixent en l'écrivant ou en l'enregistrant sur bande.

Pour finir, les reportages du groupe entier sont lus et corrigés. Une variante est le reportage filmique. S'il y a une possibilité de prise vidéo dans l'école, quelques élèves peuvent imaginer des scènes qu'ils tournent en dehors du cours en faisant un film muet. Leurs camarades de classe peuvent alors inventer le texte comme celui d'un reportage, que ce soit avec toute la classe ou par groupes.

Si l'enseignant peut se procurer des copies de vieux films muets, il est possible de les « verbaliser » en groupes, selon le même procédé.

D'une manière analogue, on peut trouver en commun des interprétations pour une série de 40 photos, choisies spécialement en vue de produire des « textes appropriés aux groupes » (Edwards et *al.,* 1977).

Décider en équipe.

Dans une firme, en raison du ralentissement des commandes, on doit licencier un salarié. Le directeur et plusieurs délégués du personnel doivent donc décider qui sera licencié. Trois salariés sont sur la sellette :

1. 24 ans, marié, un enfant, rendement moyen. Il fait souvent des critiques publiques, quand quelque chose ne lui convient pas.
2. 32 ans, divorcé, un enfant dont il doit assurer la subsistance. Il arrive assez souvent en retard, mais le rendement de son travail est excellent.
3. 50 ans, marié, deux enfants adultes et indépendants financièrement. C'est le plus ancien de tous dans l'entreprise. Quant au travail, il fait ce qu'on lui demande, sans montrer aucune initiative personnelle.

Le temps pour la discussion est limité. Si les élèves, à l'expiration de ce délai, désirent voter, on peut le cas échéant poursuivre la discussion après le vote pour savoir si un tel vote était justifié à ce moment-là, comment on en était arrivé à cette décision et si un vote était bien la procédure correcte permettant de résoudre un problème de ce genre.

On peut facilement trouver des variantes de contenu pour ce thème. Par exemple, la découverte d'un nouveau médicament prolongeant l'existence humaine peut fournir le point de départ d'une discussion analogue. Ce médicament, qui a été obtenu grâce à une longue élaboration durant de nombreuses années, n'existe qu'à une dose **unique**. Et maintenant, l' « équipe de savants » doit décider quelle personne (âgée de 50 ans au minimum) doit être rajeunie ou, si l'on préfère, « prolongée » grâce à ce rajeunissement. L'équipe choisit quatre personnes illustres, d'autrefois ou d'aujourd'hui, et discute pour savoir qui recevra ce médicament, et pour quelles raisons.

Des variantes de ce jeu, plus faciles sur le plan linguistique, peuvent être, par exemple, de trouver des réponses à des problèmes fictifs et réels, comme : *What can we do to consume less petrol? — Qu'est-ce qu'on peut faire pour ne pas tomber malade?* Il est important qu'on puisse ouvrir le champ même à des propositions utopiques et pleines d'humour.

La discussion peut se faire au niveau de toute la classe, mais il est bon que les élèves aient auparavant assez de temps pour réfléchir à leurs arguments, seuls ou en équipes jumelles, et pour les coucher par écrit.

Dans une répartition par groupes, il est certain que davantage d'élèves ont l'occasion de présenter leurs arguments. Mais pour la correction linguistique, il faut alors veiller à ce que tous ces arguments aient été mis par écrit sous forme de procès-verbal.

Comprendre autrui.

Un élève produit une phrase qui le concerne lui-même, qu'elle ait un caractère affectif ou qu'elle exprime une demande qui le préoccupe immédiatement. Ce peut être des expressions aussi ordinaires que, par exemple : *I don't like school — I hate mathematics — Je ne vais pas bien — Je m'ennuie — Je suis très contente.* Toute la classe cherche à interpréter la dite phrase, soit par une simple paraphrase, soit en énonçant des mobiles et des conjectures. L'élève intéressé n'a le droit de répondre que par *Oui, Non* ou encore *Moitié moitié.* Lorsque trois interprétations ont reçu une réponse positive, c'est le tour d'un autre élève. La tâche de l'enseignant consiste à donner des aides linguistiques pour l'interprétation et à la corriger. Toutes les aides et corrections essentielles sont écrites de façon visible pour tous et notées par les élèves.

Construction d'une statue.

Pour que le plus grand nombre d'élèves possible puisse s'exprimer, il est bon, dans ce jeu interactif, de procéder à une répartition par groupes. Ceux-ci ont pour mission de réfléchir sur le problème suivant : quelles indications donner, et à quels camarades, dans une forme qui se prête à l'érection d'une *statue* ? Donnons quelques exemples de ces indications : *Pierre, tu te mets à genoux sous la table.* — *Catherine, tu t'assois à côté de Pierre et tu mets ton bras autour de son cou.* — *Georges, couche-toi sur la table et tire Pierre par l'oreille,* etc. On ne doit évidemment pas dire aux élèves que ce jeu permet d'exprimer les relations mutuelles qui existent entre eux. Ils perçoivent le tout comme un jeu amusant. Lorsque chaque groupe a élaboré ses indications avec l'aide linguistique de l'enseignant, le jeu peut commencer. Les groupes n'ont le droit d'intervenir que l'un après l'autre. Tout groupe peut donner des directives à tous les élèves, y compris aux membres de son propre groupe pour construire sa statue. Toutes les directives doivent être données uniquement verbalement, **en renonçant à toute gestuelle,** sinon cet exercice ne serait d'aucun profit sur le plan **linguistique.** L'enseignant apporte son aide sous la forme de directives supplémentaires spontanées, au cours de l'« érection de la statue ». Lorsque tous les élèves convoqués devant la classe pour une statue ont été « mis en place », on peut prendre une photo de l'ensemble. Elle servira à une répétition ultérieure des mots nouvellement appris au cours du jeu. Puis c'est le tour du groupe suivant.

Au cas où existeraient de grandes tensions à l'intérieur de la classe, ou bien si l'enseignant remarquait que ce jeu d'interaction n'est utilisé que pour la représentation non-verbale des agressions et non pour l'apprentissage, il vaudrait mieux recourir à des exercices interactifs comme ceux que nous avons décrits dans le chapitre précédent, plutôt qu'à ce jeu de la statue.

On a publié aux U.S.A. un livre très concret (Moskowitz, 1978) sur les « techniques humanisées » dans l'E.L.E., où figurent 120 « exercices humanisés » accompagnés de réflexions sur l'éducation et sur la formation des enseignants. Les exercices « humanistic » décrits dans cet ouvrage correspondent bien à la visée des jeux interactifs, mais dans bien des cas dépassent largement, quant à leur caractère de « dynamique des groupes », ce que l'auteur de ces lignes considère comme utile pour l'E.L.E. Notre point de vue, dans la présente conception des jeux interactifs, étant que dépense ludique et perte de temps pouvaient en quelque sorte se justifier par la relation qu'elles entretenaient avec un possible gain linguistique. Dans de nombreux exemples d'exercices fournis par Moskowitz, cet équilibre n'existe pas. Mais peut-être l'enseignant intéressé constatera-t-il dans la pratique que cette remarque n'est pas fondée. D'autres ouvrages publiés en Angleterre, comme *Mazes* (Bere et *al.,* 1981) et *Challenge to think* (Frank et *al.,* 1982) et qui ont la même visée, échappent à ces critiques.

Dans de nombreux manuels récents, on trouvera des contenus et des possibilités d'exercices qui permettent la réalisation de comportements et de jeux interactifs. Citons à titre d'exemple *Strategies* (Abbs et *al.*, 1975).

4.6. Le jeu de rôle interactif.

Ce que nous avons exposé sur l'interaction sociale met en lumière le fait que, dans l'E.L.E., la **saynète** (selon l'appellation courante) ou encore le **jeu de rôle peut** représenter la forme d'enseignement interactif par excellence. Mais on ne peut absolument pas baptiser interactive la saynète qui, comme c'est souvent le cas, serait jouée sur un dialogue de manuel appris par cœur et récité ensuite. Ce qui manque alors, c'est l'« orientation par l'apprenant », au point que dans la plupart des cas on n'arrive pas non plus à une véritable interaction entre les élèves. Il n'est possible de qualifier un **jeu de rôle** d'**interactif** que lorsque :

1. les apprenants eux-mêmes exercent une influence sur la forme du contenu du jeu de rôle ;
2. l'élaboration du jeu, sa « répétition » et sa représentation se font dans le groupe de travail ou en tandem.
3. la représentation a une fonction interactive, c.-à-d. quand les élèves montrent **leur** version à leurs camarades, à leurs parents etc. et qu'ils reçoivent de ceux-ci une information sur leur mise en scène.

Des exemples de mise en forme interactive des jeux de rôle ont déjà été fournis par les jeux d'identification proposés plus haut. Nous allons maintenant envisager la mise en forme interactive du **dialogue de manuel.** Dès les cours pour débutants, les apprenants peuvent **avoir une influence** sur le jeu de rôle : il suffit qu'ils **choisissent eux-mêmes leur rôle** et qu'ils le **dotent** d'un nom qu'ils trouvent par eux-mêmes. Mais aussi, dès les cours pour débutants, il est possible de demander aux apprenants dans leur L.M., s'ils auraient quelque chose à redire à leurs rôles et ce qu'ils voudraient y modifier. L'enseignant incorpore alors linguistiquement dans le jeu de rôle les souhaits qui ont été formulés. Une telle participation renforce à coup sûr la motivation d'apprentissage et de jeu.

Ce qui aide beaucoup à modifier le jeu de rôle pendant la phase de transfert, qui s'appuie sur l'engagement personnel, c'est d'exiger des élèves qu'ils cherchent dès le départ à remodeler tout dialogue de manuel **en fonction de leur situation personnelle.** On commence par de petites saynètes dans lesquelles les élèves s'interrogent mutuellement sur leurs noms, leurs lieux d'habitation, leurs relations familiales, **leurs intérêts** et **leurs opinions.** Un exemple :

— *What's your name?*
— *Paul.*
— *How old are you?*
— *14 years.*
— *Do you like football?*
— *Oh yes, I like it very much.*
— *Did you see the last match between Nantes and Auxerre?*
— *Yes.*
— *How did you like it?* etc. *

De tels jeux de rôle, soutenus par l'intérêt personnel, offrent également à tous les auditeurs quelque chose de nouveau, l'enseignant apprend à mieux connaître les apprenants, et ceux-ci entraînent leurs camarades à élaborer et à jouer quelque chose sur le même thème, mais souvent avec un contenu tout différent qui correspond à ce qui les intéresse personnellement. On voit que cette méthode favorise l'engagement des élèves, au fait que ceux qui n'ont pas pu jouer leur jeu avant la fin du cours sont souvent très malheureux. La préparation d'un jeu de rôle, donnée comme travail à faire chez soi, s'effectue avec un zèle d'autant plus grand que tous les apprenants qui le souhaitent reçoivent en cours l'occasion de participer au jeu de rôle. Cette pratique peut s'étendre sur plus de deux heures de cours. Il faut espérer que les enseignants reconnaissent le grand avantage qu'ils peuvent tirer d'un tel enseignement et ne fassent aucun complexe d'angoisse ni d'infériorité vis-à-vis de leurs collègues s'ils ne sont pas, à la fin de l'année scolaire, venus à bout entièrement du « pensum du manuel ».

Il est important que dans ces jeux de rôle où interviennent des énoncés personnels, l'enseignant soit le premier à donner l'exemple de la franchise et qu'il joue en préambule le jeu de rôle avec un apprenant sans avoir peur d'employer des expressions personnelles. Plus personnelle est cette expression, plus l'effet de ce modèle sur les élèves est stimulant. (Bertrand fait d'autres suggestions pour encourager les élèves au jeu de rôle, 1978a).

Une autre condition doit être remplie pour un jeu de rôle interactif : c'est que non seulement les apprenants reçoivent un *feed-back* de l'enseignant sur le succès de leur prestation, mais que toute la classe puisse avoir l'occasion de prendre position, de façon circonstanciée, sur les divers jeux de rôle. L'enseignant doit veiller à ce que cela ne se produise pas d'une manière unilatéralement négative. Les apprenants attachent une grande valeur à la prise de position de l'enseignant, courante dans l'enseignement traditionnel, mais leur jeu est motivé tout autrement s'ils ont à entendre un jugement prononcé par tous leurs camarades. Ce qui peut très bien se produire également en L.E., si l'enseignant élabore à cette fin, systématiquement et avec les appre-

---

* « Quel est ton nom ?
— Paul.
— Quel âge as-tu ?
— 14 ans.
— Aimes-tu le foot ?
— Oh oui, j'adore.
— As-tu vu le dernier match Nantes-Auxerre ?
— Oui.
— Qu'est-ce que tu en penses ? » etc.

nants, une liste minutieusement différenciée, comprenant jugements positifs et jugements négatifs. On procède à cela de façon rationnelle et progressive, en inscrivant chaque jugement exprimé sur une échelle positive-négative. Bien entendu, les débutants ne sont pas en situation de produire des jugements aussi nuancés et différenciés dans la L.E. que dans leur L.M. C'est pourquoi l'enseignant les invite à énoncer d'abord leur jugement dans la L.M. au cas où ils ne peuvent le faire dans la L.E. et où il n'est pas encore porté sur la liste. Il traduit ensuite le dit jugement, qu'il inscrit sur la liste d'apprentissage.

Ainsi, tous les élèves prennent part au jeu, et apprennent à adopter des positions différenciées, dans la L.E. Au lieu de répéter n'importe quels textes, ils expriment quelque chose dont ils assument la responsabilité.

Naturellement, d'une façon générale, la correction des fautes ressortit également à la catégorie « jugement ». Mais elle devrait, dans cette phase, demeurer à l'arrière-plan. Bien sûr, il ne faut pas interdire aux apprenants, après le jeu, de signaler des fautes (parmi d'autres remarques).

Nous avons pu nous rendre compte de l'efficacité de ces recommandations en faisant une leçon audio-visuelle (Leçon 7 de *La France en direct,* Capelle et al., 1969) dans une classe de débutants, habituée à pratiquer avec son institutrice des jeux de rôle selon la méthode que nous avons décrite (chose que nous n'apprîmes qu'après le cours). A la fin des deux heures, nous avons demandé aux élèves d'apprendre chez eux le dialogue par cœur, en vue d'une représentation sous forme de jeu de rôle.

L'heure d'après, ils jouèrent le dialogue dans des versions considérablement transformées, car ils avaient interprété leur tâche conformément à ce que leur avait prescrit auparavant leur institutrice.

Les modifications étaient le plus souvent de type mimique ou non-verbal — ce qui était logique, vu le peu de mots durant lesquels il y avait eu un enseignement de français. C'est ainsi que les élèves firent passer la voisine curieuse, au nez de laquelle la dame qui a reçu une lettre claque sa porte, dans la situation quotidienne du facteur sonnant à la porte des appartements. C'est justement cette prestation théâtrale qui obtint un franc succès de rire, pour cette scène d'ordinaire plutôt ennuyeuse.

Aussitôt après la saynète, les élèves levèrent la main. Nous pensions que c'était pour demander à jouer eux aussi. Au lieu de quoi, ils s'exprimèrent de façon différenciée (dans leur L.M.) sur le jeu de rôle de leurs camarades.

Dans l'enseignement aux débutants, alors que les élèves ne sont pas encore capables de modifier vraiment la saynète sur le plan linguistique, il y a une possibilité de stimuler le plaisir qu'ils peuvent prendre au jeu de rôle. Dans la mesure où le contenu le permet, l'enseignant invite les élèves à varier l'interprétation de leurs rôles en adoptant des formes non-verbales opposées : *content/fâché ; courageux/peureux ; gai/triste ; calme/emporté.* Par le fait que les élèves communiquent à la classe leurs formes d'interprétation non-verbales intentionnelles, l'intérêt des camarades pour leur représentation est accru.

Dans l'enseignement avancé, le choix de la forme interprétative peut conduire aussi les élèves à ajouter spontanément des fragments de dialogue de leur cru, correspondant à l'interprétation.

Dietrich (1974, pp. 216 sqq.) a fait une autre proposition visant le jeu de rôle interactif déterminé par l'apprenant. Les apprenants doivent imaginer des conflits comme il peut s'en produire lors d'un voyage en France, et trouver pour chacun d'eux six types différents de réaction et de comportement social qui permettraient de surmonter ledit conflit, sur les plans social et linguistique. Les élèves, de cette manière, sont mis à même de choisir le rôle qui correspond à leurs propres besoins et à leurs propres positions et de le jouer en L.E. Voici — premier des huit exemples que les élèves avaient eux-mêmes sélectionnés — la situation suivante : *Le père de ton ami français vous oblige à rentrer chaque soir à dix heures.* On lira ci-dessous les différents types de comportement social et leur réalisation linguistique :

A. Expression de besoins propres :
Monsieur, on ne pourrait pas rentrer une ou deux heures plus tard ?
B. Plaidoyer en faveur des besoins propres :
Pour une fois que je suis à Paris, je voudrais bien aller au cinéma ou au théâtre, et puisque toutes les séances commencent à neuf heures, il est impossible de revenir avant onze heures et demie au plus tôt.
C. Renonciation à ses vœux personnels :
Je sais bien qu'on ne peut pas sortir tous les soirs.
D. Reconnaissance des besoins d'autrui :
On vous dérange en rentrant trop tard. Et puis, vous vous faites du souci à cause de nous.
E. Acceptation des besoins d'autrui :
On restera donc à la maison demain soir.
F. Etablissement d'un compromis :
Mais est-ce qu'on ne pourrait pas sortir samedi pour voir le film X sur les Champs-Elysées ?

Grâce à cette forme d'acquisition indépendante, non seulement les élèves prennent conscience des différents types de « commerce langagier » et des intentions de communication, mais encore ils sont mis en mesure de prendre librement, au point de vue linguistique, une décision quant à leur rôle social.

Quant à la pratique pédagogique, que des objectifs aussi élevés ne sauraient nous faire perdre de vue, il faut bien dire que tout cela présuppose un procédé autre que le procédé unilingue habituellement exigé. Même à un niveau avancé, l'enseignant, dans la plupart des cas, devra d'abord débattre en L.M. avec les élèves des situations de conflit et des diverses réalisations de rôles. Ensuite, les élèves pourront trouver, avec son aide constante, et aussi éventuellement avec celle des dictionnaires bilingues, les paroles correspondantes dans la L.E.

C'est déjà un beau succès pour la pratique scolaire, quand les élèves peuvent exprimer certaines situations sans savoir se servir du registre adéquat. Nous ne voulons nullement dire par-là que dans cette opération, l'aspect du contenu ne doit pas figurer au premier plan. Les contenus problématiques qui permettent des types de comportement social variés motivent les élèves de façon bien plus forte pour l'élaboration autonome de dialogues. Il suffit pour cela que les élèves recherchent le « comportement de rôle » le plus acceptable au point de vue social et que, le cas échéant, ils en discutent en L.E. L'idéal serait de pouvoir travailler en collaboration avec l'enseignant de L.M. Dans le cours (d'allemand), pour lequel il existe depuis longtemps des matériaux adéquats (Hebel, 1972, pp. 40 sqq.), les élèves pourraient discuter et jouer de façon plus approfondie les divers comportements de rôles.

Quelques suggestions pour le jeu de rôle :

Supposons que tu sois un étudiant noir et que tu veuilles louer une chambre.

Dans un bar, tu mets de l'argent dans un flipper pour faire un jeu. Mais l'appareil ne fonctionne pas. Il ne rend pas non plus l'argent. Le patron du bar décline toute responsabilité. Il déclare que le propriétaire de l'appareil est responsable.

Tu te plains du repas auprès du serveur.

Tu veux changer les chaussures que tu as achetées il y a deux jours, mais la vendeuse refuse de les reprendre.

Tu dis à tes parents que tu veux épouser un(e) étudiant(e) noir(e). Ceux-ci ne sont pas d'accord.

Tu demandes plus d'argent de poche à tes parents, mais ceux-ci refusent.

Tu demandes à tes parents la permission de rentrer après minuit.

Toi et ton frère vous demandez à vos parents de regarder un film à la télé après huit heures. Vous avez déjà vu un film l'après-midi.

Tu t'es foulé le pied pendant le cours de gymnastique : dans l'autobus, tu ne te lèves pas pour offrir ta place à plusieurs personnes âgées qui sont montées après toi. Elles te critiquent.

Tu roules au milieu d'une large rue tout en cherchant une place pour te garer. Tu en vois une de l'autre côté de la rue. Tu freines pour faire demi-tour. Une autre voiture te rentre dedans.

Les exemples de Dietrich, mentionnés plus haut, présentent des situations de conflit qu'un élève voyageant dans le pays de la langue cible peut rencontrer. Ceux que nous venons de fournir, au contraire, se rapportent directement à la vie des apprenants dans leur propre pays. Cependant, plus directe et plus actuelle est une situation pour un apprenant, plus elle est susceptible de le motiver et plus l'enseignement devient interactif.

L'élaboration de jeux de rôle de ce type, d'une part permet à l'enseignant de s'investir lui-même, mais d'autre part se heurte à deux obstacles qu'on a déjà signalés : une compétence linguistique insuffisante chez nombre d'enseignants et la créativité déficiente de quelques élèves. L'un et l'autre peuvent être surmontés. L'enseignant peut consulter un dictionnaire et les élèves agiront de façon d'autant plus créative qu'ils se seront vu offrir l'occasion de participer au jeu de rôles. Il va de soi que, dans des groupes efficaces au point de vue linguistique et créatif, il est possible que l'enseignant ou un élève invente un conflit dans la L.E. et que les élèves commencent aussitôt à le jouer avec l'aide de l'enseignant comme « locuteur fantôme ». Les auditeurs sont vraisemblablement tendus vers le contenu dans la première phase ; d'autre part, dans la seconde phase, le flux spontané des paroles est assez souvent interrompu, même lorsque l'enseignant participe au jeu en tant que « double » (cf. 2.4. et 4.3). Dans le cas où la « représentation » réussit et où son contenu plaît aux élèves, le texte des rôles inventé spontanément peut être utilisé pour une représentation renouvelée et pour l'apprentissage d'un nouveau stock linguistique.

Même lorsque l'enseignant aussi bien que les élèves veulent s'en tenir à un modèle pré-rédigé, il reste bien entendu possible de faire malgré tout un jeu de rôle interactif. Müller H. (1975) a placé une idée originale à la base de son recueil de jeux de rôles. Le point de départ reposait sur ce but d'apprentissage bien connu : les élèves doivent pouvoir se défendre linguistiquement dans des situations quotidiennes. Mais par ailleurs, le pédagogue sait qu'il est assez ennuyeux de se mouvoir dans ces rôles normés de longue date. Quelle excitation peut-on vraiment trouver à jouer une fois de plus ces rôles que l'on pratique à longueur de journée ? Mais si l'on introduit dans le cours un **effet d'étrangeté** en donnant à l'apprenant en L.E. l'occasion de s'évader de ce rôle normé, alors il sera motivé pour le jeu de rôle. On peut voir à quel point la réflexion de Müller est fondée, à la joie avec laquelle les apprenants adultes jouent ces rôles non-conformistes. Ceci a été enregistré sur film.

Il n'y a assurément pas de meilleur exemple du comportement de rôle normé — et sans aucun doute également justifié — que celui de l'usager de la route. Müller (1975, pp. 10 sqq.) a donné une structure non-conformiste audit comportement :

Elève 1. — *Halte ! c'est au rouge.*
Elève 2. — *Quoi ?*
Elève 1. — *C'est au rouge. Vous devez attendre.*
Elève 2. — *Je dois attendre ? Pourquoi ?*
Elève 1. — *Parce que c'est au rouge. Quand c'est au rouge, vous devez attendre.*
Elève 2. — *Quand c'est au rouge, je dois attendre ? Pourquoi ?*
Elève 1. — *C'est comme ça.*
Elève 2. — *Mais je veux passer !*
Elève 1. — *Vous pouvez passer quand c'est au vert.*
Elève 2. — *Quand c'est au rouge, je dois attendre et je peux passer quand c'est au vert ? Je ne comprends pas.*
Elève 1. — *C'est pourtant comme ça.*
Elève 2. — *Un moment ! Vous dites : Quand c'est au rouge, je dois attendre ?*
Elève 1. — *Oui.*
Elève 2. — *Et quand c'est au vert, je peux passer ?*

Elève 1. — *Oui.*
Elève 2. — *Est-ce que ça veut dire : Quand c'est au vert, je **dois** passer ?* etc.

Quand on veut utiliser les besoins de l'apprenant pour un jeu de rôle interactif, il paraît élémentaire de choisir des conflits au sein de la situation scolaire. En effet, l'élève doit apprendre à maîtriser en L.E., d'un point de vue communicatif, les problèmes qui le préoccupent. C'est en même temps une conséquence logique de l'enseignement unilingue. Bien que la méthode unilingue ait envisagé d'emblée la communication en L.E. entre enseignant et élèves comme objectif principal, le domaine des conflits est demeuré, néanmoins, dans la pratique, complètement éludé. Certes, la louange est encore prodiguée par l'enseignant dans la L.E., mais dès qu'on en vient à des conflits, les deux partenaires se servent de la L.M., si l'apprenant a l'occasion de prendre la parole.

C'est ce secteur que décrivent Black et Butzkamm (1977a, pp. 118 sqq.) sous le nom de communication « proprement linguistique » et qu'ils distinguent de la communication « métalinguistique », orientée uniquement vers l'apprentissage de la L.E. Comme ces deux formes se présentent le plus souvent mêlées, ils les subdivisent en une forme « pure » et une forme « mixte » (celle qui entre en combinaison). Ils font de la communication proprement linguistique, sous la forme de 30 « conversations de classe » (Black et *al.*, 1977b) rassemblées à partir d'expériences concrètes, l'objectif de l'apprentissage de leur cours d'anglais. Ce domaine est donc mis en valeur également dans la conduite unilingue d'un cours. Mais la méthode d'apprentissage de ces « conversations de classe » pré-rédigées est bilingue, en raison de l'attitude critique des auteurs à l'égard de la procédure unilingue.

Voici un exemple de ces conversations de classe :

A compromise :
Teacher : *All right, quiet now. I want you to read the sentences you had for homework.*
Roger : *But can't we do our plays instead ? The homework was boring.*
Philip : *It was a bit stupid.*
Teacher : *Do you all agree ?*
Stella : *I don't. It was easy and I liked it.*
Teacher : *Let me suggest a compromise. Stella will read her sentences and then you can present your plays, O.K. ?*
Pupils : *That's a good idea.* *

---

* *Un compromis :*
L'enseignant : « Parfait ! Un peu de silence. Je vous demande de lire les phrases que vous aviez à traiter à la maison.
Roger : — On ne pourrait pas faire nos jeux (de rôle) à la place ? Le travail à la maison était assommant.
Philippe : — Il était un peu stupide.
L'enseignant : — Vous êtes tous d'accord ?
Stella : — Pas moi. C'était facile et j'ai aimé.
L'enseignant : — Je vous suggère un compromis. Stella va lire ses phrases et ensuite vous pourrez présenter vos jeux. O.K. ?
Les élèves : — C'est une bonne idée.

Comme on l'a dit, ces conversations préfabriquées se rapportent à des problèmes d'interaction et sont donc interactives de par leur contenu. Elles mettent en œuvre des moyens discursifs selon la perspective de « participation dans le cours » : *Can't we... instead?* (contre-proposition) — *I don't agree* (refus/accord) — *I liked it, because it was...* (justification) — *... is boring/stupid.* (critique) (Black et *al.*, 1977a, p. 123).

En outre, l'enseignant donne aux élèves, au cours de la phase d'entraînement, des mots et des phrases, alternativement, qui les aident à trouver, dans la phase d'application, une version de la conversation de classe qui leur soit propre. Ils ont à ce moment la possibilité d'introduire leurs expériences personnelles et les problèmes de la quotidienneté scolaire et d'exprimer **tout** cela en un jeu de rôles cohérent.

Cela ne veut pas dire que les élèves **se** serviront de la L.E. également dans un cas de conflit réel, et surtout **pas** s'ils perçoivent la maîtrise linguistique comme un déficit par rapport à la défense de leurs intérêts. En tout cas, la base **linguistique** a été produite dans ce but, même si la base pédagogique n'a certainement pas été fournie au même degré par la publication de ces dialogues. Cela dépend étroitement de l'interaction sociale au sein de la classe, question dont nous avons déjà discuté (cf. 3.1.). On trouvera d'autres comptes rendus d'expériences et des propositions pratiques pour les jeux de rôles chez Caré (1983), Dufeu (1983) et Feldhendler (1983).

4.7. Enseignement sur objectif et simulation.

Nous appelons **enseignement sur objectif** l'orientation préparatoire du cours en L.E., pendant une période relativement longue, vers une performance à accomplir par la classe tout entière à un moment déterminé. Ce peut être la préparation d'un séjour à l'étranger, l'élaboration d'un court métrage, la représentation d'une pièce de théâtre, la confection d'une pièce radiophonique à partir d'une lecture en classe, la conception et l'enregistrement d'une « lettre sonore » à adresser à une classe jumelée dans la pays de la langue-cible, une discussion, un débat, etc. Pour ces dernières formes de cours, il est très profitable que les élèves s'entraînent auparavant, de façon systématique, aux habiletés interactives en L.E. telles que paraphrase, prise en charge verbale, ralentissement, « démarreur » *(starter),* « répondeur » *(responder),* etc. (Cf. Kramsch, 1980 et 1981.)

Presque tout projet est une forme d'enseignement interactive, dans la mesure où il s'appuie sur l'autonomie, la créativité, la communication centrée sur l'apprenant et la coopération entre élèves à l'intérieur du ou des groupes d'apprentissage. Ces facteurs interactifs sont, dans un projet, fournis à proprement parler spontanément, si l'enseignant ne les entrave pas par une prise en compte trop limitée des vœux des élèves et par des directives de travail trop minutieuses — auquel cas, par peur, le projet pourrait échouer.

Le « travail sur objectif » a dans l'enseignement allemand une longue tradition depuis Kerschensteiner. Il a été favorisé encore davantage dans les écoles américaines, grâce aux idées de Dewey (Dewey et *al.*, 1935), et en France à travers Freinet (1975). L'E.L.E. paraît avoir mené, hier comme encore aujourd'hui, une existence propre, à l'écart de ces tendances, à quelques rares exceptions près. L'une d'entre elles est l'adaptation que Dietrich (1979) a faite de Freinet à l'E.L.E. en France.

La discussion faite dans une classe autour d'un thème déterminé est un procédé interactif (déjà commenté en 4.2.) qui, par bonheur, occupe une place solide dans la pratique de l'E.L.E. Walter (1978), qui a présenté des matériaux textuels pour de telles discussions (Walter et *al.*, 1977), s'attaque avec vigueur aux « discussions improvisées » et décrit dans le détail la façon dont des débats de ce genre peuvent être préparés quant à la langue et quant au contenu, sous la forme d'un projet. Le mobile interactif du projet est particulièrement favorisé par une idée originale. Les enseignants de deux classes conviennent que celles-ci engageront, à un moment déterminé, un débat contradictoire sur un thème sélectionné démocratiquement par les deux classes à partir d'une liste de propositions fournies par les enseignants. S'il y a divergence entre les souhaits des deux classes, l'un des thèmes est tiré au sort et réservé au « match-retour ». Par principe, les deux classes reçoivent le même matériau textuel, mais les élèves doivent introduire leurs matériaux propres, y compris en L.M., dans le travail sur objectif. Pendant l'élaboration du projet, les classes peuvent procéder à des échanges d' « espions industriels », qui font à leur classe un rapport sur le nouveau matériau ou sur la façon de faire de la classe « adverse ». Avant le débat, on procède à une « répétition générale » au sein de la classe. Le débat lui-même est interrompu au bout de la première mi-temps et la participation des élèves est contrôlée, pour obtenir que, par la suite, même les élèves les plus passifs fournissent une contribution. Les contributions de chacun sont affectées d'un certain nombre de points, en fonction de leur quantité et de leur qualité. L'équipe victorieuse est déterminée par la somme globale de ces points. La preuve de l'efficacité interactive d'un tel projet nous est livrée par cette observation des enseignants : « Une osmose se produit entre les élèves, qui favorise la motivation de la classe. » On peut aussi diviser les deux classes en un groupe POUR et un groupe CONTRE, et déterminer le vainqueur selon le même procédé.

Mais de telles discussions peuvent soulever des problèmes si elles sont interactives à partir du contenu, c.-à-d. si elles incitent les élèves à formuler des opinions personnelles. Certes, des opinions opposées sont le moteur de toute discussion. Mais la mission éducative de l'enseignant permet-elle d'admettre même des opinions opposées au but éducatif de l'école ? Bertrand (1978b) réfléchit sur cette question à l'occasion d'une discussion sur la question raciale. Il en arrive à conclure qu'aucune opinion ne saurait être étouffée, mais que l'enseignant doit, par ses propres interventions dans la discussion, soutenir la thèse anti-raciste et continuer à discuter avec l'élève en question en dehors du cours et dans la L.M.

Autre possibilité de mise en forme interactive du cours sur objectif : la simulation, c.-à-d. la représentation la plus réaliste possible de situations de communication qui peuvent être pertinentes pour l'apprenant. Bertrand (1974) comprend sous le nom de simulation un processus qui, dans la didactique allemande, est le plus souvent décrit par « en situation » *(situativ)*. A quoi s'ajoute l'indépendance créatrice des élèves, par exemple à travers la dialogisation de morceaux de lecture, la verbalisation d'images, la confection de petites annonces, de jeux de rôles, etc., jusqu'à la « simulation généralisée », où même le décor extérieur est adapté le mieux possible au « pays cible ». Ce qui est important également pour la réussite d'une simulation, c'est l'attitude de l'enseignant vis-à-vis de la faute en tant que composante du processus d'apprentissage (Bertrand, 1982).

Bertrand (1978) rapporte d'après son expérience que les enfants, les adolescents en pleine puberté et les adultes pouvaient ainsi être motivés pour le jeu de rôles, en prenant au sérieux leur engagement. Cette expérience va à l'encontre de l'idée de bien des enseignants, selon lesquels on ne peut plus entraîner un adolescent à participer à un jeu de rôles. Les raisons de cette attitude, Bertrand les voit moins dans les blocages des apprenants que dans ceux des enseignants.

Ross et Walmsley (1976) ont réalisé un projet de simulation dans un cours d'anglais s'adressant à une troisième, terminale du collège de niveau faible (Hauptschule). A leurs yeux, le concept de « simulation » n'est justifié que lorsque « la **rétro-action** (le *feed-back*)sur la performance des participants joue un rôle central » (p. 40). C'est pourquoi ils tiennent la phase finale de réflexion, où tous les participants, y compris l'enseignant, donnent leurs avis sur la conduite de la simulation — pour une « composante indispensable de toute simulation » (p. 40). Ce moment a déjà été présenté, lors de la discussion sur le jeu de rôles, comme déterminant quant à la mise en forme interactive d'un enseignement.

Le principal mérite des auteurs est d'avoir conduit dans une classe de niveau très faible une expérience aussi difficile que celle de la simulation dans un enseignement sur objectif. Sans l'existence de cette expérimentation, bien des enseignants, cela est sûr, tiendraient pour impraticable un enseignement sur objectif — également pour d'autres formes d'écoles.

La simulation « hôtel » avait été choisie à partir du domaine du tourisme. Les élèves devaient jouer le rôle du personnel hôtelier et des touristes. On disposait pour ce projet de 15 heures de cours. D'abord, l'enseignant expliqua la réalisation du projet. Puis on dressa les plans de trois types d'hôtel, ainsi qu'une liste des matériaux nécessaires à la simulation, le tout étant à la fin commenté par le groupe tout entier.

Enseignants et élèves firent en commun une liste du matériau lexical nécessaire à la simulation, qui fut subdivisé en fonction des secteurs professionnels et sur lequel on s'entraîna par questions et réponses.

Pour finir, les élèves reçurent divers textes de dialogue et de questions devant servir aux énoncés et au comportement du personnel à « mettre en scène ». Puis ils procédèrent à la thématisation, à l'acquisition et à l'entraînement aux dialogues. On consacra à cela les deux tiers du temps prévu. Ce fut enfin la préparation concrète de la simulation, comme la confection de panneaux, la distribution définitive des rôles, etc.

L'exécution demanda trois heures consécutives. Les 20 premières minutes servirent à transformer la salle de classe conformément aux plans, puis la simulation occupa une heure. Après une assez longue pause, on disposait environ d'une heure pour le commentaire et le *feedback*. Durant la simulation, on parla exclusivement anglais. (Dans d'autres types d'école, il devrait être possible d'exécuter en langue cible, avec l'aide de l'enseignant comme « locuteur fantôme », toutes les phases du cours sur objectif.) Les acteurs disposaient de plans des chambres (avec répartition des lits), de registres de réservation, de listes de prix, de barèmes de change et de numéros de téléphone. La disposition des lits était calculée de telle sorte que les vœux des touristes ne pouvaient être satisfaits tout de go. Ils devaient donc aller d'hôtel en hôtel, il fallait téléphoner à droite et à gauche, etc. Les élèves ayant accompli leur tâche pouvaient se retirer au foyer de l'hôtel et y lire des journaux ou des illustrés anglais, écrire des cartes postales, attendre leur famille ou leur correspondant.

La tâche de l'enseignant consistait à distribuer les rôles qui n'avaient pas été fixés auparavant. En outre, il s'entretenait avec les élèves de l'accomplissement de leurs tâches ou leur donnait des cartes-surprises portant des problèmes à résoudre (par ex., Mme X... annulait sa réservation, ce qui libérait la chambre dont on avait un besoin urgent) ou les envoyait en course dès qu'ils en avaient fini avec leur rôle. Le jeu était terminé lorsque tous les touristes avaient trouvé une chambre.

Le commentaire final montra que les élèves percevaient comme profitable de jouer des rôles réalistes et de leur donner forme par eux-mêmes, dans une situation où ils pouvaient **tous** apporter leur concours. De plus, ils trouvaient positif que le schéma traditionnel de la relation enseignant-élève individuel ou enseignant-ensemble de la classe fût aboli au profit d'une véritable interaction entre les élèves. Quelques critiques furent émises : la préparation aurait dû être plus longue et plus approfondie, et les élèves auraient dû travailler leurs rôles plus à fond. Le problème de ceux qui avaient terminé leur tâche plus rapidement que les autres aurait dû être résolu par une activité propre, planifiée avant le jeu, ou par un supplément de « cartes surprises ». L'enseignant et son collègue situèrent l'avantage principal de cette méthode dans l'amélioration linguistique qui fut obtenue par la participation interactive à la simulation. Ils pensaient que lors d'une répétition du projet, la dépense de travail requise serait fortement réduite, puisque tous les participants connaîtraient d'autant mieux les techniques et les objectifs du travail qu'une telle simulation serait plus souvent pratiquée.

Les avis critiques des élèves montrent implicitement combien ils étaient désireux de « faire mieux la prochaine fois ». Le fait d'avoir eu des difficultés de communication dans la simulation de la vie quotidienne en Angleterre les conduisit à une motivation intrinsèque comme on n'en rencontre que rarement, aux dires des auteurs.

Si cette simulation avait été filmée ou représentée devant les parents, il est probable que les élèves auraient été encore plus motivés. Cela montre clairement de quelle manière la motivation peut être favorisée durablement par la simulation.

Faisons cependant une réserve : la motivation ne peut être maintenue sur une longue période par la représentation de la simple quotidienneté. Celle-ci doit être égayée par un apport de surprises et d'humour. C'est ainsi que, par ex., les conflits entre quelques touristes et leurs interlocuteurs ou bien l'arrivée incognito d'une vedette accompagnée d'un nouvel « admirateur » aurait suffi à donner à la simulation de la « quotidienneté hôtelière » une forme plus amusante.

4.8. Enseignement interactif de la lecture :

Les principes interactifs d'autonomie, d'autodécision, de participation et de coopération paraissent souvent impraticables même à un niveau avancé, lorsqu'on lit des textes fictionnels ou non fictionnels, et ce en raison d'importantes barrières linguistiques. Dans la pratique, la lecture scolaire, c.-à-d. des morceaux choisis et abrégés, sont péniblement travaillés et traduits à l'aide d'un glossaire. Dans de nombreux cas, l'élève n'arrive jamais à avoir une vue d'ensemble sur l'œuvre complète, et donc ne parvient pas non plus à une interprétation qui soit **la sienne.** Son intérêt se limite à maîtriser le passage proposé, dans l'optique exigée par son enseignant.

Nous allons discuter maintenant de quelques alternatives interactives.

La première consiste en ce que la lecture est choisie en commun avec les élèves. Junger (1971) a expérimenté une telle « sélection coopérative de lecture dans une terminale ». Pour ce faire, il proposa aux élèves 8 auteurs différents, dans des éditions scolaires. Pendant 4 semaines, les apprenants se penchèrent sur lesdits auteurs et présentèrent ensuite leurs résultats sous la forme d'un résumé en français, puis d'un débat sur les difficultés linguistiques rencontrées, et d'un jugement final, ces deux derniers passant par la L.M. Pas mal d'élèves furent dépassés par le résumé en français. Quant aux exposés des élèves, ils furent accueillis avec intérêt par leurs camarades. Le vote donna 16 voix (de garçons) pour *Matéo Falcone* (Mérimée) et 7 voix de filles + 3 de garçons pour *La Vie d'une hôtesse de l'air*. Malgré la mise en minorité des filles, les apprenants, aux dires de l'enseignant, travaillèrent sans ennui au projet commun. Tous leurs travaux préparatoires furent notés.

Dans cette forme de participation, on peut relever des aspects positifs et négatifs. C'est ainsi qu'à la place de la sélection restreinte faite par l'enseignant, on pourrait donner aux élèves une ample liste d'auteurs français classés par époques. Les élèves auraient alors la tâche d'emprunter en bibliothèque, durant deux ou trois semaines et à leur guise, ces auteurs ou d'autres auteurs français — traduits en allemand — et de les lire. Renoncer à la L.E. dans cette étape peut être considéré par tel ou tel enseignant comme un inconvénient : cependant, c'est seulement en procédant ainsi qu'on aura la garantie que les élèves accèdent par eux-mêmes à une vue d'ensemble à partir de laquelle ils peuvent faire un choix fondé. Ils présentent ensuite à leurs camarades, en L.M. ou en L.E., le texte de leur choix. Un travail de ce genre ne devrait évidemment pas être noté.

Lorsque la décision tombe sur un auteur pour lequel il n'existe pas d'édition scolaire, élèves et enseignant lisent uniquement les passages essentiels du texte, choisis en commun. Dans la mesure du possible, tous les élèves devraient avoir lu l'ensemble du texte dans leur L.M. Cette vue d'ensemble les rend capables d'interpréter les extraits avec plus d'exactitude et l'intérêt pour le passage isolé est suscité plus aisément de cette manière. L'argument selon lequel la curiosité soutenue du lecteur sera supprimée par la connaissance du contenu global est dans bien des cas injustifié. Lorsque les élèves lisent Shakespeare ou d'autres auteurs classiques en L.E., les difficultés linguisitiques sont la plupart du temps si grandes qu'ils ne parviennent jamais à une lecture cursive, seule capable d'engendrer une curiosité pour le contenu.

W. Arnold (1971) a, d'une manière analogue, incité ses élèves à lire d'abord dans leur L.M. deux drames français classiques qui étaient « au programme », puis à sélectionner les scènes principales, qu'ils devaient interpréter. A partir de ces scènes de brefs résumés furent faits en français, ainsi qu'un « commentaire linguistique et thématique ». Les élèves, répartis en groupe, se chargèrent d'investigations tout au long de l'œuvre, comme étudier les rapports d'Harpagon (*L'Avare* de Molière) avec les autres personnages de la comédie.

Des deux exemples présentés plus haut, le premier répond plutôt à l'exigence d'une décision autonome quant à la lecture, le second quant au déroulement du cours. Cependant le dernier point pourrait recevoir une forme encore plus fortement interactive.

Dans le cours de lecture, il est fréquent que l'interprétation passe par des questions et des devoirs que propose l'enseignant. Cette « interprétation dirigée » provient du fait que l'enseignant, à cause de ses études spécialisées, connaît l'interprétation à donner et aide l'élève à la retrouver après lui, de façon plus ou moins indépendante. Ce procédé est tout à fait justifié, surtout quand il apparaît sous la forme du travail de groupe. Un exemple est fourni par Dussel (1968).

A la place des consignes de travail données par l'enseignant, celui-ci peut inciter d'abord tous les élèves **à trouver** eux-mêmes, individuellement ou en groupes, les « questions révélatrices » avec l'aide desquelles ils puissent interpréter le texte de lecture sélectionné ou les scènes clés d'une pièce de théâtre. Avant l'interprétation proprement dite, on regroupe toutes les questions, même si elles ne portent que sur la compréhension de la langue ou du contenu. A la fin, l'enseignant peut encore ajouter ses questions clés. L'ensemble de ces questions représente la ligne directrice proprement dite, construite par les élèves, de l'interprétation du texte. On cherche ensuite en commun des **réponses** s'appuyant sur des **références** dans le texte. Il est profitable, dans la mesure où l'interprétation n'est pas faite dans un travail de groupe, de rassembler les réponses en un tableau bien ordonné.

Il faut mentionner une autre proposition faite par Bertrand (1974, pp. 184 sqq.), qu'on peut qualifier d'interactive, pour favoriser la communication créative et centrée sur l'apprenant. Dans le cas où les élèves ne connaissent pas le déroulement exact ni le dénouement du texte qu'ils lisent, ils peuvent, dès que la lecture est arrivée à un sommet dramatique, être incités à raconter eux-mêmes, dans la L.E., la suite de l'histoire, ou à « inventer » les décisions prises par les personnages principaux. On peut stimuler ainsi leur compréhension à l'égard de la littérature et leur accès personnel aux textes, de telle sorte qu'ils poursuivent avec un tout autre intérêt, dans l'original, le développement de l'action.

Le cours de lecture peut également devenir interactif lorsque le texte est considéré comme un point de départ et une hypothèse pour un travail autonome des élèves. Par ex., un texte peut être transformé en jeu de rôles ou en pièce de théâtre qu'on pourra représenter au cours d'une « soirée pour les parents », ou en une pièce radiophonique qui sera jouée pour une autre classe. La condition *sine qua non,* dans ces activités didactiques, est toujours que les textes plaisent aux élèves et que ce « plaisir » serve de critère à leur choix.

Billows (1973, p. 110) est le premier didacticien spécialisé qui, en se référant explicitement à Moreno (1954) et aux effets de psychothérapie de groupe exercés par le jeu de rôles, ait recommandé pour l'E.L.E. de tels « drames » auto-produits, sous diverses variantes :

« La chose s'éclaire à partir d'un exemple tiré de ma propre expérience pédagogique. J'avais la charge, une après-midi, de plusieurs classes. Les élèves étaient âgés de 11 à 14 ans. Après être venus à bout, sans grand intérêt, d'une paire de charades, nous nous sommes mis à faire une transposition scénique de quelques passages tirés de la *Guerre des Gaules* de César, que les élèves les plus âgés avaient déjà lus. Nous n'en sommes pas restés à un pur jeu de rôles : monologues et chansons s'y ajoutèrent aussitôt, que nous avions composés impromptu. A la fin de l'heure, l'étincelle avait jailli chez tous les élèves ; ils voulaient continuer, chaque jour ils voulaient consacrer une heure à produire de nouveaux textes et à étudier de nouvelles scènes. Dans les jours qui suivirent, l'engagement était profond : on construisit des décors, on fabriqua sur place des armes de toutes sorte, en s'inspirant des gravures des livres qui se trouvaient dans la bibliothèque de l'école ; pendant l'heure d'anglais, on produisit des textes dont les meilleurs furent sélectionnés pour la nouvelle pièce. Je fus moi-même ébahi de voir quelles énergies avaient été soudainement libérées dans cet exercice et quelle relation sociale forte s'était développée à partir de ce projet coopératif. »

Billows raconte ensuite comment cette entreprise avait dû être interrompue sur ordre de la direction de l'établissement qui s'était décidée pour « l'apprentissage par cœur et vide de sens et pour la représentation d'une pièce de théâtre sans valeur ».

Il montre à travers un autre exemple comment il rendit accessible aux élèves, grâce au jeu de rôles « engagé », des pièces difficiles :

« J'expliquai donc aux élèves que nous allions lire Shakespeare et qu'ils n'avaient le droit de poser aucune question concernant la signification des mots, à moins qu'ils n'aient perdu le fil conducteur. Nous jouâmes la plupart des scènes de façon que la représentation permette d'évacuer les difficultés de compréhension : Falstaff apparaissait avec un coussin sous son pull-over et était épié par ses amis qui s'étaient armés de règles — nous n'attachions aucun prix à des costumes grandioses ou à une mise en scène somptueuse. Notre but principal était de progresser rapidement dans la lecture, et nous lûmes huit drames dans l'année. Je pensais qu'à la fin aucun de ces jeunes gens ne serait plus rebuté par Shakespeare, si nous avions réussi à éviter de disséquer doctoralement et « respectueusement » les mots et les significations de chaque drame et de rendre au Maître la haute considération qui lui est traditionnellement due. »

Sans doute, un tel talent de dramaturge n'est pas donné à tout enseignant, qui lui permettrait d'appliquer et de réaliser sans difficultés les propositions de Billows. Mais si l'enseignant veut favoriser la décision en commun, l'expression d'un avis personnel et l'autonomie des élèves par son attitude en face d'eux, alors il inventera d'autres formes interactives de l'enseignement de la lecture. Celles-ci rendent possible aussi bien le choix de contenus motivants qu'une motivation due au type de traitement que l'on fait subir au texte lu.

Chapitre 5.

Travail de groupe interactif dans l'enseignement des langues étrangères.

5.1. Qu'est-ce que le travail de groupe interactif ?

Le travail de groupe interactif est le **travail fait en commun dans des groupes de 3 à 5 élèves aux performances inégales,** qui ont été rassemblés avec l'aide d'un sociogramme, en tenant le plus grand compte des souhaits des élèves, et **d'après des critères de thérapeutique sociale :** nous appelons ainsi tous les points de vue qui peuvent conduire à une amélioration de l'interaction sociale dans la classe.

Le travail de groupe interactif poursuit en premier lieu ce but d'apprentissage à caractère social, qui peut aboutir également, en second lieu, à une amélioration des performances dans l'E.L.E. Celle-ci se fera probablement moins sentir chez les élèves « forts », mais conduira surtout à ce que davantage d'élèves atteignent les objectifs d'apprentissage de l'E.L.E. A la base du travail de groupe interactif, on trouve l'hypothèse que la formation aléatoire des groupes et le travail en commun des élèves au sein de ces groupes, sous la forme couramment pratiquée dans les écoles, ne représentent pas le meilleur moyen possible d'améliorer l'interaction sociale. En revanche, la constitution de groupes telle qu'on l'a décrite ci-dessus, et le travail en commun au sein de ces groupes s'avèrent bien plus efficaces.

Les **conditions** du travail de groupe interactif sont les suivantes :

1. Un **comportement pédagogique interactif ;**
2. Des **contenus** qui rendent possibles le travail en commun, la communication centrée sur l'apprenant, l'autonomie et l'interaction au sein du groupe ;
3. **L'apprentissage social par le travail** « en tandem » (cf. 4.4.).

Avant de commencer à travailler en groupe, on devrait s'entraîner au travail en commun sous la forme du « tandem de responsabilité », où deux élèves sont étroitement associés dans le travail.

Même après cette phase d'entraînement au travail en commun, devrait pouvoir apparaître, en fonction de l'objectif d'apprentissage, soit un enseignement centré sur l'enseignant, soit alternativement un travail en groupe ou un travail en tandem.

Si cette dernière « formule » est une condition aussi importante du travail de groupe interactif, c'est parce que, grâce à elle, les élèves apprennent, parallèlement à leur mission linguistique, à remplir une mission sociale. Dans une société productrice basée sur la concurrence, la mission sociale n'apparaît pas d'emblée aux élèves comme évidente. Cela oblige l'enseignant à les sensibiliser à ce phénomène et à leur fournir, sous la forme du tandem, l'occasion de s'exercer à ladite mission sociale.

Les relations sociales positives qui ont été créées par les équipes de responsabilité peuvent alors, grâce au travail de groupe interactif, être étendues à la totalité du groupe d'apprentissage.

5.2. Avantages et inconvénients du travail de groupe dans l'enseignement des L.E.

Nous allons discuter des avantages et des inconvénients potentiels du travail de groupe sur un plan général, et surtout par rapport à l'E.L.E., sous l'angle psychologique et dans la perspective du praticien.

5.2.1. **Avantages du travail de groupe :**

* Selon la psychologie du développement, « tout individu a une affinité naturelle avec tout principe formateur de groupe » (Bauer, 1956, p. 3). Il est très important pour l'élève qu'il puisse se sentir membre d'une communauté, même lorsque l'institution le contraint au travail individuel. Ce sentiment de ne pas être isolé est renforcé d'une façon toute particulière quand il est invité à travailler en commun avec un ou plusieurs partenaires.

* Le rôle que l'élève peut assumer dans le groupe grâce au travail en commun est susceptible d'influencer sa motivation de façon déterminante. Il peut s'apercevoir qu'il est capable d'apporter une contribution importante au succès du travail de groupe.

* Des élèves connus par l'enseignant pour être des « silencieux » — souvent, non pas les faibles, mais les introvertis, les prudents, qui ne lèvent la main qu'après mûre réflexion et certains de posséder la bonne réponse — deviennent actifs dans les petits groupes et contribuent pour une part importante au travail de groupe. Même l'élève le plus passivement prédisposé est, dans le groupe, incité au travail autonome, si ledit groupe est suffisamment restreint.

* Si les élèves obtiennent dans le travail de groupe des résultats qui s'avèrent corrects, ou qu'eux-mêmes et la classe considèrent comme dignes d'éloge, cela renforce les liens au sein du groupe et crée un meilleur climat affectif.

* En s'appuyant sur sa connaissance des effets (discutés plus haut) du travail de groupe et de la structure sociale de la classe, l'enseignant peut prendre des mesures sociothérapiques et propices à l'apprentissage, en exerçant une influence sur la formation du groupe et en délimitant des rôles précis à l'intérieur du travail de groupe. Il y a là un acte très réfléchi, dont nous discuterons plus loin, quand il sera question de la formation des groupes.

* Dans le travail de groupe, les élèves peuvent apprendre le travail autonome sous le contrôle de ceux qui coopèrent avec eux, l'attitude auto-critique, l'acceptation et l'exploitation de la critique venant d'autrui.

* Le travail de groupe conduit à l'**addition des forces.** Le travail en commun peut parfaitement aboutir à ce que le résultat du travail de groupe soit meilleur que n'aurait été celui de n'importe quel membre isolé du groupe, livré à ses propres ressources. On observe souvent ceci dans la pratique de l'E.L.E., par ex. en ce qui concerne les textes auto-produits.

* Le travail de groupe conduit à la compensation des erreurs. La probabilité que dans le travail collectif, rédigé en L.E., se rencontrent moins d'erreurs linguistiques et orthographiques que dans le travail de tout individu membre du groupe, est très élevée.

* La correction faite par les camarades — au lieu de l'enseignant et sans que ce dernier ait connaissance de l'erreur — peut empêcher les effets négatifs qu'exerce un échec sur certains élèves, quant à la « motivation à produire » (cf. Fokken, 1966, pp. 54 sqq.). La correction non-publique par le camarade perturbe moins l'élève en question, au point de vue affectif, que la correction faite par l'enseignant.

* Dans l'enseignement frontal, l'enseignant est seul à trancher quant à la « correction » de tout progrès pédagogique. Il arrive souvent que les élèves ne remarquent les erreurs d'un camarade qu'à partir du moment où l'enseignant les y invite. Il ressort de là que dans de nombreux cas les élèves abandonnent à l'enseignant le soin de décider et de réfléchir et ne collaborent avec lui dans ces domaines que lorsqu'il les y invite. Dans le travail de groupe, on part plutôt de l'hypothèse que les élèves se sentent incités à une co-réflexion et à une co-décision continuelles.

* Un bon E.L.E. repose pour une grande part sur les questions d'entraînement les plus variées. Le fait qu'on s'entraîne en groupe permet d'aboutir à un entraînement beaucoup plus intensif que lorsque cela se pratique avec toute la classe, car dans ce cas un seul élève à la fois prend une part active à l'entraînement.

* Tant qu'il s'agira, dans l'E.L.E., de former la compétence de communication, l'entretien avec un ou plusieurs partenaires sera une forme d'exercice nécessaire. Travail d'équipe et travail de groupe permettent, avec une finalité appropriée, d'intensifier les occasions d'entraînement.

* Quand il s'agit, dans l'E.L.E., de stimuler la créativité langagière et de faire en sorte que l'élève découvre par lui-même de nouvelles variantes d'exercices ou de nouvelles situations, ses propres idées peuvent, dans un petit groupe, se concrétiser mieux que dans la classe tout entière.

* La communication informelle — également dans la L.M. — qui, dans l'enseignement frontal, est le plus souvent considérée comme un indice d'inattention, et, de ce fait, entravée, est très forte dans le petit groupe. Loin d'être un facteur de perturbation, elle produit au contraire des effets positifs dans toutes les tâches où il s'agit de quête, de recherche et de créativité.

* Dans l'E.L.E., ce qui compte dans la plupart des cas, c'est un « correct » ou un « faux », qui peuvent, eux aussi, être décidés de façon claire. En mettant à la disposition des élèves des moyens et des matériaux appropriés, tels que dictionnaires et grammaires, il est parfaitement possible que le groupe parvienne de lui-même à ce jugement. Les élèves apprennent ainsi la fréquentation autonome de ces moyens pédagogiques.

* On a besoin de l'enseignant, en réalité, comme d'un « assistant ». Dans l'enseignement frontal, le plus souvent, ni l'élève ni l'enseignant n'ont le sentiment que ce dernier joue ce rôle. L'enseignant est celui d'où proviennent tous les stimuli d'apprentissage qui, dans de nombreux cas, conduisent l'élève à des erreurs. Sans le vouloir, l'enseignant semble, par ses questions, tendre constamment des pièges à l'élève.

Dans le travail de groupe, on n'appelle l'enseignant à la rescousse, généralement, que lorsque le groupe — y compris avec les « moyens de secours » — est au bout de son savoir. Le conseil que donne alors l'enseignant est reçu effectivement, des deux côtés, comme une aide nécessaire.

* « Travail de groupe » signifie, en comparaison avec l'enseignement frontal, individualisation du travail et prise en compte du rythme d'apprentissage ; car, en face du petit groupe, l'individu aura moins de répugnance que devant la classe tout entière à laisser remarquer à ses camarades ses difficultés d'apprentissage non encore résolues. Il est significatif que dans l'enseignement frontal, ce soit le plus souvent les élèves forts qui lèvent la main ou viennent dire à l'enseignant qu'un point leur demeure obscur.

* Les élèves forts, qui sont souvent sous-employés dans la classe et, du fait de leur supériorité, cantonnés sans le vouloir dans un rôle d'*outsiders*, peuvent, grâce à une intégration appropriée dans les petits groupes, prendre conscience de leur rôle social d' « assistants ». Le travail de groupe leur donne la possibilité de mettre en œuvre leur supériorité de performances de telle manière que leurs camarades la considèrent comme un avantage pour eux-mêmes. Ainsi empêche-t-on qu'ils soient cantonnés par la « prévention » de leurs camarades dans le rôle de l' « arriviste » égocentrique. La formation de tandems, dont nous avons parlé plus haut, peut faire efficacement obstacle à ce type de préjugé.

* Dès que l'enseignement avancé des L.E. peut se consacrer à des thèmes de quelque ampleur, une répartition du travail dans les divers groupes est possible, en fonction de certains points capitaux. On peut ainsi former un « cercle à thèmes » qui économise l'effort et gagne du temps. En même temps, le groupe, par sa mission particulière, a le sentiment d'élaborer quelque chose d'original et d'apporter une contribution essentielle à l'apprentissage des autres élèves.

5.2.2. **Inconvénients possibles du travail de groupe :**

L'enseignant se doit de connaître aussi bien les inconvénients que les avantages du travail de groupe, car c'est à cette condition seulement qu'il peut éviter les premiers sans pour autant renoncer en totalité au travail de groupe. C'est pourquoi nous donnerons, au fur et à mesure que nous énoncerons ces inconvénients, les possibilités de les éviter ou de les réduire.

* En formant les groupes sur la base du volontariat ou d'après un sociogramme, on obtiendra dans de nombreux cas des groupes homogènes quant aux performances de leurs membres, en vertu de la tendance des élèves à se regrouper en fonction de leurs relations d'amitié. Comme la liberté de choix dans la formation des groupes peut être déterminante quant à la qualité du travail fait en commun au sein du groupe, il est compréhensible que beaucoup d'enseignants laissent les élèves se constituer eux-mêmes en groupes. Mais il existe des raisons très sérieuses qui devraient inciter l'enseignant à exercer une influence sur le processus de formation du groupe. L'une de ces raisons apparaît quand le sentiment d'affinité éprouvé par un groupe (sentiment qui, certes, favorise solidarité et travail) conduit — surtout dans les groupes d'élèves « forts » — à une arrogance de groupe et à un égoïste dédain à l'égard des autres. Une « recomposition » des groupes peut apporter ici un remède. Elle ne doit pas apparaître comme une punition, mais comme une mesure pédagogique rationnelle, d'autant que les groupes devraient pouvoir être reformés selon une périodicité régulière, pour permettre à chaque individu de travailler en collaboration avec le plus grand nombre possible de ses camarades. Cette intention devrait être portée à la connaissance des élèves.

* Il peut arriver dans le groupe qu'un ou deux élèves, par leur rôle pilote, fassent tout le travail du groupe et que les autres élèves croupissent dans leur passivité. Le risque est d'autant plus grand que le groupe est plus nombreux. On peut l'éviter en restreignant l'effectif des groupes à seulement deux ou trois partenaires.

Il est plus important encore de planifier le travail de groupe de façon que chacun reçoive un rôle de travail déterminé ou que — dans les phases d'exercice — soit établi un roulement dans le circuit de la communication.

* Il va de soi que peuvent aussi surgir, dans le travail en commun au sein du groupe, des conflits qui ne se seraient pas produits si on en était resté à l'enseignement frontal et au travail individuel. Les avis opposés doivent être discutés dans le groupe. Comme le travail de groupe offre justement la possibilité de désamorcer les tensions existantes, il n'est pas justifié de ne laisser toujours travailler ensemble que ceux qui, de toute façon, s'entendent déjà entre eux. Au cas cependant où un travail en commun se révélerait impossible, l'enseignant peut mettre en œuvre un exercice d'interaction. Si celui-ci échoue, il y a lieu de restructurer le groupe d'une autre manière.

* Beaucoup d'erreurs, dans le travail de groupe en E.L.E., demeurent non corrigées. Cette objection est fréquente. Elle est valable, assurément, dans le domaine de la phonétique. Dans les exercices oraux pratiqués par le groupe subsistent aussi, de temps en temps, des erreurs grammaticales et lexicales non corrigées. C'est seulement dans de très rares cas que le travail de groupe oral est enregistré sur bande magnétique pour pouvoir, par la suite, être corrigé objectivement. La meilleure façon de limiter les erreurs, c'est une bonne préparation par l'enseignement frontal et/ou le travail effectué avec **un matériel d'exercice permettant aux élèves de se contrôler eux-mêmes**. Dans la mesure où le travail de groupe aboutit à un résultat fixé par écrit, il importe seulement que les erreurs puissent être également supprimées, en principe, en séance plénière, par les camarades ou par l'enseignant.

* L'avantage que présente le travail de groupe quant à l'économie de travail, et qui est rendu possible dans l'enseignement avancé par la répartition du travail sur un thème entre les divers groupes à partir des différents points clés, est en fait très difficile à réaliser dans la phase d'acquisition d'une langue. L'expérience nous enseigne que « travail de groupe », dans cette phase, signifie la plupart du temps une acquisition et un entraînement plus intensifs, et liés à une plus grande dépense de temps. De même, le contrôle après coup du travail de groupe est un procédé qui requiert généralement plus de temps qu'une progression en commun sous la direction de l'enseignant, lequel rectifie sur-le-champ toute erreur. Mais cet inconvénient est largement compensé par l'acquisition et l'entraînement intensifs et surtout autonomes, au sein du groupe.

* L'objection la plus souvent avancée contre le travail de groupe en E.L.E. est que les élèves s'expriment dans le groupe en L.M. En principe, cet argument est sans valeur, car la communication au sein du groupe favorise, même si elle se fait en L.M., la maîtrise de la tâche confiée, dans la mesure où il s'agit de quête, de recherche et de créativité. Mais s'il s'agit de formes d'exercices définies dans le travail de groupe, alors on peut parfaitement obtenir, y compris dans l'enseignement pour débutants, que soit utilisée dans le groupe uniquement la L.E.

Dans l'enseignement avancé, quand il s'agit de discuter d'opinions, d'hypothèses, d'interprétations, etc., les élèves devraient être capables — même dans le groupe — d'employer autant que possible la L.E. Ce but peut effectivement être atteint par des élèves forts et motivés. Si ce n'est pas le cas dans les groupes « faibles », l'enseignant devrait porter son attention sur la performance fournie par le groupe plutôt que sur la question de savoir dans quelle langue se sont exprimés les participants pour fournir ladite performance.

* Un inconvénient important du travail de groupe — et malheureusement déterminant quant à la pratique ou à la non-pratique du travail de groupe — est le fait qu'un bon travail de ce type nécessite généralement une préparation plus intensive que l'enseignement frontal. Il faut le plus souvent, pour le travail de groupe, mettre entre les mains des élèves un matériel particulier. De même, il faut davantage de réflexion dans les domaines didactique et méthodologique pour frayer aux élèves la voie de l'auto-acquisition que pour s'interroger sur la façon dont, en tant qu'enseignant, on va donner avec méthode une leçon « frontale ». Mais la plus grande difficulté semble résider en ceci : planifier et organiser le travail de groupe de manière à permettre aux élèves dans le temps imparti : 1) l'élaboration autonome de la tâche ; 2) le compte rendu des résultats du travail de groupe devant l' « assemblée plénière ».

L'enseignant dépourvu de formation adéquate a, au début, beaucoup de mal à atteindre cet objectif (cf. ci-dessous, 5.10). D'ailleurs, enseignants aussi bien qu'élèves doivent s'exercer au travail de groupe. Quand une classe y est habituée, l'évidence de l'auto-organisation et de l'apprentissage autonome au sein du groupe frappe d'étonnement l'observateur qui n'a pas l'expérience de cette pratique pédagogique.

5.3. Les formes du travail de groupe.

Dans la réalité, on connaît trois formes de travail de groupe (cf. Kober, 1971, p. 14).

5.3.1. Le travail de groupe à tâche identique :

Dans cette catégorie, tous les groupes doivent accomplir la même tâche. C'est la forme de travail de groupe la plus aisée à mener à bien. Aussi devrait-on la choisir également dans le cas où une classe aborde pour la première fois l'E.L.E. sous forme de groupes. Comme le travail de groupe, dans ce domaine, est introduit le plus souvent dans des phases d'exercice ayant en tout cas un thème commun, c'est également ce type de travail de groupe qui sera la forme prédominante dans l'E.L.E. Ce qui importe ici, surtout dans la phase d'exercice, c'est de s'exprimer en L.E., oralement ou par écrit, sans commettre d'erreur, ou mieux : d'apprendre à partir de ses propres erreurs. Le travail final devant le plénum de la classe consiste, pour la plus grande partie, dans la rectification des erreurs. Quand le travail de groupe est totalement « identique à lui-même », les erreurs peuvent être facilement corrigées par les camarades ; corriger un travail de groupe est de ce fait, pour les autres élèves, intéressant par rapport à l'amélioration de leur propre travail.

5.3.2. **Le travail de groupe mixte :**

Le travail à tâche identique comporte le risque qu'on ne fasse pas assez appel à la créativité de certains élèves. L'avantage de ce procédé, à savoir la rapidité du contrôle en commun de l'acquis, conduit à ceci : ou bien seule la performance d'un groupe est exposée en séance plénière, ou bien tous les groupes n'y exposent que des fragments de leur travail. On court ainsi le danger de voir disparaître l'ardeur au travail si le travail en commun fait par le groupe obtient trop rarement un renforcement.

Si l'enseignant veut éviter une telle évolution, le meilleur moyen est de mélanger travail à tâche identique et travail à tâches réparties. Un groupe ou plusieurs, par ex. la moitié de la classe, reçoit une tâche commune et travaille donc sur le même sujet. Les autres groupes, eux, reçoivent une autre mission. Au point de vue de la distribution du travail, la classe est donc partagée en deux. Une tripartition est également possible.

Ce procédé mixte est en bien des cas, surtout quand il s'agit de classes nombreuses, la forme la plus praticable qui permette de mener à bien un enseignement à tâches réparties, puisque de ce fait le compte rendu du travail de groupe peut ne comporter que deux ou trois exposés en séance plénière. Une facilitation supplémentaire vient de ce que les groupes à tâche identique comparent leurs travaux avant le compte rendu général — autant que faire se peut au point de vue pratique et temporel.

Dans l'E.L.E., on utilise également cette procédure mixte pour une différenciation interne de l'enseignement. Lorsque, par exemple, dans le cas d'un groupement homogène quant aux performances — ce qui devrait demeurer une exception — un groupe d'élèves forts maîtrise avec une bonne longueur d'avance les exercices que font les autres groupes à tâche identique, le groupe « fort » est alors chargé d'une mission plus difficile. Symétriquement, un groupe « faible » peut être revalorisé d'une façon extraordinaire par le fait d'avoir à maîtriser une tâche particulière avec l'aide de l'enseignant et à exposer ses résultats devant toute la classe. De telles « missions spéciales », qui peuvent représenter une aide pour l'ensemble des élèves, servent à préparer de nouvelles tranches d'apprentissage. L'enseignant les introduit dans son cours traditionnel. Mais d'un point de vue interactif, il est plus efficace pour lui de mettre ses connaissances à la disposition d'un groupe, qui assume ensuite cette introduction.

5.3.3. Le travail de groupe à tâches réparties :

Selon cette procédure, chaque groupe a sa propre tâche à accomplir. Comme le travail de groupe ne peut, à long terme, porter ses fruits que lorsque chaque travail réalisé en commun a fait l'objet d'un compte rendu et d'une vérification, cette procédure, à proprement parler, n'est pas à recommander dans l'E.L.E. Car c'est justement là que, en raison de la rectification des erreurs linguistiques, on devrait éviter une non-prise en compte du travail de tel ou tel groupe.

Mais d'un autre côté, il faut bien dire que, dans certaines phases didactiques de l'E.L.E., on ne saurait choisir aucune autre forme de travail de groupe que la forme « à tâches réparties ». Partout où il est question de créativité, surtout dans la phase d'application, où les élèves travaillent certes sur le même thème, la procédure est différente, ou plutôt : on ne peut parvenir à des résultats **identiques,** qui seraient vérifiables et corrigibles en séance plénière d'après les résultats-témoins d'un **seul** groupe.

Cet exemple montre bien que l'E.L.E., lorsqu'il veut faire passer ses exigences dans la réalité, ne peut absolument pas parvenir à ses fins sans recourir au travail de groupe. Lorsque chaque élève travaillait isolément, dans la phase d'application, on se trouvait en présence de 20 à 40 travaux distincts qui, dans la pratique scolaire quotidienne, ne pouvaient être tous vérifiés par un seul enseignant. Une appréciation positive des résultats par l'enseignement n'est donc donnée, dans cette phase, que lorsqu'il y a travail de groupe. D'ailleurs, il est indubitable que cette phase donne beaucoup de mal aux apprenants, précisément en raison de la créativité que l'on y exige. Mais nulle part les effets du travail de groupe ne se font sentir de façon aussi manifeste, y compris dans l'E.L.E., que là où il s'agit de créativité, d'idées nouvelles et de leur formulation linguistique.

5.3.4. Les types de formation de groupes.

Les groupes peuvent être formés selon divers points de vue. Nous allons voir quels sont les avantages et les inconvénients liés à ces divers types.

1. L'enseignant détermine de son propre chef la constitution des groupes. Pratique scolaire courante, due au manque de réflexion socio-psychologique et au fait que « c'est le moyen le plus rapide ». Cette méthode fait souvent se rencontrer des élèves qui ne veulent pas travailler ensemble. Des tensions au sein du groupe peuvent faire échouer tout le travail de groupe et bloquer pour des années la voie d'un travail de groupe correctement organisé. Les recherches d'Ausubel (1968, p. 449) ont montré la « cécité » de nombreux enseignants devant la structure socio-psychologique de leur classe.

2. L'enseignant forme des groupes « homo-performants » d'après le critère des notes. Le groupe d'élèves « forts » accomplira certes des performances élevées, mais par là même, à bref délai, la classe se désagrégera complètement, non seulement au niveau des performances, mais aussi en ce qui concerne les relations sociales.

3. Les groupes se forment dans le travail de groupe à tâches réparties en fonction du thème traité ou du centre d'intérêt momentané. C'est une formation valable, si cela n'occasionne pas une mutation continuelle de la constitution des groupes, de nature à créer chez la plupart des élèves un sentiment d'isolement et d'insécurité. Des relations sociales stables, fondement d'un bon climat social, ne peuvent dès lors pas se former, ou bien se rompent.

4. L'enseignant laisse les élèves choisir les chefs de groupes ou bien désigne lui-même ceux-ci, qui choisissent à leur tour les membres de leur groupe (Walz, 1968, p. 178). Ce faisant, seuls les chefs de groupes ont un libre choix, tous les autres élèves, eux, sont choisis. Selon ce procédé, les enfants moins aimés et les *outsiders* apparaissent aux yeux de tous, ce qui n'est nullement favorable à leur intégration ultérieure.

5. L'enseignant laisse à la classe le soin de former des groupes. Cette façon de faire, très répandue, n'est pas la meilleure. Car alors, ce sont les « vedettes » qui sont courtisées, et les *outsiders* prennent plus que jamais conscience de leur rôle. Il peut arriver qu'ils soient affectés à un groupe par l'enseignant, contre leur volonté et contre celle du groupe, s'ils ne se sont pas déjà auparavant agrégés à un groupe d'*outsiders*. Nous verrons ci-dessous les conséquences qu'entraîne ce choix. D'ailleurs, le plus souvent, les élèves forts et ceux qui ont un statut social élevé s'associent en clans qui ne veulent rien avoir à faire avec le reste des élèves. Il s'ensuit des rivalités et des agressions fâcheuses.

6. L'enseignant invite les élèves à se constituer en groupes d'après la disposition des sièges préexistante, deux ou trois tables formant un groupe. Ceci a l'avantage de ne pas séparer des « paires d'amis », vu que les voisins de table se choisissent souvent par attirance réciproque. Mais à part cela, peuvent surgir tous les inconvénients mentionnés ci-dessus, en 1.

7. La dernière possibilité, qui consiste à **former les groupes d'après un sociogramme,** donne à l'enseignant le loisir de **former le groupe en tenant le plus grand compte possible des souhaits des élèves et d'après des critères socio-psychologiques et sociothérapiques,** de telle sorte qu'un **climat social pédagogiquement favorable** soit créé non seulement

pour le travail de groupe, mais également pour la classe tout entière. « Ce qui est déterminant quant au succès du travail de groupe, c'est non seulement la coopération des " individualités apprenantes " à l'intérieur des groupes de travail, mais également le " jeu d'équipe " mené par les groupes de travail dans l'ensemble cohérent formé par la classe entière. » (Schell, 1956, p. 131.) La seule disposition des sièges dans une classe frontale est déterminante vis-à-vis de la structure sociale de la classe : Herzog a pu le montrer dans une étude faite sur le terrain (cf. Zillig, 1934, pp. 123 sqq.). Combien plus décisive encore pour le climat social est cette disposition des sièges lorsque les élèves ne se contentent pas de rester tranquillement assis les uns à côté des autres, mais communiquent également au sein de petits groupes et exécutent ensemble un travail commun !

5.3.5. Importance du sociogramme pour le travail de groupe interactif.

Nous l'avons déjà dit en débattant des recherches qui concernent le travail de groupe : celui-ci exerce avant tout un effet social positif. Nous montrerons que ces effets sociaux positifs sur l'interaction dans le groupe d'apprentissage — ce qui est la mission de l'E.I.L.E. — ne naissent pas pour ainsi dire spontanément du travail de groupe. Au contraire, il est d'une importance particulière pour l'amélioration de l'interaction sociale de savoir **quels élèves travaillent les uns avec les autres.**

La structuration des groupes devrait donc se faire, de préférence, selon des perspectives sociothérapiques et même, le cas échéant, en tenant compte des performances des élèves. Pour ce faire, l'enseignant trouve une aide d'une part dans ses observations subjectives, qu'il ne faut pas trop déprécier, d'autre part dans l'instrument plus objectif qu'est le sociogramme.

Comme tout instrument scientifique, celui-ci ne fournit des informations à peu près exactes que s'il est **correctement employé.** C'est pourquoi nous allons décrire de façon aussi détaillée que possible les conditions de mise en application et l'application elle-même du sociogramme.

Tout d'abord, quelques remarques critiques sur la façon dont le sociogramme est, jusqu'à présent, introduit dans les écoles.

L'élaboration de sociogrammes est étonnamment répandue dans la formation des enseignants, vraisemblablement parce qu'un sociogramme peut être produit facilement au moyen d'un bref questionnaire. Dans les travaux d'examens pédagogiques, le candidat, en produisant un sociogramme, peut facilement démontrer qu'il s'est occupé d'une « classe en tant que groupe ». Mais le plus souvent, ce qu'on cherche en vain, dans les mêmes travaux, ce sont les conséquences relatives à l'organisation de l'enseignement, qui doivent nécessairement découler de ces enquêtes sociogrammatiques. L'écart entre les graphiques sophistiqués accompagnés de longues listes et l'absence des conclusions pédagogiques que l'on pourrait tirer des résultats de ces constructions est souvent frappant. Lorsque des conclusions telles que l'organisation de groupes et la conduite du travail en groupe n'apparaissent pas, alors le sociogramme, dans la plupart des cas, s'avère superflu.

On comprend aussi que la majorité des enseignants, une fois leur formation terminée, n'utilisent plus le sociogramme, car durant ladite formation, ils n'ont pas appris son sens pédagogique grâce à une mise en œuvre significative et adéquate.

A cela s'ajoute que, par une enquête concernant les relations d'amitié (qui doivent être elles aussi précisées selon un classement échelonné, et à plus forte raison lorsqu'on s'interroge sur les refus de travailler avec les camarades), non seulement on peut constater de telles relations, mais celles-ci peuvent être également influencées, voire transformées par l'enquête elle-même. Dans bien des cas, les élèves, avant l'enquête, ne se sont encore jamais posé de questions sur la personnalité de celui qui est leur deuxième ou leur troisième ami (dans l'ordre de préférence décroissant) ou de celui qu'ils n'inviteraient en aucun cas à leur anniversaire. Aussi Heningsen (1970, pp. 150 sqq.) qualifie-t-il les sociogrammes de « conquêtes scientifiques en psychologie et en sociologie... mais de jeu dangereux... en pédagogie ». Ce sont apparemment des considérations de ce genre qui ont abouti à ce que, dans certains « Länder », on a interrompu par décret la confection des sociogrammes.

Le jugement de Heningsen est certes justifié par la confection absurde de sociogrammes, telle qu'on l'a décrite au début de ce chapitre, mais son refus catégorique du sociogramme dans le domaine de la pédagogie n'est pas tenable, vu que c'est peut-être le moyen le plus approprié d'améliorer de façon « ciblée » les contacts sociaux dans la classe.

Dans la pratique, l'enseignant connaît, au bout d'une période plus ou moins longue de son enseignement, les « élèves à problèmes », qui ont attiré son attention par les perturbations qu'ils ont causées ou par leurs faibles performances. Il arrive souvent aussi que ce soit ces mêmes élèves qui « donnent le ton » à la classe. Pour se consacrer particulièrement aux élèves à problèmes, l'enseignant, à vrai dire, n'a pas besoin du sociogramme, mais celui-ci peut lui fournir certaines informations, du genre de celles-ci : l'élève faible est-il isolé dans le groupe ou refusé, surestime-t-il sa position sociale, etc. De plus, l'enseignant se trompe souvent lui-même lorsqu'il croit, malgré les effectifs nombreux de sa classe, y voir clair dans les relations affectives et savoir quels sont les élèves restant à l'écart du groupe. (Cf. Ausubel, 1968, p. 449). Mais s'il connaît **vraiment** les relations affectives grâce à un sociogramme, il peut alors, de par la composition des groupes — en tenant le plus grand compte possible des souhaits des élèves, également visibles dans le sociogramme — intégrer les *outsiders,* les élèves refusés et les faibles. C'est seulement de cette manière que le travail de groupe peut recevoir une fonction interactive. Sans doute ne s'agit-il là encore que de tentatives qui peuvent évidemment se terminer sur un échec. Mais l'enseignant a, dans ces cas-là, à tout moment, la possibilité de corriger la composition des groupes.

La structuration sociothérapique des groupes avec l'aide du sociogramme n'est pas chose aisée. Entrons maintenant dans les détails de cette opération.

5.3.6. La réalisation du sociogramme.

Les conditions de réalisation :

Voici, d'après Jennings (1956), Engelmayer (1958, pp. 21 sqq.) et Cappel (1974, pp. 22 sqq.) les conditions que doit observer l'enseignant désireux d'élaborer un sociogramme :

1. L'enseignant doit dire ouvertement aux élèves à quelle fin il veut utiliser le sociogramme. Il leur explique donc son désir de former, grâce à cet instrument, des groupes de travail qui fonctionnent bien. Il déclare avec autant de franchise que la composition des groupes doit servir également à intensifier les contacts des élèves les uns avec les autres et permettre à ceux qui jusqu'alors n'avaient que peu ou pas de contacts avec leurs camarades, d'y parvenir.

Mais dans cette perspective et pour des raisons d'organisation, il ne serait tout de même pas possible de répondre dans tous les cas aux vœux des élèves tels qu'ils ont été exprimés dans le sociogramme.

2. L'enseignant doit expliquer aux élèves les avantages du travail en groupe et du sociogramme, de telle sorte qu'ils voient dans l'enquête un rapport avec leur travail ultérieur et qu'ils y participent avec intérêt. On contrevient à cette exigence dans tous les cas où le sociogramme demeure sans conséquence tant pour l'enseignant que pour les élèves.

3. L'enseignant doit signaler expressément que l'enquête est confidentielle et qu'il ne mettra personne au courant des résultats du dépouillement, en dehors de quelques collègues et avec l'accord préalable des élèves. C'est pourquoi les élèves devraient éviter également de « glaner des informations » les uns auprès des autres. En outre, l'enseignant doit, bien entendu, éviter toute influence venant des élèves encore qu'on ne puisse empêcher que les élèves qui passent pour sympathiques auprès de l'enseignant ne soient, pour cette raison, plus souvent nommés que ceux dont le comportement à l'égard du maître est apprécié de façon moins favorable. Si tant est que l'on doive faire état des refus, ceux-ci peuvent, pour la même raison que ci-dessus, être passés sous silence.

4. Il est important d'insister sur le fait que le choix peut se rapporter aussi bien à des filles qu'à des garçons, et même à des absents.

5. En outre, l'enseignant doit mentionner qu'**aucune limitation des choix** n'est **fixée,** bien qu'une telle limitation se fasse indirectement par la pré-information, c.-à-d. par la constitution de petits groupes de travail. Cette limitation est certes un avantage, car un trop grand nombre de souhaits complique excessivement l'exploitation des données. Mais les souhaits ne doivent pas être limités en nombre, parce qu'il est très important sur le plan socio-psychologique de savoir si l'élève souhaite le contact avec beaucoup de camarades, avec un seul ou avec aucun. C'est pourquoi les élèves doivent également être informés qu'ils sont parfaitement libres de n'indiquer aucun nom.

6. Comme il n'est pas sûr que l'élève sache très bien quel est, parmi ses camarades, celui qu'il préfère, celui qui vient en seconde position, etc., on devrait éviter de lui réclamer un classement hiérarchique de ses amis. Mais comme d'autre part il est important de prendre en considération les relations d'amitié marquées, l'élève devrait avoir la possibilité de **souligner les noms d'un, de deux, (voire de trois) camarades** avec lesquels il désire absolument travailler.

7. Les élèves doivent disposer d'un temps suffisant. Mais ils doivent également être prévenus du caractère spontané que doit revêtir leur décision. Surtout en cas de choix négatif, ils ne doivent indiquer un nom que lorsque celui-ci leur vient immédiatement à l'esprit.

8. Nous en arrivons au point le plus épineux du sociogramme : le choix négatif. Il est (outre l'absence de suite donnée au sociogramme, et que nous avons mentionnée au début) la raison pour laquelle de nombreux pédagogues refusent le sociogramme. Ils présentent l'objection suivante : l'élève, du fait de l'enquête, se préoccupe de ses antipathies et les fixe par écrit, ce qui risque de les accroître encore. Il existe cependant de bons arguments pour défendre les choix négatifs :

l'expérience prouve qu'il est plus facile à de nombreux élèves de nommer spontanément le ou les camarade(s) avec le(s)quel(s) ils ne souhaitent pas travailler, que celui ou ceux avec le(s)quel(s) ils désirent le faire. Aussi, dans une classe, les antipathies sont-elles souvent plus clairement marquées que les sympathies. Mais dans cette enquête, il s'agit moins des élèves refusés que de ceux qui expriment leur refus. Car lorsqu'un élève exprime plusieurs refus, il appartient aux « enfants à problèmes » proprement dits, que l'enseignant doit se préoccuper d'intégrer au groupe avant tout. Sans la possibilité des choix négatifs, l'enseignant a du mal à repérer ces élèves. En outre, il court le risque d'associer, par ignorance, un élève à un autre élève du même groupe, bien que l'un récuse absolument l'autre ou soit récusé par lui.

Mais pour exclure le plus possible les phénomènes négatifs susceptibles d'accompagner une telle enquête, les élèves devraient recevoir l'assurance qu'ils ne sont pas obligés de répondre à ces questions et n'ont à inscrire des noms que s'ils ne veulent en aucun cas travailler avec l'un des élèves (ou avec plusieurs d'entre eux).

9. Il est très utile à l'enseignant de dire aux élèves qu'ils peuvent, **s'ils le désirent,** donner entre parenthèses les raisons de leur choix, qu'il soit positif ou négatif. L'enseignant doit également justifier ce vœu : il leur explique qu'ainsi il est mieux à même de comprendre les souhaits qu'ils formulent et qu'il pourrait peut-être aussi les aider plus facilement. Ce qui, à n'en pas douter, est effectivement le cas. L'enseignant apprend par là les motivations qui peuvent l'amener à un commerce pédagogique satisfaisant.

10. Dernière possibilité : inviter les élèves au « jeu de la devinette ». Ils doivent nommer les élèves par lesquels ils s'attendent à être soit choisis, soit récusés en tant que partenaires de travail. Pour aider les élèves, il est important que l'enseignant sache si l'élève se fait une représentation claire de sa position sociale dans la classe ou s'il se fait des illusions à ce sujet. Lorsqu'un élève émet le souhait de travailler avec un camarade, il est extrêmement utile de savoir s'il croit que son souhait va rencontrer un écho favorable ou au contraire s'il est conscient de ce que son souhait ne sera pas pris en considération par l'autre, ou même sera rejeté. L'enseignant devrait veiller particulièrement sur l'enfant qui surévalue sa position sociale.

La réalisation du sociogramme :

Après avoir fourni ces éclaircissements aux élèves, l'enseignant devrait, dans la mesure du possible, distribuer un questionnaire préfabriqué. Il faut que les questions soient formulées clairement, par rapport à la situation et au but visé.

> PRÉNOM ET NOM DE FAMILLE ....
>   CLASSE ....
>
> * Avec qui voudrais-tu collaborer au sein d'un groupe, si dans les prochains mois nous organisions un travail de groupe ? Tu peux désigner autant de camarades que tu le désires.
> (Si tu veux, écris entre parenthèses, après chaque nom, pourquoi tu veux être avec lui/eux dans le groupe ?) Au cas où tu veux absolument collaborer dans un groupe avec un ou deux camarades, souligne leurs noms.
>
> * Si tu ne le désires pas, tu n'es pas obligé de répondre à la question suivante :
> Avec qui ne voudrais-tu en aucun cas collaborer dans un groupe ? (Si tu le veux, écris, s'il te plaît, entre parenthèses, après le nom, pourquoi tu ne veux pas travailler avec ce camarade. Tu peux en nommer autant que tu veux, mais ne nomme que ceux dont tu es sûr que tu ne voudrais en aucun cas travailler avec eux.)
>
> * Ne réponds à ces devinettes que si tu le veux bien :
>
> Qui, d'après toi, souhaite travailler avec toi ?
> Qui, d'après toi, *ne* souhaite *pas* travailler avec toi ?

Puisque la première question est liée à la finalité de l'enseignement et qu'elle est posée en E.L.E., ce ne seront, à coup sûr, pas seulement les sympathies qui seront déterminantes pour les choix, mais elles y joueront vraisemblablement un rôle majeur. La question traditionnelle concernant les camarades que l'élève inviterait à son anniversaire révèle avec précision les relations affectives au sein de la classe, mais n'est pas compatible avec les informations que l'enseignant a données à propos du véritable but de l'enquête.

Aucun élève ne devrait manquer de temps pour répondre à ce questionnaire. Il faut dire d'emblée aux élèves que, s'ils le veulent, ils peuvent disposer de l'heure de cours tout entière.

Présentation des données socio-métriques :

Choisis-seurs	Socio-matrice													Emission des choix	Emission des refus
	Choisis														
	1	2	3	4	5	6	7	8	9	10	11	12	13		
1							I					+	I	3	0
2				+				+	+	+				4	0
3														0	0
4			I		+	+								3	0
5		+							+	I				3	0
6			I	+			+		−	=				3	2
7														0	0
8	I		I	+		+	I			+	−			6	1
9		+			I					+				3	0
10		+			+			+	+		−			4	1
11		+			=				I					2	1
12	+					I							I	3	0
13														0	0
Réception des choix	2	4	3	2	3	2	3	3	2	5	2	1	2		
Réception des refus	0	0	0	0	0	1	0	0	0	1	3	0	0		

Légende : I = choix ; + = choix réciproque ; − = refus ; = = refus réciproque.

On peut discerner immédiatement, à partir de la socio-matrice, par ex. que l'élève 1 choisit les élèves 7, 12 et 13 et qu'il est choisi par l'élève 12. Le total figurant au bas du tableau montre de même que cet élève 1 est choisi 2 fois et jamais récusé. On peut lire immédiatement, dans les 2 rangées du total, quelles sont les « vedettes » (par ex. avec 5 choix) et quelles sont les « brebis galeuses » (par ex. avec 3 refus).

Pour se faire une idée individuelle des données obtenues relativement à chaque élève, il est utile de construire un tableau sagittal (ci-dessus) montrant les choix positifs et négatifs de chacun et par qui il a été désigné de façon positive ou négative.

Les élèves qui ont été soulignés par leurs camarades (choix privilégiés) peuvent être marqués au crayon gras dans le tableau, si l'on ne veut pas se borner, en raison de l'abondance de tels choix, à n'enregistrer que ceux-ci.

On trouve chez Cappel (pp. 76 sqq.) des tableaux dans lesquels on a mentionné, en même temps, si l'élève s'est attendu à être choisi. Mais le tableau que nous avons dressé suffit pour constituer des groupes de travail. Il est malaisé, surtout dans les classes nombreuses, de construire une élucidation graphique des relations sous la forme d'un sociogramme. Pour tracer un sociogramme clair, quand il s'agit de groupes importants, on doit se limiter à la transcription des choix soulignés.

Un moyen très pratique de constituer des groupes sans recourir à une représentation sociogrammatique est la méthode des « petites cases » (Erl, 1967, pp. 32 sqq.). Chaque choix d'élève est inscrit à l'intérieur d'une « case » découpée dans une feuille de papier. Dans ladite case, il y a son nom, suivi d'une flèche pointée sur le nom de l'ami choisi.

$$\boxed{Karl \rightarrow Tim}$$

Une flèche épaisse signifie un choix souligné, une flèche barrée un refus. Ces « cases en papier » permettent à l'enseignant de « manipuler » les noms des élèves accompagnés de leurs souhaits jusqu'à ce qu'il ait obtenu le groupe qui lui paraît approprié.

Voici comment il faut s'y prendre pour construire une représentation graphique claire du sociogramme. On commence par les élèves qui ont été visés par le plus grand nombre de souhaits et on les dispose au centre de la feuille de papier. Autour de ces « vedettes », on place les élèves qui ont été eux-mêmes choisis par lesdites vedettes. Les flèches de liaison doivent être courtes quand les choix sont réciproques. Dans les autres cas, elles doivent être aussi directes que possible et éviter au maximum de se croiser.

La représentation graphique sous la forme d'un sociogramme ne peut se faire avec clarté que pour un effectif d'élèves ne dépassant pas 25 environ. Pour les groupes plus importants, il est nécessaire de procéder à une subdivision en sous-groupes, qui n'ont entre eux que peu ou pas de liaisons. On peut alors tenter de représenter ces sous-groupes séparément.

Pour les groupes importants, on fera bien de représenter d'une part les choix et d'autre part les refus. Si ces derniers sont tracés sur un transparent avec une autre couleur que les choix positifs, de manière que les élèves occupent chaque fois la même position sur les deux sociogrammes, on peut, en appliquant le transparent sur le rétroprojecteur, reconnaître les choix et les refus qui sont le lot de chaque élève, et par qui ils sont émis. Il n'y a pas, jusqu'à présent, de code graphique qui fasse l'unanimité en sociographie, mais les symboles suivants sont couramment utilisés :

garçon	triangle	△
fille	cercle	○

Plus il y a de choix ou de refus qui tombent sur un élève, plus le triangle ou le cercle doit être grand.

Choix	flèche (rouge)	⟶
Choix souligné	flèche à 2 pointes	⟶⟶
Choix réciproque	flèche double	⟺
Refus	flèche noire ou barrée	+++⟶
Refus réciproque	flèche double (noire ou barrée)	⟻+++⟶

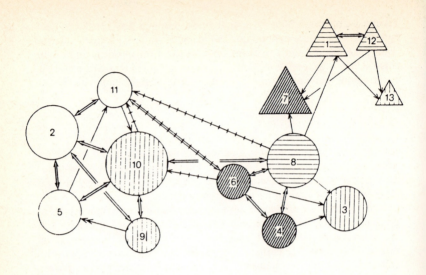

5.3.7. La structuration des groupes.

Il ressort clairement du sociogramme que trois groupes se forment, qui n'ont entre eux que des contacts limités. Le groupe de garçons, en haut et à droite, est — comme dans de nombreuses classes — isolé des groupes de filles. Seule l'une d'entre elles (8) souhaiterait prendre contact avec eux. Même les contacts entre les deux groupes de filles sont plutôt négatifs, exception faite du choix réciproque entre les élèves 8 et 10.

Si l'enseignant formait trois groupes de travail sur ces bases, cela plairait sûrement aux élèves. Mais alors, l'isolement déjà existant serait encore renforcé. L'interaction sociale dans la classe peut certainement être améliorée, si :

1. garçons et filles travaillent ensemble ;
2. les contacts entre les groupes de filles sont améliorés.

En l'occurrence, l'enseignant devrait former 4 groupes : la fille 8, que ses 6 choix prédisposent extraordinairement à l'intégration, donne à l'enseignant la possibilité de former avec elle et les deux garçons 1 et 12 liés par une relation réciproque, un groupe d'apprentissage mixte (hachures horizontales).

Le garçon 13 et la fille 3 n'ont pas émis de souhaits, mais ne sont nullement des *outsiders*. Ils ne devraient rien avoir contre le fait de nouer des contacts « originaux » et de former un groupe de 4 avec la paire d'amies 9 et 10, cette dernière étant la « star » de la classe (hachures verticales).

Le groupe des 3 filles 11, 2 et 5 subsiste tel quel, elles se sont toutes choisies réciproquement (pas de hachures). Grâce à cette réduction du groupe initial des 5 filles, le cas, assez rare, d' « amour malheureux » (un choix tombe sur un refus entre 10 et 11), qui est généralement la source de tensions désagréables, est désamorcé, encore que nullement dissous.

Comme le travail de groupe interactif vise à améliorer l'interaction sociale dans le groupe d'apprentissage, la structuration des groupes s'effectue de préférence selon les perspectives sociothérapiques que nous avons notées. En se fixant un tel but, il va de soi qu'il n'est pas question d'une « différenciation interne » au sein d'une classe d'après les résultats obtenus dans le cours de L.E. et visant à former des groupes « homo-performants » en vue d'un travail de groupe interactif. La différence de rendement entre les élèves de toute classe conduit déjà, de toute façon, à des tensions sociales. Celles-ci devraient être atténuées grâce au travail en tandem (cf. 4.4.). Une structuration des groupes fondée sur le critère de l'égalité quant au niveau de performances conduit à renforcer la discrimination entre les élèves et l'idée de concurrence. A n'en pas douter, le climat social du groupe d'apprentissage en pâtit considérablement.

La constitution de groupes homo-performants devrait donc demeurer l'exception. On peut admettre une telle exception par exemple lorsque l'enseignant, en fonction du but de l'apprentissage, présume qu'un groupe d'élève faibles sera en mesure de s'acquitter de la mission proposée et qu'il met en relief le travail de ce groupe à partir de bases concrètes : ce qui peut représenter une mesure sociothérapique positive, à savoir le renforcement du sentiment d'affinité dans le groupe en question. En règle générale, la formation de groupes hétéro-performants correspond mieux au travail de groupe interactif. Mais jusqu'à présent, nous avons seulement montré comment les groupes peuvent être structurés à partir des enquêtes sociographiques.

Celles-ci cependant n'ont pas pour rôle de permettre à l'enseignant de s'orienter exclusivement d'après les souhaits des élèves, mais de favoriser une structuration sociothérapique des groupes. L'expérience montre que constituer des groupes selon ce point de vue conduit en général obligatoirement à des groupes hétéro-performants. Si le hasard fait qu'on se trouve en présence d'un groupe homo-performant, l'enseignant devrait alors, en s'appuyant de nouveau sur le sociogramme, essayer de restructurer les groupes de manière à les rendre tous hétéro-performants. Il est en principe avantageux que chaque groupe comporte au moins un élève « fort », qui ne devrait pas pour autant jouer obligatoirement et durant des mois le rôle dominant de « chef de groupe », comme le propose Matthes (1969, p. 31). Le travail de groupe doit conduire à un système d'assistance (Nuhn, 1975, p. 110) et par là à une réduction des différences entre les performances des élèves (Erdmenger, 1975)

C'est seulement à un niveau avancé, quand des thèmes différents peuvent être proposés au choix des élèves, qu'il est possible également de former des troupes en fonction des intérêts thématiques communs.

Les effets sociaux positifs se font évidemment sentir au maximum lorsque les groupes ayant le même type de structuration travaillent également dans d'autres disciplines (cf. les expériences de l'école unique à Cologne : Affeldt et *al.*, s.d.). La coopération au sein du groupe peut à coup sûr être fortement favorisée par les éloges et les critiques que décerne l'enseignant au groupe en tant que totalité.

Nous allons maintenant présenter plus en détail les divers points de vue qui président à la formation des groupes à partir du sociogramme.

Les groupes de 2 à 5 élèves qui se dégagent nettement des choix peuvent subsister comme groupes de travail. **Les paires** (résultant d'un choix réciproque) **ne devraient autant que possible jamais être rompues.** Mais dans le cas où des paires s'isolent vers l'extérieur des groupes en n'émettant ni choix ni refus vis-à-vis des autres élèves, elles représentent un inconvénient quant au climat social de la classe. Cependant elles ne devraient être disjointes qu'en cas de nécessité absolue ; il est préférable, quand elles peuvent y être conduites par le travail de groupe, d'intégrer un ou plusieurs élèves dans chaque paire.

Les groupes de 4 et 5 peuvent être morcelés de façon à ce que ne subsistent que des groupes de 2 et 3, servant de base pour de nouveaux groupements. A ceux-ci devraient s'intégrer les élèves isolés, surtout lorsque ces derniers ont nommé les autres dans leur choix unilatéral.

Au cas où se manifesterait dans la classe une rivalité entre deux groupes de 4 ou 5 élèves et où par conséquent ces groupes se récuseraient réciproquement, ils devraient sans exception être dissous de la même manière que ci-dessus, car il s'agit là de clans nuisibles au climat de la classe. Comme ils n'ont que des contacts internes, le danger existe qu'ils s'isolent de plus en plus du reste de la classe.

Les élèves isolés ne doivent en aucun cas être inclus dans un groupe unique. Comme groupe *outsider* — ce sont souvent des redoublants — ils forment le « coin de l'opposition », terrorisent ceux qui veulent travailler, dénigrent leurs résultats et communiquent leur défaitisme à la classe tout entière (cf. Cappel, 1974, p. 53). **Les outsiders doivent absolument être répartis dans les autres groupes.** Pour cela il faut dans chaque cas prendre en considération les souhaits qu'il ont émis.

Les *outsiders* coïncident souvent avec les élèves soit plus faibles, soit moins conviviaux, soit trop indépendants (cf. Koskenniemi, 1936, p. 111). Finalement, on ne devrait chercher à imposer aucune « relation d'amitié ». Les élèves timides, ou ceux qui sont récusés en raison de leur statut social « inférieur » devraient pouvoir travailler au sein d'un groupe en collaborant avec **les élèves les meilleurs et les plus intelligents de la classe.**

L'élève le plus fort et l'élève le plus « demandé » devraient travailler ensemble, mais auraient alors pour mission d'intégrer un ou deux élèves « difficiles » au sein de leur groupe.

Les « vedettes » ne devraient pas, en principe, se retrouver seulement avec leurs « fans », mais aussi **avec les camarades isolés.** S'il y a dans la classe deux vedettes avec de nombreux fans, on peut craindre une situation de concurrence. Les groupes doivent alors être formés de telle sorte qu'on rencontre dans chacun d'eux des fans de l'une et l'autre vedette. Si, dans l'enquête, on n'a pas limité le nombre des choix possibles, il est aisé de se rendre compte, d'après les choix positifs exprimés par chaque élève, de son degré de prédisposition à l'intégration. On peut observer la position contraire, si l'on n'a pas non plus limité le nombre de refus possibles. L'élève que l'on appelle « hérisson » correspond à une multiplicité de refus. La véritable tâche de l'enseignant, dans la constitution des groupes, consiste à veiller à ce que les « élèves à problèmes », c.-à-d. les isolés et les hérissons, **collaborent avec les élèves enclins à l'intégration et recherchés par les autres,** de manière que ceux qui sont en difficulté aient la double chance d'être intégrés dans un groupe et en même temps revalorisés dans leur position sociale.

5.8. La préparation organisationnelle du travail de groupe.

Il est certain qu'on ne peut conseiller à un enseignant ayant des difficultés avec une classe de pratiquer le travail de groupe dans ladite classe. Celui-ci n'est sûrement pas un remède aux problèmes de discipline ou au manque de zèle de la part des élèves. Des difficultés de ce genre sont des problèmes d'interaction, dont nous avons largement débattu ci-dessus (cf. ch. 3). Tant que de tels problèmes influencent les processus d'enseignement et d'apprentissage, l'enseignant devrait garder ses distances par rapport au travail de groupe. Si malgré tout il introduit à titre d'essai cette forme sociale, alors il ne faudrait pas qu'il tienne le travail de groupe pour responsable d'un éventuel échec.

Savoir écouter, laisser parler l'autre jusqu'au bout — non seulement le camarade, mais aussi l'enseignant — ne pas interrompre, ne pas tenir de conversations parallèles : tels sont les comportements sociaux que les élèves doivent d'abord **apprendre** avec l'aide de l'enseignant et des camarades. Lorsque règne dans une classe une agitation continuelle non liée au travail (comme c'est le cas dans le travail de groupe), l'enseignement et l'apprentissage en pâtissent sans aucun doute.

La crainte (ou même l'expérience personnelle de l'enseignant) que le travail de groupe n'occasionne une agitation excessive détourne de nombreux enseignants de le pratiquer.

Les difficultés que nous décrivons ici apparaissent presque dans chaque classe pratiquant le travail de groupe. Mais elles peuvent être évitées par la connaissance des problèmes et par une préparation adéquate. Si le bruit atteint dans la classe un niveau excessif, les élèves doivent apprendre à parler dans leurs groupes juste assez haut pour pouvoir se comprendre à l'intérieur de chacun. La difficulté proprement dite réside en ce que les élèves sont en général tellement concentrés sur leur travail qu'ils n'entendent pas les indications données par l'enseignant — ce qui devrait se produire rarement si le cours a été bien préparé — durant le travail de groupe. Il est plus grave encore que les élèves continuent à causer entre eux au moment où, dans la phase du plenum, les résultats du travail de groupe sont commentés. Souvent, alors, l'enseignant doit élever la voix pour réclamer le silence. C'est à proprement parler gaspiller la voix de l'enseignant que de l'utiliser à cela. Plus il économise ses interventions orales, plus sa voix est efficace. Aussi plusieurs enseignants ont-il déjà introduit avec succès dans leur classe une petite cloche — comme on en use couramment dans certaines assemblées parlementaires. Le son de cette clochette signifie pour tous silence complet et concentration sur l'information fournie. L'enseignant ne doit pas prendre la parole avant que se soit instauré un silence total.

La deuxième difficulté, la plus grande, touche aux directives (cf. Erdmenger, 1975, p. 102). Souvent un grand nombre d'élèves ne savent pas très clairement quelle tâche ils ont à réaliser dans le travail de groupe. L'enseignant doit donner ses directives avec simplicité et précision, de préférence en écrivant un exemple au tableau, dans la L.E. et le cas échéant, avec une répétition en L.M. Dans bien des cas, il est profitable qu'un élève répète la directive. En tout cas, l'information doit être redondante, c.-à-d. que les directives doivent être répétées sur les copies. Elles sont généralement plus efficaces sous cette forme que les instructions données oralement par l'enseignant. Celui-ci doit surtout veiller à ce que les groupes ne soient formés qu'après complète communication des directives. Donner celles-ci au milieu d'un remuement de chaises, c'est la pire façon possible de commencer un travail de groupe.

Troisième difficulté : la répartition du temps. Si le travail de groupe doit être clos dans l'heure qui suit, la phase précédente d'information ne saurait y être longue. En outre, l'enseignant doit indiquer avec précision le temps affecté au travail de groupe et celui qui l'est à la phase plénière. L'estimation correcte de ces deux durées ne s'obtient généralement qu'après une pratique scolaire plus ou moins longue et grâce à quelque expérience du travail de groupe. Le travail à faire ainsi que les procédures (à tâche(s) identique ou réparties) doivent être choisis de telle sorte que le temps imparti soit suffisant. Dans de nombreux cas, il n'est pas possible de faire en une seule heure le travail de groupe et la phase plénière conclusive.

Au point de vue de la psychologie de l'apprentissage, il est tout à fait opportun d'étaler le travail de groupe jusqu'à la fin de l'heure. Il faut veiller à ce que l'enseignant donne à faire le travail à la maison avant le travail de groupe ; ou encore, ce qui est le mieux, c'est que ce dernier puisse être prolongé en « travail à la maison ». Les élèves font alors entrer leur travail fait chez eux dans le travail de groupe, celui-ci étant, au début de chaque heure, consacré brièvement à l'exploitation dudit travail individuel. A la fin, il reste ainsi un temps suffisant pour la phase plénière.

En psychologie de l'apprentissage, l' « effet-Zeigarnik » (Zeigarnik, 1927) — c.-à-d. le fait que les actions suspendues ou interrompues sont mieux retenues par l'esprit que les actions achevées — correspond à un savoir confirmé par des expériences répétées. A partir de là, on peut extrapoler en pensant que l'interruption du travail de groupe, puis sa reprise au cours de l'heure suivante, peut exercer un effet favorable sur la performance d'apprentissage.

La quatrième difficulté réside dans l'organisation de la phase plénière, où :

1. les résultats du travail des groupes doivent être communiqués à tous, et/ou
2. la correction linguistique du travail de groupe est entreprise.

L'enseignant doit veiller à trois choses :
1. Une élève dans chaque groupe porte la responsabilité de communiquer les résultats devant le plénum. Ce porte-parole doit être désigné par le groupe **au début** du travail de groupe. Si l'enseignant ne veille pas à faire respecter cette clause, le travail du plénum en souffre considérablement. Il va de soi qu'au bout d'un certain délai, par ex. une ou deux semaines, le groupe doit se choisir un autre porte-parole.
2. En outre, ou bien les directives en vue du travail de groupe doivent avoir une orientation précise, ou bien un cadre doit être posé qui permette de communiquer à tous les résultats de la phase plénière, dans le temps imparti à cet effet.
3. Le dernier point, mais le plus important, est que l'enseignant crée les conditions pratiques de la transmission des résultats. Le moyen de communication le plus rigoureux est bien sûr l'écrit. Inscrire les résultats au tableau prenait autrefois trop de temps, et l'on devait, ce faisant, occuper les autres élèves. Aujourd'hui, le travail de groupe ne saurait se passer de cet auxiliaire qu'est le rétroprojecteur. L'enseignant doit veiller à ce que dans chaque groupe au moins le rédacteur du procès-verbal puisse porter les résultats sur un transparent permettant de visualiser ceux-ci immédiatement et pour tous, avec le projecteur. Dans des cas exceptionnels, on peut également donner au porte-parole un stencil, de manière à ce que, dans la phase plénière, les résultats puissent être ronéotypés pour tous les élèves. S'il y a une possibilité de photocopie, les porte-parole doivent chercher à rassembler leurs résultats sur une fiche de format carte postale pour qu'en fin de compte 4 résultats puissent figurer sur une seule photocophie et être distribués à tous.

Les deux dernières propositions ont été désignées comme cas exceptionnels parce que le problème de la correction linguistique est alors difficile à résoudre, et seulement *là*. L'enseignant doit en effet, dans ces deux cas, veiller à ce que toutes les erreurs soient corrigées pendant le travail de groupe et éventuellement durant le rapport oral en séance plénière. Mais même lorsqu'on utilise le rétroprojecteur, il est bon que l'enseignant signale les erreurs dès la phase de travail de groupe, en sorte que la phase plénière puisse être utilisée également pour une appréciation critique des résultats.

L'avantage principal du rétroprojecteur est qu'avec son aide la correction des erreurs peut être entreprise par tous les élèves. Cette participation à la correction est, surtout pour les élèves faibles, un processus important au plan pédagogique. Il peut être encore intensifié en échangeant auparavant, entre les groupes, les résultats, aux fins d'une correction linguistique. La correction finale en séance plénière concerne alors **aussi** le groupe **corrigeant,** dans la mesure où il a pu laisser passer des erreurs.

La correction sur le rétroprojecteur ne doit pas se faire par rature et ajout : le mot erroné (écrit avec des instruments « effaçables à l'eau ») doit être éliminé et remplacé par le mot correct, de sorte qu'à la fin seule la version correcte soit visible pour les élèves.

5.9. Le travail de groupe dans la phase de présentation.

Nous avons, dans le chapitre 4, fourni de nombreux exemples pour un enseignement sans manuel tel qu'on peut le pratiquer surtout avec des élèves « avancés ». Par contre, nous nous occuperons ci-après essentiellement de l'enseignement traditionnel aux débutants, avec le manuel, qui dans la pratique s'est assuré une place incontestée, et nous présenterons des possibilités de réalisation « alternative ». Il n'est presque aucune phase de l'E.L.E. où le travail de groupe ne soit possible. Nous essaierons de voir quelles étapes pédagogiques doivent se succéder, à quel moment et avec quels élèves, sous la forme « frontale » ou bien celle du travail en tandem ou de groupe.

La phase de présentation est à coup sûr celle où le modèle linguistique constitué par l'enseignant exerce une influence décisive. Dans l'enseignement aux débutants, surtout avec de jeunes élèves, on a recours ici à l'enseignement centré sur l'enseignant. Mais dès la deuxième année, un transfert de la fonction enseignante à un groupe d'élèves est possible. L'enseignant met à leur disposition son « livre du maître », ou les notes personnelles qu'il s'est constituées en vue d'une élucidation uni- ou bilingue des nouveaux termes. Le livre du maître contient généralement des indications concernant les dessins à faire au tableau, éventuellement les objets nécessaires au cours, les figurines de feutre, etc., y compris les questions qui peuvent être posées pour élucider le sens des mots nouveaux. Les élèves répartissent les tâches et préparent, séparément ou en commun, la nouvelle leçon. Ils décident eux-mêmes s'ils veulent commencer par l'explication et l'inscription des mots nouveaux pour présenter ensuite la leçon en ayant réparti les rôles, ou bien s'ils imbriquent l'explication dans la présentation.

Ce type de présentation par les élèves a été pratiqué dans un lycée de filles, une année durant, par une classe de 4ᵉ (2ᵉ année de français). L'intérêt pour le cours de langue française a été notablement accru par cette mission. Il est vraisemblable que de bonnes conditions initiales ont contribué au succès de cette expérience, mais on peut arriver dans bien des cas semblables au même résultat, par le fait que l'enseignant, en confiant cette mission aux élèves, leur donne à comprendre quelle haute idée il se fait d'eux. La formation de groupes hétéro-performants permet également de faire participer à cette tâche les élèves faibles.

Lorsque, en plus du livre, les élèves disposent d'autres auxiliaires pour la présentation, cela facilite considérablement dans le travail de groupe une présentation centrée sur l'apprenant. L'enregistrement est certainement, avec les voix des « locuteurs natifs », une source d'information meilleure que le manuel, lorsqu'il s'agit d'apprendre la langue **parlée**. Dans nos écoles, l'enregistrement est certes introduit dans le laboratoire de langues, mais n'est nullement devenu le « noyau dur » de l'enseignement aux débutants.

Pour utiliser l'enregistrement dans le travail de groupe, il faut un cassettophone par groupe et les textes des leçons doivent être enregistrés sur autant de cassettes qu'il y a de groupes. (Cf. le compte rendu d'expérience de Peck, 1972). La présentation des mots nouveaux peut alors être faite soit par l'enseignant soit par les élèves, comme on l'a décrit plus haut. On peut aussi renoncer complètement à cette phase. En ce cas, on donne par écrit aux élèves le vocabulaire, dans les deux langues. Bien entendu, pas mal d'enseignants trouvent cette façon de faire sacrilège. Cependant, l'explication unilingue dans l'enseignement traditionnel avec manuel demeure en général si insuffisante, quand elle ne s'accompagne pas du recours aux moyens visuels, que les élèves ne peuvent parvenir à une compréhension définitivement claire qu'avec l'aide de ces listes de mots bilingues. Pourquoi l'enseignant ne devrait-il pas favoriser cette mise en valeur des mots par les élèves de façon indépendante ? L'accent pédagogique devrait être mis sur l'apprentissage oral des textes grâce aux enregistrements. Evidemment, ceci peut se faire aussi en laboratoire de langues. Le groupe offre la possibilité que de nombreuses erreurs phonétiques soient perçues et corrigées par les camarades. En outre, le groupe ne présente jamais plus d'avantages que lorsqu'il s'agit d'un travail de recherche. S'il arrive, dans l'écoute des enregistrements, que les unités phoniques ne soient pas immédiatement discriminées ni comprises de façon correcte, ou que des mots déjà présentés aient été oubliés, le groupe est mieux à même de résoudre ce problème que l'individu isolé. La correction orale par les camarades au sein du petit groupe est moins embarrassante pour celui qui en est l'objet que celle faite par l'enseignant devant la classe. Une attitude de relaxation psychique est d'une extrême importance justement pour apprendre la phonétique (cf. Curran, 1961 ; Schiffler 1977a). Enfin, c'est pour l'élève un plus grand succès de produire une bonne performance devant ses camarades que d'être le seul à s'en rendre compte, comme c'est le cas par ex. dans le laboratoire de langues. Le travail auditif avec les autres au sein du groupe permet aux élèves —

pour autant qu'il s'agit de dialogues — de s'entraîner dès le début sur le texte, avec des rôles distribués, et donc de simuler l'échange langagier en serrant la réalité d'aussi près que possible.

Dans l'enseignement avancé, le travail de groupe avec disques est particulièrement approprié dans la phase de présentation. Ainsi, les élèves peuvent travailler en commun sur des récits, des interviews et des chansons. Cette exploitation auditive en commun est psychologiquement profitable, car « une exacte compréhension orale est (au début) perçue comme une prétention bien hardie » (Hackenbroch et *al.*, 1976, p. 30).

Lorsqu'on dispose de moyens audio-visuels, le travail de groupe se présente tout simplement sans difficulté sur le plan de l'organisation. Ces moyens ont souvent été critiqués — spécialement en liaison avec l'enregistrement — en raison de leur caractère « manipulateur ». Les élèves devraient de ce fait « copier mot à mot », jusqu'à atteindre une imitation parfaite de l'intonation du locuteur en question. C'est une attitude complètement erronée que celle qui consiste à critiquer les moyens audio-visuels en s'appuyant seulement sur cette unique procédure qui, il faut bien l'avouer, est exclusivement directive.

Dès que les élèves disposent de connaissances de base qui leur soient propres, c.-à-d. au bout de quelques mois, l'image devrait avoir une fonction opposée à la directivité : celle de donner l'impulsion à des expressions créatives originales. Quand les élèves, dans le travail de groupe, commencent à essayer de verbaliser les images d'une leçon, ils s'exercent du même coup à un transfert de ce qu'ils ont appris antérieurement, transfert qui, en général, ne trouve pas son compte dans le cours traditionnel. On peut voir à quel degré fonctionne cette créativité d'après un compte rendu pédagogique selon lequel les apprenants ont trouvé jusqu'à 44 phrases pour une seule image (Argaud et *al.*, 1975, pp. 181 sqq.).

Qui plus est, il s'agit ici, de nouveau, d'un travail de recherche dans lequel la coopération au sein du groupe aura pour effet d'accroître les performances. Les mots qui sont évoqués par la situation iconique, mais encore inconnus de l'élève, sont fournis à celui-ci par l'enseignant, sur demande. On évite ainsi l'incertitude et le sentiment de défaillance — « que peut bien vouloir dire ce mot ? » — qui naissent de l'habituelle explication unilingue faite par l'enseignant. Le processus d'apprentissage se déroule au contraire de façon exactement inverse. L'élève connaît l'information et trouve l'équivalent en L.E. avec l'aide du groupe ou de l'enseignant. Du point de vue de la motivation, cette inversion est d'une importance capitale. L'image n'est plus une plus ou moins bonne illustration du mot étranger inconnu : elle suscite le besoin de maîtriser de nouvelles situations dans la L.E. Cette situation d'apprentissage correspond à celle qu'on rencontre dans le pays de la langue cible. Elle a été jusqu'à présent négligée unilatéralement au profit de celle où il s'agit pour l'apprenant de comprendre son interlocuteur en L.E. Elle est simulée lorsqu'on présente aux apprenants, à la suite du travail de groupe, et en synchronisation, une partie images et une partie son. Mais grâce au travail de groupe qui a précédé, ils sont placés d'une tout autre manière devant cette situation d'apprentissage et dans de nombreux cas elle se transforme en succès, au lieu d'être la constatation de difficultés qui paraissent insurmontables.

Beaucoup d'enseignants font apprendre par cœur le dialogue d'une leçon et la font jouer après avoir distribué les rôles. Il n'est pas douteux qu'une configuration interactive du jeu de rôles avec des variantes individuelles, telle que nous l'avons décrite ci-dessus, est rendue notablement plus aisée si elle est précédée d'une phase de travail de groupe créative, comme celle que nous sommes en train de décrire. De même, un travail de groupe est possible même avec un nombre réduit d'images, pour peu que celles-ci montrent des situations de dialogue. Nos expériences personnelles nous ont montré que des images « détachées », qui montrent des situations quotidiennes, vraiment futiles, ont stimulé l'imagination linguistique de quelques élèves à un point tel que des dialogues surprenants ont été inventés, qui ne seraient vraisemblablement pas apparus dans la vie réelle de tous les jours. (Cf. Schiffler, 1966). Mais lorsqu'on dispose, comme base de verbalisation, d'images chargées d'un contenu sociocritique, comme c'est le cas, par ex., dans *C'est le printemps* (Montredon et *al.*, 1976), on assiste vraisemblablement à un engagement linguistique plus fort de la part de l'élève.

Pour l'enseignement aux élèves avancés, il est recommandé d'utiliser des images qui ne fassent pas partie d'un manuel. Les illustrations d'une méthode audio-visuelle présentent l'avantage d'être intégrées dans une progression grammaticale et lexicale. Aussi les élèves n'ont-ils besoin que d'un nombre réduit de mots nouveaux et de structures nouvelles pour verbaliser les images de la nouvelle leçon suivant la méthode que nous proposons ici. Ce qui renforce la confiance qu'ils ont dans leurs propres capacités d'expression.

Dans l'enseignement avancé, la traduction exacte d'un texte, par ex. d'un poème ou d'un texte spécialisé complexe, peut aussi être un facteur favorable. Cette activité de traduction, liée à la recherche de l'équivalent exact d'un mot déterminé ou de la meilleure transposition stylistique se prête parfaitement au travail de groupe à tâches réparties (cf. l'exemple didactique de Schiffler, 1976b).

5.10. Le travail de groupe dans la phase d'appropriation.

La phase d'appropriation est celle où existe une quantité de possibilités d'exercices sous forme de travail de groupe. Mais c'est aussi la phase où une alternance entre enseignement centré sur l'enseignant et travail de groupe est tout à fait opportune.

Zimmermann (1976, pp. 12 sqq.) subdivise la phase d'appropriation en : phase cognitive, phase d'entraînement et phase de transfert. Dans la première, on donne aux apprenants des **balises** pédagogiques pour les phénomènes grammaticaux. Pour cette phase, l'enseignement centré sur l'enseignant est à coup sûr tout à fait indiqué. Là, celui-ci cherche à communiquer ces « balises » avec des éclaircissements verbaux, de préférence en liaison avec des illustrations et des propositions d'exercices représentées graphiquement. Il doit décider s'il opère en L.E. ou en L.M. Utiliser la L.E. oblige l'enseignant à recourir d'abord à des auxiliaires graphico-visuels, à des listes d'exemples et à des signaux (Zimmermann, 1977, pp. 123 sqq.) plutôt qu'à de longues explications verbales. Dans la plupart des cas grammaticaux « faciles », le meilleur procédé est celui de l'entraînement, dans un enseignement centré sur l'enseignant, sans explications superflues. Mais dès que surgissent dans l'étude les premières difficultés, alors le moment est venu de donner des « balises » judicieuses, le plus souvent dans la L.M. (cf. Zimmermann, 1977, p. 106). Aussi la première phase d'entraînement doit-elle être centrée sur l'enseignant.

Pour la même raison, il peut être opportun de donner à la phase de transfert **en son début** la même forme. D'après Zimmermann (1976, pp. 12 sqq.), il est particulièrement important, dans la phase d'entraînement, courte et moins motivante que les autres, d'insister sur la familiarisation articulatoire avec les structures et sur l'étude des propriétés phonétiques, morphologiques et syntaxiques de la L.E. sous la forme d'exercices structuraux à prédominance formelle. Ici, et surtout dans le domaine phonétique, le contrôle continuel par l'enseignant est nécessaire.

Dans la phase de transfert, chaque structure est étudiée dans des « micro-situations » chaque fois modifiées, au contraire de l'application de l'acquis dans un cadre situationnel totalement autre ou d'une nouvelle « macro-situation », comme cela se fait dans la phase d'application. Ce transfert occupe la plus grande partie de la phase d'appropriation linguistique et devrait avoir, de façon prépondérante, la forme du travail de groupe centré sur l'élève, telle que nous la montrons ci-dessous.

Le travail de groupe oral :

Le travail sur l'oral doit précéder le travail sur l'écrit. Mais au premier abord, la correction des erreurs dans le travail de groupe semble poser un problème. C'est pourquoi les exercices phonétiques ne se prêtent pas au travail de groupe. Malgré tout, Schmidt (1977) a introduit une exception dans ce domaine :

L'enseignant distribue aux groupes des jeux de cartes « à trois familles » pour s'entraîner à la discrimination et à la prononciation correcte des voyelles nasales, que beaucoup d'élèves, tout au long de leur scolarité, ne savent pas distinguer impeccablement. Dans ce jeu de groupe, les élèves doivent, par des questions réciproques comme : « *est-ce que vous avez un banc ? / un bon ? / un bain ?* », rattacher le trio concerné au phonème /b/ et aux trois nasales. Une prononciation fautive de la nasale conduit à ce que l'interrogé n'a pas à sortir sa carte et se met à son tour à poser des questions. Lorsque, dans chaque groupe, un élève possède de solides connaissances au point de vue phonétique, on peut également programmer dans les groupes une courte phase de lecture (cf. Matthes, 1969, p. 34).

La correction des erreurs dans les exercices oraux portant sur les structures grammaticales peut être assurée à l'aide des recueils de textes qui existent pour les programmes des laboratoires de langues (Schiffler, 1974b ; Matthes, 1969, p. 39). Chaque porte-parole de groupe reçoit un recueil ou la copie de l'exercice. Il pose les questions et corrige ses camarades en s'aidant des réponses qui y figurent... On change ensuite de porte-parole. On en vient finalement à ce que les groupes les plus forts se proposent mutuellement des exercices par questions et réponses qu'ils ont rédigés eux-mêmes à l'intérieur du groupe. C'est à coup sûr un grand avantage lorsque les exercices ont un contenu interactif. Cela peut être obtenu grâce à un contexte intéressant, à des dialogues « dingues » pleins d'humour ou encore à d'autres éléments. (Cf. Tolle, 1969 et Göbel et *al.*, 1971.)

Les facteurs interactifs exercent ici un effet favorable, au moins pour le porte-parole du moment. Celui-ci reçoit pour un temps la position d'un informateur linguistiquement compétent. On peut adopter cette forme de travail même dans des classes très nombreuses. Le brouhaha qui en résulte ne dérange que les profanes, les élèves, quant à eux, travaillent avec concentration. Ce bruit informe les camarades de l'intensité avec laquelle travaillent les autres, et peut donc même être favorable à l'apprentissage. En didactique anglo-américaine, on parle de *acceptable working noise** (Nuhn, 1975, p. 107).

Bien entendu, en procédant ainsi, on perd un avantage important des exercices faits en laboratoire de langues, à savoir l'information auditive procédant directement du « locuteur natif ». Des expériences tentées dans des écoles berlinoises ont montré qu'il est possible, dans des classes de plus de 20 élèves, de former des groupes de 5 travaillant sur des exercices de laboratoires de langues et pourvus chacun d'un lecteur de cassettes (cf. les expériences semblables de Hackenbroch et al., 1976, p. 29). Un élève manipule l'appareil en fonction de la rapidité d'apprentissage du groupe. A l'aide de la touche *Pause,* il allonge un peu, dans bien des cas, la durée des pauses prévues pour la réponse. Dans la première, un seul élève parle, dans la seconde, à la suite de la réponse donnée par l'enregistrement, tous les autres membres du groupe essaient de parler, sans qu'on stoppe le déroulement de la bande. Pour préparer ce travail, il faut évidemment tirer autant de

---

* « Bruit de travail acceptable. »

copies de la cassette qu'il y a de groupes, au moyen du laboratoire ou d'un dispositif de reproduction rapide. Une cassette reproduite suffit dans la plupart des cas pour un grand nombre d'heures de travail de groupe, si bien que le surplus de travail qu'occasionne cette reproduction est payant.

Il y a une autre possibilité de travail de groupe sur le plan oral avec un lecteur de cassettes par groupe. Chaque groupe invente, à la suite de la forme de travail que nous venons de décrire, quelques exercices concernant le même problème de grammaire et les enregistre — autant que possible — aussitôt sur la bande magnétique, ou encore les ébauche par écrit pour les soumettre au contrôle de l'enseignant avant l'enregistrement. Les exercices enregistrés sont ensuite échangés entre les groupes et utilisés pour l'étude de l'oral. Un procédé plus commode est que deux groupes se mettent ensemble et se posent réciproquement les questions des exercices structuraux qu'ils ont inventés. En outre, on peut, avec un matériel d'illustration, trouver de nombreuses possibilités d'exercices pour l'entraînement à l'écrit et à l'oral en groupe. Comme il n'y a pas de possibilité de correction, le matériel d'illustration est à la vérité plus approprié au travail de groupe concernant l'écrit. Cependant certains moyens visuels garantissent également une correction suffisante de la part des camarades (cf. Schiffler, 1976a, pp. 87 sqq.) : les micro-conversations guidées par l'image, telles qu'on les pratique, par ex., dans le *Cours de base* (Erdle-Hähner et *al.*, 1972) se prêtent au travail de groupe lorsque les modèles sont présentés par écrit aux élèves, de sorte qu'ils peuvent eux-mêmes vérifier la correction dans les cas douteux. Prenons comme exemple la micro-conversation suivante (p. 16) :

A. — *Qu'est-ce que tu bois là ?*
B. — *Je bois un* **café.** *Et toi ?*
A. — *Je prends un* **thé.**
B. — *Garçon, un thé, s'il vous plaît.*

On peut voir disposées sur la même ligne, dans le manuel, différentes boissons qui doivent être introduites l'une après l'autre dans la micro-conversation en question. Si les élèves dessinent des récipients contenant ces boissons, et d'autres éventuellement, sur de petites fiches, ou en reçoivent des photocopies, cela peut donner lieu à un travail de groupe plein d'animation. Deux par deux, les élèves prennent chacun une carte retournée et doivent simuler la micro-conversation en se basant sur les images qu'ils ont trouvées. S'ils y parviennent sans faute, ils ont le droit de conserver leurs petites cartes. Dans le cas contraire, ils les remettent sous le paquet. On peut, dans le jeu de groupe, étudier de la même manière de nombreuses structures au moyen de cartes illustrées (Schiffler, 1976a, p. 88), sur chacune desquelles on peut voir deux actions ou deux états contraires, par ex. un paysage pluvieux et le même, ensoleillé ; une petite fille malade, dans son lit, et la même, en train de jouer ; un homme sans appétit, puis le même avec une faim de loup, etc. Montrons à quelle multiplicité d'emplois peut correspondre cette dernière « image double » ; elle permet d'étudier l'opposition : *He isn't hungry / now he's hungry — He doesn't eat at one o'clock / He eats at two o'clock*. De s'entraîner à la forme **progressive** : *He isn't eating / now he's eating*. De s'entraîner aux formes temporelles : *Yesterday he didn't eat at all / Today he's eating a lot — Today he isn't eating at noon — Tomorrow he will be eating at noon*. D'étudier l'emploi de *something* et de *anything* : *Yesterday he didn't get anything to eat / Today he got something to eat*. Un élève prend la carte, verbalise la première image, puis passe la carte à un autre membre du groupe pour qu'à son tour il verbalise la seconde image « contraire ». Si une paire d'images ne peut être verbalisée correctement, et que des corrections soient nécessaires de la part des camarades, on la remet sous le paquet. Chacune des variantes structurelles antinomiques peut être étudiée en autant de micro-situations qu'il y a de cartes. Le caractère ludique de ces exercices motive les élèves au point qu'ils ne perçoivent plus du tout cet enseignement comme un enseignement de grammaire.

Autre auxiliaire visuel : les figurines de feutre. Il est avantageux de prendre deux phrases complètes par classe et de les mettre en évidence sur deux tableaux de feutre aux murs latéraux. Lorsque les éléments adhésifs, dont les élèves ont déjà appris la signification, sont collés auxdits tableaux, ils forment un « glossaire visuel » qui représente un aide-mémoire très utile pour inventer les micro-situations.

Un exemple : un élève en interroge un autre : *What does Susan do every day?* et il montre la figurine « bus ». Celui qui est interrogé doit alors répondre : *She takes the bus every day*. Il peut ensuite demander : *What does Bill do every week?* et montre une flèche pointée sur un cinéma. *He goes to the pictures every week*, etc.

Le plus souvent, on ne dispose pas d'un nombre suffisant de figurines pour tous les groupes quand les mêmes sont utilisées partout. On peut remédier à cela en dessinant sur de petites fiches les objets en question, par ex. des vêtements. Un élève prend ensuite une carte retournée, montre à un autre l'image qui y figure et demande : *Tu veux mettre ce manteau?* Si l'élève répond : *Non, je ne veux pas*, le premier dit : *Alors, ne le mets pas* (ou : *Alors, mets-le*, si la réponse est : *Oui, je veux bien*). Cet exemple d'exercice est enregistré sur bande vidéo (Freie Universität Berlin).

Mengler (1972) a montré, dans un cours également enregistré en vidéo, que, dès les cours pour débutants, un travail de groupe uniquement monolingue est possible avec l'aide des éléments adhésifs. Les élèves forment des groupes de 4, qui interviennent chacun son tour. Le premier élève pose les éléments *Jacques* et *porte* sur la table. Il fait en même temps les gestes de frapper et de serrer la main. Le deuxième élève du groupe verbalise ces actions en disant :

Entrez! Bonjour, Jacques. Puis il prend l'élément *flèche*, l'oriente vers l'élément *magasin* et pose un point d'interrogation sur la flèche. En même temps il fait un geste signifiant « venir avec moi ». Le troisième élève verbalise : *Tu vas au cinéma avec moi ?* et il est corrigé par ses camarades en : *Tu vas au magasin avec moi ?* L'élève 3 pose ensuite le point d'interrogation sur la flèche et obtient de l'élève 4 la question : *Pourquoi est-ce que tu vas au magasin ?* qui s'adresse maintenant au premier élève.

Il y a diverses possibilités de contrôler ce travail de groupe. Ou bien les élèves, dans la phase plénière, élaborent l'ensemble du dialogue en plaçant les figurines sur le tableau de feutre et leurs camarades le verbalisent, ou bien ils jouent juste après, de mémoire, le dialogue qu'ils ont inventé. S'ils n'en sont pas capables, ils peuvent noter leur dialogue par écrit et le jouer, après correction par l'enseignant.

Le travail de groupe écrit :

Tant qu'il s'agit, dans la phase d'appropriation linguistique, d'exercices écrits, le travail de groupe ne présente pas de difficultés. Si l'on observe une méthode rigoureuse, la correction n'est pas un problème. *Rigoureux* signifie que chaque élève doit avoir la possibilité de contrôler lui-même son objectif d'apprentissage. Ce qui ne semble pas facile à acquérir — comme le montre l'expérience en matière de formation des enseignants.

Les nombreux textes d'exercices qui figurent dans tous les manuels traditionnels se prêtent presque tous au travail de groupe. Peut-être l'enseignant qui traite ces exercices en les centrant sur lui-même économise-t-il quelques minutes, du fait qu'aussitôt après l'exercice, il s'occupe de le corriger. Mais l'inconvénient est que c'est seulement, à chaque fois, l'élève corrigé qui prend effectivement conscience de son erreur, et que tous les autres élèves, dans la mesure où ils ne sont pas directement concernés, peuvent être plus ou moins inattentifs. Lorsque cet exercice est réalisé en travail de groupe ou d'équipe, il est fait appel, par l'**activité autonome,** à l'attention de chacun. De plus, tout élève voit, dans la brève phase de contrôle, les erreurs qu'il a commises, dans la mesure où l'enseignant veille à mettre sous les yeux des élèves, grâce au rétroprojecteur, les solutions correctes (il est possible de photocopier les exercices sur un transparent). Le plus efficace, dans cette phase, est l'échange des cahiers, car l'expérience prouve qu'on perçoit plus aisément les erreurs d'autrui que les siennes propres.

De la même manière, les cahiers d'exercices *(work-books)* qui accompagnent la plupart des manuels peuvent représenter une aide importante pour la mise en forme du travail de groupe. Bien entendu, ils ont été conçus à l'origine en vue du travail « muet » et individuel, ou encore du travail à la maison. Mais lorsque l'enseignant les introduit dans son cours sans activer en même temps l'interaction au sein du groupe d'apprentissage, il ne voit pas les avantages de leur remaniement dans un sens coopératif. Dans les groupes, les élèves travaillent avec ces cahiers d'exercices non seulement individuellement, mais aussi se questionnent et s'orientent mutuellement face à toutes les difficultés qui se présentent.

Mais si, à la fin du travail de groupe, les exercices d'un de ces livrets sont, avec leurs réponses, échangés en totalité d'un groupe à un autre pour la correction, l'enseignant doit en ce cas s'informer du nombre des solutions exactes trouvées par chaque groupe. Ainsi l'interaction entre à nouveau en jeu : l'élève isolé ne souffre pas de discrimination du fait d'une performance médiocre, et le groupe reçoit globalement, en cas de bonne performance, une validation positive. Sa cohésion s'accroît, de même que son zèle à veiller, en tant que groupe, à ce que chacun de ses membres ait tous ses résultats exacts.

Lorsque les cahiers d'exercices sont utilisés pour le travail à la maison, la phase de vérification peut, au début de l'heure, être mise à profit selon la même méthode interactive.

L'efficacité du travail de groupe est fonction de la préparation, c.-à-d. en l'occurrence de la qualité des bases écrites. Les cahiers d'exercices peuvent dans bien des cas inciter l'enseignant à élaborer des formes d'exercices qui lui soient propres. Il remarque souvent qu'un groupe maîtrise immédiatement un problème grammatical et fait l'exercice correspondant sans commettre d'erreurs. Dans d'autres cas, les exercices proposés ne sont nullement suffisants. Ici apparaît — à la différence du travail de groupe à tâche identique habituellement pratiqué dans l'enseignement aux débutants — une procédure à tâches réparties qui s'appuie sur les documents de travail élaborés par l'enseignant. Ils peuvent être distribués aux élèves qui ont encore des difficultés avec la structure en question. C'est seulement dans des cas rares que ces exercices conçus par l'enseignant lui-même doivent servir à présenter encore plus de possibilités d'entraînement pour les meilleurs élèves. Ces derniers devraient bien plutôt employer le gain de temps que leur donne leur rythme de travail plus rapide, à soutenir d'autres groupes, ou encore les partenaires directs auxquels ils sont associés dans les « tandems de responsabilité ».

Nous avons déjà abordé l'exploitation des exercices structuraux (des laboratoires de langues) quand nous avons discuté du travail de groupe sur l'oral. Ces exercices peuvent également servir de point de départ à un entraînement intensif et simultané de tous les élèves à l'écrit (cf. Schiffler, 1978). Le mieux est que chaque groupe reçoive un modèle d'exercice structural. Chaque élève est alors chargé de trouver lui-même un stimulus d'après ce modèle, du genre : *Tu prends du café?* ou bien *If the weather hadn't been so bad...* puis il passe sa feuille à son voisin, qui inscrit une réponse : *Merci, avec plaisir* ou bien *You might have got farther*. Le voisin continue l'exercice avec un nouveau stimulus et ainsi de suite. Au bout de peu de temps, on a forgé autant d'exercices qu'il se trouve d'élèves dans le groupe, sans que ceux-ci aient échangé oralement le moindre mot. La correction n'est pas aisée, en raison du grand nombre des résultats ainsi trouvés. Pour les réduire de moitié, on peut toujours faire formuler chaque exercice par deux partenaires associés. Les élèves corrigent ensuite ces exercices auxquels chaque membre du groupe a contribué pour la même part. Dans les cas douteux, ils se tournent vers l'enseignant. Il est sûr que dans une correction collective comme celle-ci, des fautes peuvent échapper, néanmoins les élèves en détectent beaucoup par eux-mêmes. « Le contrôle réciproque que pratiquent les élèves (sans qu'ils en aient clairement conscience) de leur travail commun (réduit) le nombre des erreurs au minimum » (Matthes, 1969, p. 34).

Quand on dispose de moyens visuels, les élèves peuvent, dans les groupes, formuler des questions écrites « à l'adresse » d'une ou de plusieurs images projetées, qui ont été choisies spécialement à cette fin. Le contrôle du travail de groupe peut prendre une forme interactive du fait qu'à présent les groupes se posent les uns aux autres les questions inventées en commun. En même temps s'effectue la correction orale. Durant celle-ci, l'enseignant peut aller de groupe en groupe et corriger par écrit le travail de groupe, sans parler ni troubler le dialogue entre lesdits groupes.

De la même manière, des questions peuvent être élaborées et exploitées au sein du groupe en direction de tout texte fictionnel (textes de leçons, morceaux choisis, etc.) ou non-fictionnel. Le dialogue entre les groupes gagne en intérêt pour les élèves quand il reçoit un caractère concurrentiel, sans qu'on en arrive à une véritable concurrence avec les effets négatifs connus qu'elle comporte, par ex. la discrimination de l'individu responsable d'une perte de points. Le caractère concurrentiel du dialogue de groupe se définit par le fait que le groupe répondant ne peut poser la question suivante que s'il a répondu correctement quant au contenu et à la langue. Si ce n'est pas le cas, vient le tour du groupe qui peut donner la réponse correcte, ou corriger linguistiquement la réponse du premier groupe interrogé.

Plus les textes sont difficiles, plus il y a de possibilités de commentaire écrit. Ainsi, pour préparer une interprétation de texte, on peut confier aux groupes la tâche de subdiviser le texte en parties et de trouver pour chacune d'elles un titre approprié. Les groupes, dans cette perspective, peuvent élaborer des « questions clés ». Celles qui paraissent les plus pertinentes aux élèves et à l'enseignant sont sélectionnées dans une brève phase plénière et ensuite réparties entre les groupes, soit à tâche identique, soit à tâches réparties. La réponse aux questions est donnée par rétroprojecteur, pour permettre leur discussion dans la seconde phase plénière.

Les groupes peuvent même étudier un texte de façon autonome, à condition qu'ils disposent de directives précises. Par ex., Matthes (1969, pp. 32 sqq.) a donné aux groupes les instructions suivantes :

1. lire le texte 2 fois (à haute voix);
2. répondre à 7 questions, moitié oralement, moitié par écrit;
3. trouver les temps primitifs de certains verbes présents dans le texte, et
4. traduire les phrases données en les mettant en langue cible.

L'avantage d'un travail de groupe organisé de manière aussi complète est sans aucun doute qu'il fonctionne dans la pratique. Pour une introduction au travail de groupe, un processus de travail guidé avec autant de précision peut se défendre. Mais par la suite, le facteur interactif d'**autonomie,** qui apparaît dans tout travail de groupe, devrait être plus fortement accentué, par ex. en laissant les élèves trouver eux-mêmes des questions relatives au texte et en laissant ensuite leur travail conduire à une interaction entre les groupes, telle qu'on l'a présentée plus haut.

5.11. Le travail de groupe dans la phase de transfert.

Il s'agit dans cette phase d'utiliser de façon répétée le lexique acquis tout récemment ou depuis quelque temps, dans une nouvelle macro-situation.

Cette phase ne trouve pas son compte dans l'enseignement — spécialement dans celui qui s'aide d'un manuel. Il est de fait que dans de nombreux manuels ne figurent ni indications ni aides concernant la mise en forme de cette phase. Comme les activités linguistiques des élèves doivent y être le plus créatives possible et peu dirigées, le contrôle des performances qu'ils réalisent demande beaucoup de temps dans le cas où elles sont mises par écrit. Une phase d'application conçue de cette manière peut se faire soit en travail individuel soit en travail de groupe. Peut-être peut-on voir dans cette condition une des raisons pour lesquelles on néglige, dans la pratique, la phase d'application. Le travail individuel par écrit signifie bel et bien que l'enseignant est obligé, en dehors du cours, de corriger tous les travaux d'élèves. Eviter ce supplément de travail déraisonnable est déjà, à soi seul, un bon motif de pratiquer le travail de groupe dans cette phase. En répartissant les élèves en 4 à 6 groupes, au moins une partie du travail pourrait être présentée et discutée en séance plénière, tandis que les autres travaux (2 à 4) seraient corrigés par l'enseignant en dehors du cours.

Comme la créativité langagière des élèves n'est pas chose évidente, il est justifié, pendant la première année, d'apporter des aides dans la phase d'application sous la forme de « mots clés » *(key words)* fournis aux groupes par le rétroprojecteur, tels qu'ils sont proposés par ex. dans *Passport to English* (Gornall et *al.*, 1973, p. 203) :

Jane : I — (not) know — do — this — morning.
Bob : Aren't — friends coming to —?
Jane : No, — not —
Bob : You (not) — watch television ?
Jane : — not feel — television — myself, etc.

A partir de ces données, les élèves peuvent construire le dialogue suivant :

J : *I don't know what to do this morning.*
B : *Aren't your friends coming to play cricket with you?*
J : *No, they don't come this morning.*
B : *Don't you like watching television?*
J : *Yes, I do, but I don't feel like watching television by myself,* etc.

Cette application fortement orientée, sur le plan des idées, signifie un travail de groupe quasi « à tâche identique », de sorte que dans la phase de contrôle il suffit de corriger un seul travail de groupe au rétroprojecteur, en prenant en compte oralement les variantes des autres groupes.

On peut aussi, comme exercice d'application, enregistrer un texte sur bande magnétique. Les groupes doivent ensuite en faire un résumé. Ou bien ils reçoivent un texte à partir duquel ils font un *précis* ou une pièce radiophonique (Erdmenger, 1975, p. 103). Le texte peut également être transformé en spectacle de marionnettes, qu'on représente d'abord devant les autres groupes, puis devant d'autres classes (Nuhn, 1975, p. 8).

Autre possibilité : donner aux groupes une directive précise sur le déroulement d'un dialogue (Gurwitsch, 1975, p. 11). Les élèves avaient affaire, dans la leçon, à une rencontre sportive : on leur donne comme directive « inventer un **dialogue de conciliation** », dans lequel deux amis se mettent d'accord sur la rencontre à laquelle ils vont se rendre, sur le lieu et le moment du rendez-vous, sur qui passe prendre l'autre et sur lequel des deux s'occupe des billets d'entrée (et à quel prix), etc.

Une aide moins orientée, pour l'application linguistique, consiste dans les séries d'images (photographies) comme il en existe par ex. dans *La France en direct* (Capelle et *al.*, 1969).

Ainsi que le montrent les expériences de verbalisation à partir de ces séquences d'images, on n'arrive pas toujours à réemployer les matériaux linguistiques récemment acquis (cf. Schiffler, 1974a, pp. 68 sqq.). Mais dans d'autres cas, cela marche étonnamment bien. Par ex., dans la première leçon de la méthode susmentionnée, les élèves ont appris en tout et pour tout les formules usuelles permettant d'identifier au téléphone celui qui appelle et celui qui est appelé, et les formules suivantes : *Tu es prêt ? — Oui, je suis prêt. — Viens vite.*

Dans les photos servant au transfert, les élèves voient ensuite, en une série d'images « dramatiques », un cortège nuptial devant l'église, « aux cent coups » du fait de l'absence du fiancé, la fiancée en train de téléphoner, puis son partenaire, le fiancé, qui, à demi habillé, lui téléphone. Où, mieux que dans une telle situation, pourraient être effectivement employées les expressions que l'on vient d'apprendre ?

De même, des dessins peuvent favoriser l'application des matériaux linguistiques acquis. Par ex., dans le *Cahier d'exercices* (Müller S. et *al.*, 1972, p. 52), 5 dessins montrent un clochard racontant à un autre à quelle occasion il a pu opérer un fructueux vol à la tire et comment, avec cet argent, il s'est offert un repas coûteux au restaurant. Si le motà-mot du dialogue de cette histoire n'était pas imprimé dans le même cahier, alors ces images pourraient servir d'excellent moyen de transfert pour les matériaux linguistiques acquis dans la leçon où est dépeint le vol à la tire sur le marché, effectué par le même clochard.

Mais l'image isolée peut avoir la même fonction (Schiffler, 1976a, pp. 95 sqq.). Les élèves, après avoir appris à déterminer le lieu et la direction, reçoivent une image représentant un couple qui discute devant une colonne Morris pour décider dans quel théâtre ou dans quel cinéma ils iront ou encore qui se trouve devant un kiosque à cartes postales, avec un plan de la ville à la main, et délibère pour savoir quelles curiosités ils doivent visiter.

Les auxiliaires visuels sont conçus pour l'enseignement aux débutants. Lorsque les élèves sont incités, dès le début, à des applications créatives, il suffit par la suite de leur proposer une situation type.

Il est certainement avantageux que l'enseignant trouve, en outre, des « situations structurées » (Schiffler, 1976a, pp. 106 sqq.) qui suggèrent à l'élève d'employer certaines structures qu'il vient d'apprendre. Par ex., les élèves ont appris dans la leçon, entre autres choses, les auxiliaires modaux **pouvoir** et **devoir**. L'enseignant leur fournit alors la situation suivante :

Tu roules en voiture avec ton ami. Ton ami conduit. Tout à coup, une autre voiture qui n'a pas respecté le stop, vous rentre dedans. Tu dis à ton ami ce qu'il doit faire. Les élèves inventent alors des conseils tels que : *Tu ne peux pas continuer — Tu dois t'arrêter — Tu dois appeler la police — On doit absolument l'attendre — On doit trouver des témoins —* etc.

Dans bien des cas il suffit d'imaginer une situation-type identique à celle de la leçon pour permettre au groupe de retrouver dans son dialogue presque tous les éléments linguistiques qu'il a acquis. Prenons comme exemple (cf. Schiffler, 1974a, pp. 63 sqq.) la leçon 14 de *La France en direct* (Capelle et *al.*, 1969). Il y est question des récriminations faites par les habitants d'un immeuble à la suite de la « boum » d'étudiants de la nuit passée :

Mme Legrand (la concierge) : *Bonjour, monsieur Pottier. Comment allez-vous, ce matin ?*

M. Pottier : *Mal, madame Legrand. Quel bruit, la nuit dernière !*

Mme Legrand : *Eh oui, je sais : de la musique jusqu'à deux heures du matin.*

M. Pottier : *Ça ne fait rien, madame Legrand. Ils sont jeunes.*

Mme Legrand : *Oui, mais tout le monde est fatigué dans la maison, ce matin.*

M. Pottier : *Et moi, j'ai cinq cents kilomètres à faire en voiture.*

Mme Legrand : *Ah, c'est vrai ! Vous partez pour Lyon. Combien de temps est-ce que vous allez rester là-bas ?*

M. Pottier : *Un peu plus d'une semaine.*

Mme Legrand : *Je vous garde votre courrier, comme d'habitude. Et si quelqu'un vous demande... ?*

M. Pottier : *Je n'attends personne. Mais dites que je reviens jeudi prochain.*

L'enseignant a donné au groupe la mission d'imaginer un dialogue pour le début de cette « boum », où chacun des invités apporte sa quote-part. Voici le dialogue qu'un des groupes a inventé (les mots et expressions en italique gras sont ceux qui viennent d'être appris dans la leçon) :

Nathalie : *Bonjour, Jacques,* **comment vas-tu ?**
Jacques : *Bonjour, Nathalie, je vais bien, merci. Et toi, ça va ?*
Nathalie : *Merci,* **ça va bien.** *Voilà une bouteille de champagne et du jus d'orange.*
Jacques : *Oh, du champagne. Mais ça coûte cher. J'aime beaucoup le champagne.*
Nathalie : *Moi, je ne bois que du jus d'orange.*
Jacques : *Voilà les autres, Pierre et Yvonne.*
Nathalie : *Bonsoir, Pierre. Bonsoir, Yvonne. Pierre, tu as les disques ?*
Pierre : *Oui, voilà* **tous** *mes disques. Nathalie, tu danses avec moi ?*
Nathalie : *Merci. Tu danses bien, Pierre. J'aime beaucoup tes disques.*
Pierre : **Quand** *je danse, j'ai toujours soif. Tu prends* **un peu de** *jus d'orange avec moi ?*
Nathalie : *Oui, merci, mais pas* **beaucoup.**
Pierre : *Il y a* **quelqu'un** *à la porte. Je* **vais ouvrir.** (C'est Mme Legrand, la concierge.)
Pierre : *Jacques, on te demande.*
Mme Legrand : *Bonsoir, messieurs.* **Tout le monde** *veut dormir dans la maison. Vous faites beaucoup de bruit. Les Pottier viennent de me parler. Ils disent que la musique est trop forte. Demain, les autres* **ont à travailler** *et M. Pottier a cinq cents kilomètres* **à faire.** *Ils vont être très fatigués.* **Jusqu'à quand** *est-ce que ça va durer, votre surprise-partie ?*
Jacques : *Seulement* **jusqu'à** *minuit.* **Tout le monde** *va partir dans une heure. Nous allons mettre la musique moins fort.*
Mme Legrand : *Merci, monsieur. Bonsoir.*

Mais ces résultats du travail de groupe ne sont utilisés de façon interactive que lorsqu'ils sont interprétés par les élèves et que, juste à la suite, le dialogue et le jeu sont chaque fois « expertisés » par les autres groupes, comme on l'a montré pour le jeu de rôles (cf. 4.6) (Cf. l'élaboration de la phase d'application de cette même leçon, par Bethke et al., 1977).

Nous recourrons à un dernier exemple pour montrer comment non seulement la coopération au sein du groupe peut être favorisée, mais aussi comment le travail de groupe peut prendre une forme interactive.

Les élèves apprennent, dans une leçon qu'on trouve dans presque tous les manuels, la situation scolaire et l'emploi du temps de leurs homologues dans le « pays cible ». Une application simple peut consister à faire interviewer par les élèves, en travail de groupe, un élève du pays cible sur sa situation scolaire ou à faire ressortir les différences avec leur propre emploi du temps. Mais le mieux est que chaque groupe rédige ce travail, par ex. sous la forme d'une lettre et même éventuellement qu'il envoie celle-ci à une classe jumelée, dans le pays cible. Mais le travail de groupe ne devient réellement interactif qu'au moment où chaque groupe commence à élaborer les questions en vue d'une interview réelle, avec les élèves de son école ou de sa propre classe. Dans la phase plénière, on construit une interview unique en rassemblant les questions proposées par les groupes. Ensuite, chaque membre du groupe, en collaboration avec les autres, prépare ses réponses à cette interview. Dans une phase plénière qui peut s'étendre sur une heure entière, chaque élève en particulier — dans la mesure où il y est préparé et où le temps suffit — est interviewé avec micro et magnétocassette, de façon réaliste, sur sa relation à l'école et à la classe. En repassant l'enregistrement, on peut corriger les erreurs linguistiques et commenter — en L.E. ou en L.M. — certaines expressions des élèves. A quoi peut éventuellement s'ajouter une discussion entre l'enseignant et les élèves, ou un bref entraînement à l'interaction en L.M.

Les propositions de travaux de groupe que nous venons de faire se limitent toutes à l'enseignement pour débutants avec manuel. Mais l'enseignement interactif n'est nullement restreint à un stade unique de l'apprentissage ou à un seul « niveau scolaire » ; il se développe, quand il s'agit d'apprenants avancés, dans les **formes interactives de l'E.L.E.** telles qu'on les a longuement décrites plus haut dans ce livre. C'est ainsi que la communication entre l'enseignant et les élèves, ou entre les élèves eux-mêmes, les exercices **déterminés par l'apprenant,** l'enseignement sur objectif, la simulation, les jeux de rôles et les jeux interactifs ont la même importance que le travail de groupe basé sur le manuel.

Chapitre 6.

Exemple de cours et alternatives interactives

L'idéal serait évidemment de pouvoir commenter ici un cours enregistré sur film, qui montrerait de façon exemplaire ce qu'est l'enseignement interactif.

Néanmoins, un procédé aussi efficace peut consister à commenter un film pédagogique déjà existant, sous deux aspects :
1. dans quelle mesure des procédés interactifs pourraient-ils dans le cours en question se substituer aux procédés qui y sont pratiqués, et
2. dans quelle mesure peut-on déjà y trouver des phases interactives ?
L'avantage de ce procédé, que nous appliquons ci-après, est que le film pédagogique que nous avons choisi est introduit depuis longtemps dans la formation des enseignants, et donc accessible dès à présent aux formateurs.

Une leçon de français.

Le film *Le Déjeuner dominical* (Institut für Film und Bild in Wissenschaft und Unterricht, München, FT 2032) présente un cours pour débutants dans une classe de 3e d'un lycée « classique ». Le cahier d'accompagnement du film renferme les conditions sociales exactes de la classe ainsi que le procès-verbal. Nous le complétons dans ce qui suit en décrivant les aspects non-verbaux de la communication didactique.

Dans cette heure de classe, on réintroduit la troisième partie de la leçon 10 du manuel *Etudes françaises* (Erdle-Hähner et al., s.d., p. 33).

Les erreurs des élèves ne sont pas corrigées dans ce procès-verbal.

Professeur : Regardez ici. Regardez ici. *(Il frappe la table du doigt, par deux fois.)*
P. Eh bien, nous allons nous arrêter là et aujourd'hui continuer avec le troisième paragraphe. Ecoutez attentivement ! Et voulez-vous s.v.p. ouvrir le tableau maintenant ? *(Bruits.)* Oui, maintenant, regardez ici. Regardez ici. Dans quelques familles il y a encore le déjeuner dominical. Le déjeuner dominical. A droite, voyez, le déjeuner dominical. *(Le professeur montre le mot sur le tableau.)* Ecoutez bien. Le déjeuner domi-

nical chez grand-mère après la messe. Donc, après la messe. Quel jour est-ce ?
Elève : C'est le dimanche.
P. Naturellement. Et que veut dire : le déjeuner dominical ? C'est un nouveau mot, que vous ne connaissez peut-être pas. Définissez-le. Allez, Volker ?
E. Toute la famille — eh — déjeune avec la grand-mère.
P. Oui, mais un déjeuner dominical, c'est autre chose. Si vous ne le connaissez pas, je vais vous l'expliquer. C'est un adjectif pour quel autre mot ?
E. Dimanche ?
P. Très bien ! Vous vouliez dire la même chose ? — Bravo ! Donc, en allemand, brièvement ? Dominical.
E. Sonntag.
P. Adjectif !
E. Sonntäglich.
P. D'accord ! Oui. Donc, le déjeuner dominical chez grand-mère après la messe. C'est quelque chose d'extraordinaire. Papa, alors, Papa porte sa cravate neuve. *(Le professeur montre sa cravate et rit. Les élèves rient.)* Ça va bien dans le texte. Et maman, elle porte tous ses bijoux. Les bijoux de maman. Les bijoux. Klirr — klirr, dang — dang. *(Le professeur montre ses oreilles, ses poignets et son nez et secoue les poignets. Le professeur et les élèves rient. Le professeur montre le mot sur le tableau.)* Qu'est-ce que c'est, les bijoux ? Oui ? On achète les bijoux chez le bijoutier. Le bijou. Sa cravate neuve, qu'il porte, et maman porte tous ses bijoux. Elle en a beaucoup. Voici tous ses bijoux. Il y a la petite Louisette, la fille, qui porte une nouvelle robe blanche, oui ; et Jeannot, Jeannot le petit garçon, il offre un bouquet de fleurs à sa grand-mère *(Le professeur fait le geste.)* Oui. On reste à table jusqu'à trois heures. *(Rires).* Oui, oui, oui, oui. C'est normal. Le dimanche, chez grand-maman, on mange jusqu'à trois heures. Et puis, toute la famille fait une promenade, pour mieux digérer... naturellement faire une promenade. Et les enfants s'ennuient. S'ennuient, les enfants. Ils s'ennuient. Je vais vous dire ce que ça veut dire en allemand : sie langweilen sich. S'ennuyer : sich langweilen. Et ils pensent... ils pensent à... à quoi pensent-ils, donc, les enfants ? A quoi peuvent-ils penser ? — Hein, Winfried ?
E. Ils pensent au sport.
P. Oui, très bien. Ou bien ils pensent...
E. Ils pensent à la piscine.
P. Très bien. Ils pensent...
E. Ils pensent au cinéma.
P. Les enfants pensent...
E. Ils pensent à télévision.
P. Féminin, féminin !
E. Eh —, à la télévision.
P. Oui. Ils pensent à la télévision, très bien. Arrêtez-vous. Les enfants s'ennuient et ils pensent au bon gâteau du goûter. Maintenant, le gâteau — eh — c'est pas visible pour vous — le gâteau, c'est une tarte. Le gâteau en français ? — en allemand, c'est... ?
E. Kuchen *(Rires).*
P. Oui. Est-ce que vous voyez ça ici, le bon gâteau du goûter — vous voyez ça ? Et le goûter, je vais vous écrire encore une fois ici —, le goûter. Les enfants pensent au bon gâteau du goûter. Le goûter, c'est un repas. Vous connaissez d'autres repas. Le matin, vous prenez —
E. Au matin, vous prenez... nous prenons...
P. Le matin.
E. Le matin, nous prenons la petite déjeuner. — Werner. *(Le professeur invite les élèves à corriger).*
E. Le petit déjeuner.
P. A midi — Gunter.
E. Nous prenons le déjeuner à midi.
P. Bon. Et le soir ? Le soir ?
E. Le soir, nous prenons le souper.
P. Le souper ou le dîner. Selon, ça dépend d'où vous êtes, en France ou en Belgique. En Belgique, c'est le dîner, et en France le souper*. Mais, l'après-midi, entre quatre et cinq heures, vous prenez très souvent le goûter. Oui ? Vous avez

---

* N.d.T. : en fait, ça dépend aussi des régions et des milieux sociaux.

compris ? Bon. Et le dimanche, on mange, on mange du gâteau. Du gâteau. Très bien. Voilà, revoyons encore une fois le vocabulaire. Le déjeuner dominical. Toute la classe.
TOUS. Le déjeuner dominical.
P. Lisez la deuxième expression.
E. Sa cravate neuve.
E. Neuve.
P. Neuve. Pas : six, sept, huit, neuf..., non — c'est la cravate neuve. *(Le professeur montre sa cravate.)* Oh, la la bon ; faut pas la perdre ! Et la troisième expression ?
E. Tous ses [biʒo].
E. Tous ses bijoux.
P. Encore une fois, Jürgen.
E. Tous ses bijoux.
P. Oui. Papa porte sa cravate neuve. Toute la classe ! *(Le professeur montre la phrase sur le tableau. Il frappe celui-ci du doigt.)*
TOUS. Papa porte sa cravate neuve.
P. Maman tous ses bijoux. *(Il frappe du doigt.)*
TOUS. Maman tous ses bijoux.
P. Et qui est-ce qui a mis sa belle robe blanche ?
E. C'est la petite fille, qui —
P. ... a mis...
E. ... qui prend sa belle robe blanche.
P. Oui, blanche.
E. Blanche.
P. Sa belle robe blanche. Encore une fois.
E. Sa belle robe blanche.
P. Encore une fois.
E. Sa belle robe blanche.
P. Belle robe blanche. Répétez. *(Le professeur articule chaque mot séparément.)*
E. Belle robe blanche.
P. Holger.
E. Belle robe blanche.
P. Sa belle robe blanche. Toute la classe. *(Il frappe du doigt.)*
TOUS. Sa belle robe blanche.
P. Les enfants s'ennuient. Répétez, Volker.
E. Les enfants s'ennuient.
P. S'en... ã... s'ennuient.
E. S'ennuient.
P. Et Marco.
E. Les enfants s'ennuient.
P. Ã — nasal.
E. Les enfants s'ennuient.
P. Les enfants — oh, où est-ce que c'est ? —, les enfants s'ennuient. Toute la classe.
TOUS. Les enfants s'ennuient.
P. Ils pensent au gâteau. Toute la classe.
TOUS. Ils pensent au gâteau.
P. Oui. C'est l'heure du goûter.
TOUS. C'est l'heure du goûter.
P. Le goûter, — en allemand ?
E. Kaffeetrinken.
P. Hm, oui, Kaffeetrinkenzeit, je dirais ; bien, d'accord. Maintenant, prenez vos livres, s.v.p., à la page 32. — Regardez dans vos textes, je vais vous lire une phrase et vous la répéterez. Dans quelques familles, il y a encore le déjeuner dominical chez grand-mère après la messe. Manfred.
E. Dans quelques familles, il y a encore le déjeuner dominical chez grand-mère après la messe.
P. Très bien, Manfred, très bien ; pas de fautes. Eh, — qui relit encore une fois la même phrase ? Werner ?
E. Dans quelques familles il y a encore le déjeuner dominical chez grand-mère *(correctement prononcé)* après la messe.
P. Grand-mère.
E. Grand-mère après la messe.
P. D'accord. Papa porte sa cravate neuve. Gunter.
E. Papa porte sa cravate neuve.
P. Oui. Pierre.
E. Papa porte sa cravate neuve.
P. Maman porte tous ses bijoux.
E. Maman, maman porte tous, eh, maman tous ses bijoux.
P. Holger.
E. Maman porte tous ses bijoux, s.v.p.
P. Oui, j'ai ajouté ce mot-là. N'est-ce pas, ici ? Répétez. Maman porte tous ses bijoux ; toute la classe. *(Signal du professeur.)*
TOUS. Maman porte tous ses bijoux.
P. Oui. Et Louisette sa belle robe blanche. Winfried.
E. Et Louisette — Louisette sa belle robe blanche.
P. Comment s'appelle-t-elle, la fille ?
E. Louisette.
E. Louisette.
P. Louisette. — Toute la classe.
TOUS. Louisette.
P. Merci. Jeannot, le garçon, offre le bouquet de fleurs, — Wolfgang.
E. Jeannot offre le bouquet de fleurs.

P. Jeannot.
E. Jeannot.
P. Encore une fois, Hansi.
E. Jeannot offre le bouquet de fleurs.
P. Le bouquet de fleurs, toute la classe. Le bouquet de fleurs.
TOUS. Le bouquet de fleurs.
P. On reste à table jusqu'à trois heures. Jürgen.
E. On reste à table jusqu'à trois heures *(correctement prononcé)*.
P. Jusqu'à trois heures.
E. Jusqu'à trois heures.
P. Deutsch? — Wolfgang?
E. Man bleibt am Tisch, eh, bis drei Uhr.
P. Jusque à, jusqu'à trois heures. Très bien. Puis, puis, puis, pas : bouis, — puis toute la famille fait une promenade. — Jörg.
E. Puis, toute la famille fait une promenade.
P. C'est bien, c'est bien ! Les enfants s'ennuient ! Wolfgang.
E. Les enfants s'ennuient.
P. Les enfants —
E. Les enfants.
P. Les enfants s'ennuient.
E. Les enfants s'ennuient.
P. Encore une fois.
E. Les enfants s'ennuient.
P. Attention, attention ! Regardez ici, regardez ici. *(Le professeur montre le bout de son nez.)* Les enfants s'ennuient. *(Signal du professeur.)*
TOUS. Les enfants s'ennuient.
P. Encore une fois.
E. Les enfants s'ennuient.
P. ...-nuient, ...-uient ! Les enfants s'ennuient. Encore une fois.
E. Les enfants s'ennuient.
P. Toute la classe.
TOUS. Les enfants s'ennuient.
P. Puis, ils s'ennuient. Toute la classe.
TOUS. Puis, ils s'ennuient.
P. Oh, oh, Puis. Qui est-ce qui a fait ça ici ? *(Le professeur montre plusieurs élèves, à la recherche du « coupable »).* Puis.
TOUS. *(pêle-mêle)* : Puis, puis, puis...
P. Puis, ils s'ennuient.
TOUS. Puis, ils s'ennuient.
P. D'accord ! Ils pensent au bon gâteau du goûter. Holger.
E. Ils pensent au bon gâteau de... — pardonnez-moi, monsieur. — Ils pensent au bon gâteau du goûter.
P. Oui. encore une fois, Pierre.
E. Ils pensent au bon gâteau du goûter.
P. D'accord ! Tournez les livres, maintenant. — Regardez au tableau. — Répondez-moi avec les nouvelles expressions que vous avez là — eh — qu'est-ce qu'il y a encore dans quelques familles ? Volker ?
E. Il y a encore le déjeuner dominical. *(Le professeur claque de la langue et fait un geste négatif avec son index.)*
P. Non, non, non, non, — corrigez. Oui ?
E. Dans quelques familles... *(mal prononcé)*.
E. Dans quelques familles, il y a encore le déjeuner dominical.
P. Appelez quelqu'un.
E. Harald.
E. Familles.
P. La famille.
E. La famille.
P. La fille.
E. La fille.
P. La ville.
E. La ville.
P. Le film.
E. Le film.
P. D'accord.
E. Gunter.
P. Répétez encore une fois, Gunter. *(Le professeur montre le mot sur le tableau.)*
E. Le déjeuner dominical.
P. Non, non. La phrase.
E. Il y a encore le déjeuner dominical dans toutes les familis... *(Rires.)*
P. Luis.
E. Dans quelques familles il y a encore le déjeuner dominical.
P. Oui. Eh, — chez qui prend-on le déjeuner dominical ?
E. Il prend le déjeuner dominical chez le, chez la grand-mère *(ce dernier mot est correctement prononcé)*.
P. Chez la grammaire ? *(Rires.)*
E. Grand-mère.
P. Oui, naturellement. La grand-mère. Mais pas : il prend le déjeuner...
E. On prend.
P. Ou bien le pluriel : ils...
E. Ils prennent.
P. D'accord. Très bien. Eh, après quoi prend-on le déjeuner dominical ? Après quoi ?
E. On prend le déjeuner dominical

137

chez la grand-mère... eh... après la messe.
P. Très bien. Encore une fois.
E. Eh, ... Rainer.
E. On prend le déjeuner dominical chez la messe. *(Rires des camarades.)*
P. Anuga, oui, Anuga (= Feinkost-Messe, nom d'une foire gastronomique à Cologne)*. *(Rire du professeur.)*
E. ... chez la grand-mère après la messe. *(Rires.)*
P. *(Il rit.)* Très bien. C'était pas mal. Qu'est-ce que... — Regardez. Qu'est-ce que Papa porte? Théo.
E. Papa porte sa cravate neuve.
E. — sa cravate neuve.
P. Oui, d'accord! Et qu'est-ce que maman porte? *(Le professeur secoue les poignets.)*
E. Maman porte tous ses bijoux.
E. Madame porte tous ses bijoux.
E. Maman porte tous ses bijoux.
P. Très bien, très bien. Et maintenant — vous continuez. Comment est-ce que je vais vous poser la prochaine question? Hm? Lutz?
E. Qu'est-ce que Louisette prend — porte-t-elle — hm — porte-t-elle —
P. Aidez-le, aidez-le. C'était presque correct. Mais pas tout à fait. Comment faut-il poser la question?
E. Porte-t-elle?
P. Recommencez. Recommencez. Posez la question.
E. Loui, — Louisiette, que porte-t-elle?
P. Oui! Qu'est-ce que Louisette porte? Allez, Lutz. Vous appelez quelqu'un.
E. Willi.
E. Louisette porte sa belle robe blanche.
P. Très bien. Appelez quelqu'un pour la prochaine question.
E. Harald.
E. Les enfants s'ennuient, — s'ennuient-elles, ...-t-ils?
P. Oui, une autre question. C'est une bonne question, mais il y en a encore une meilleure, je crois.
E. Que font les enfants?
P. Oui.
E. Hm..., Volker.
E. Les enfants s'ennuient. — S'ennuient. S'ennuient. Les enfants s'ennuient.
P. S'ennuient. Les enfants s'ennuient. Toute la classe. *(Signal du professeur.)*
TOUS. Les enfants s'ennuient.
P. Et qui est-ce qui pose la... — l'avant-dernière question? Encore une question.
E. A quoi pensent-ils?
P. Oui! C'était presque correct. Encore une fois.
E. A quoi pensen- tils?
P. ... sss!
E. Pensent-ils.
P. Oui, répétez.
E. A quoi pensent-ils?
P. A quoi pensent-ils; te, te, te, te *(Le professeur explique par gestes les trois degrés de l'intonation.)* — encore une fois.
E. A quoi pensent-ils?
P. Toute la classe. *(Signal du professeur.)*
TOUS. A quoi pensent-ils?
P. Qui est-ce qui répond? Appelez quelqu'un pour la réponse.
E. Manfred.
E. Ils pensent au gâteau, — ils pensent...
E. Ils pensent au beau... — au bon gâteau.
P. Eh..., ils pensent? Manfred.
E. Ils pensent au bon gâteau.
P. Le *s* est sourd!
E. Ils pensent.
P. Non, ça, c'est sonore.
E. Ils pensent.
P. Très bien. Ils pensent. Toute la classe.
TOUS. Ils pensent — au bon —
P. Non, non, non; ça, c'est correct. Eh... à quoi pensent-ils? Pardon. Ils...
E. Ils pensent à beau... au bon gâteau.
P. Gâteau, — le gâteau! Et la dernière question? — Ah —, un élève. Qui encore? Encore deux, trois! Deux! Ah, les meilleurs élèves. Eh, Herbert, aussi?
E. Pensent-ils au gâteau?
P. Ah, ... mais ça, ce sont les questions les plus simples. Non. Eh, — dans la question, tu ne dois pas utiliser

---

* Ce jeu de mots est difficile à rendre en français (N.d.T.)

le mot **goûter**. Fais une question sans le mot **goûter**.
E. A quoi pensent-ils ?
P. Bon. Et la réponse ?
E. Ils pensent à... au goûter.
P. Oui, mais je m'attendais à une autre question. Je voulais une autre question. Avec goûter... deux élèves... encore !... ah, trois ! Marco.
E. Eh... quand veulent-ils... eh... quand veulent-ils prendre le gâteau ?
P. Le goûter ! *(Rires.)* Oui, c'était... c'était bien. Alors...
E. Veulent-ils.
P. Toute la question, encore une fois, Klaus.
E. Quand veulent-ils manger le gâteau ?
P. Oui. Eh..., une autre question. C'était pas tout à fait ce que j'attendais. Quand veulent-ils prendre le goûter ? Gunter, répétez.
E. Quand veulent-ils prendre le goûter ?
P. Oui. Voilà, la première partie de notre paragraphe. Nous allons continuer. Ecoutez attentivement. Où sont les mains ? Jörg ! Sur la table, comme toujours, oui ? Bien. Beaucoup de jeunes passent le dimanche avec leurs camarades. Camarades, camarades. Vous savez ça, oui. Pas : camé, — mais : camarades. Ils discutent de tout ce qui se passe. De tout ce qui se passe. Répète. *(Le professeur souligne par des gestes la forme de ses lèvres.)*
E. De tout ce qui se passe.
P. Encore une fois. *(Le professeur montre la phrase sur le tableau.)*
E. De tout ce qui se passe.
P. Toute la classe ; tous. *(Signal du professeur.)*
TOUS. Tout ce qui se passe.
P. Et maintenant rapidement. Tout ce qui se passe. *(Signal du professeur.)*
TOUS. Tout ce qui se passe.
P. Oui. Le soir, ils vont... *(Rires.)*
E. Ils vont à danse ?
P. Oui, ils vont danser. Ils vont à la danse, ils vont danser. Ou bien : ils se réunissent. Réunir, chez... un ami. Ils se réunissent chez l'un ou chez l'autre. Ils se réunissent. Lisez, Wolfgang.
E. Ils se réunissent.
P. Réunissent. Le mouvement à la figure *(sic)*. Ils se réunissent. Toute la classe. *(Signal du professeur.)*
TOUS. Ils se réunissent.
P. Jörg.
E. Ils se réunissent.
P. [y].
E. Réunissent.
P. Hansi.
E. Ils se réunissent.
P. Se ! Se ré-u-nissent.
E. Se réunissent.
P. Toute la classe ! Ils...
TOUS. Ils se réunissent.
P. Ils se réunissent chez l'un ou chez l'autre. Ils ne se réunissent pas chez la grand-mère. Alors, — que font-ils ? Ils écoutent quelques disques de danse, ils mangent quelques sandwiches, ils boivent du bon vin. C'est tout ce qu'il leur faut, c'est tout ce qu'il leur faut pour passer une soirée heureuse. Tout ce qu'il leur faut. C'est tout ce qu'il leur faut. Holger.
E. C'est tout ce qu'il leur faut.
P. C'est tout ce qu'il leur faut.
E. C'est tout ce qu'il leur faut.
P. Encore une fois. *(Signal du professeur.)*
E. C'est... il... non. *(Rires)...* C'est tout ce qu'il leur faut.
P. Wolfgang.
E. C'est tout ce qu'il les... leur faut. C'est tout...
P. C'est tout ce qu'il leur faut.
E. C'est tout ce qu'il leur faut.
P. Voilà, c'est tout ce qu'il leur faut pour passer une soirée — un soir, une soirée —, heureuse. Heureux, heureuse. Connaissez le mot déjà ?
E. Glücklich.
P. Oui. — Avec qui beaucoup de jeunes passent-ils leur dimanche ? Avec qui beaucoup de jeunes passent-ils leur dimanche ?
E. Beaucoup de jeunes passent leur dimanche avec leurs camarades. — Helmut.
E. Beaucoup de jeunes.
P. Encore une fois.
E. Beaucoup de jeunes passent leur dimanche avec leurs camarades.
P. Très bien. De quoi discutent-ils ? —
E. Ils discutent... de tout ce qui se passe. —
E. De tout ce qui se passe.
E. Ils discutent de tout ce qui se passe.
P. Regardez ! Encore une fois, Werner.
E. Ils discussent...
P. Eh ?
E. Ils discutent... ils discutent tout ci que...

139

P. Ah, c'est compliqué, eh ? C'est compliqué ! Holger.
E. Ils discutent... ils discutent... ils discutent tout ce qui... *(Rires.)*
P. Ah, ce sont des complications. *(Il écrit la phrase en question au tableau.)* Ils discutent de tout ce qui se passe. Qui est-ce qui sait le dire ? — Eh, pas toujours les mêmes ? C'est très gentil. Wolfgang.
E. Ils discutent de tout ce qui se passe.
P. Encore une fois, Werner.
E. Ils discutent tout de ci que se passe. *(Rires.)*
P. Eh bien, Werner, après la leçon, tu viendras chez moi, on s'exercera encore une fois dix minutes, oui ? *(Rires.)*

Nous examinerons cette leçon sous quatre aspects : le contenu, le comportement du professeur, celui des élèves, l'organisation du cours ; puis, nous suggérerons quelques possibilités d'alternatives interactives.

1. Le contenu :

Il est certain que la majorité des Français attachent une grande valeur à un bon repas, surtout le dimanche. A ce point de vue, la leçon donne une information « ethnologique » pertinente. Toutefois, la description qui est faite ci-dessus est stéréotypée et aussi dépassée que le manuel en question et l'expression « déjeuner **dominical** » elle-même. Cette description, même pour le passé, ne s'applique tout au plus qu'à une famille de « bonne bourgeoisie ». En dépit de ce contenu, dont on peut souhaiter qu'il n'apparaisse plus sous cette forme dans aucun manuel, on a choisi ce film pour le comportement du professeur, car ce comportement, on peut le rencontrer, aujourd'hui comme hier, dans nos écoles.

Une autre présentation, plus pertinente, de la « culture culinaire » des Français pourrait parfaitement avoir une fonction interactive :
1. On donnerait aux élèves des informations correspondant à leur domaine d'expérience et à leur centre d'intérêt ;
2. Des informations neuves sur le pays cible pourraient inciter les élèves à poser d'autres questions sur celui-ci et, grâce aux réponses obtenues, à établir des comparaisons avec les habitudes ayant cours dans leur propre pays.

2. Le comportement du professeur.

Le professeur est très sûr de lui. L'observateur se rend compte qu'il « a sa classe en main ». Toutes les impulsions partent de lui, et on ne peut imaginer que ce professeur connaisse des problèmes de discipline. Aucune faute ne lui échappe, même la plus minime : ne le voit-on pas reprendre instantanément un garçon qui n'a pas les mains sur la table ? (« Où sont les mains, Jörg ? »)

Le professeur donne certaines impulsions — par ex. pour la répétition en chœur — à l'aide de signaux énergiques, 13 fois en tout (il

tape sur la table). Il loue parfois les élèves, le plus souvent en disant :
« Très bien ! » Il fait des corrections constructives, par ex. :

> « El. Ils pensent au télévision.
> Pr. Féminin ! Féminin !
> El. Eh — à la télévision. »

Cependant, nous ne pouvons rendre le ton ferme et décidé par lequel, le plus souvent, il exhorte les élèves à se corriger (par ex. dans le passage « Sa belle robe blanche, p. 136). Il faut ajouter que, dans ce dernier cas, l'élève avait répété **correctement.** Malgré cela, le professeur revient à la charge, en articulant les mots séparément, et avec une mimique peu naturelle : ce qui amène les élèves à une imitation elle-même peu naturelle. Cette façon de faire n'est pas encourageante pour l'apprenant. De même, en ce qui concerne le syntagme *Jusqu'à trois heures* (p. 137), la correction phonétique n'est pas justifiée.

On rit souvent, au cours de cette leçon. Mais le rire démarre généralement dans la bouche du professeur, et les élèves font chorus, prenant en quelque sorte pour devise : « On peut rire. » Mais le plus souvent, cela se produit aux dépens d'un élève qui a commis une erreur. Il arrive même que le professeur fasse des corrections non justifiées, rien que pour mettre les rieurs de son côté :

El. *Il prend le déjeuner dominical chez le — chez la grand-mère* (Prononciation correcte.) Pr. — *Chez la grammaire ?* (Rires de la classe). Lorsqu'un élève, à la question du professeur : *Qu'est-ce qu'il y a encore dans quelques familles ? — Volker,* répond correctement au point de vue communicatif : *Il y a le déjeuner dominical,* le professeur condamne cette phrase avec force bruits de langue et gestes, en disant : *Non, non, non, non — corrigez, oui* parce qu'il voulait entendre la phrase dans une forme non-idiomatique, avec la répétition de *Dans quelques familles...*

Dans un autre cas, un élève s'avère incapable, malgré une aide écrite (au tableau) et après plusieurs tentatives, de répéter la phrase *Ils discutent de tout ce qui se passe.* Le professeur lui dit : *Eh bien, Werner, après la leçon, tu viendras chez moi, on s'exercera encore une fois dix minutes, oui ?* (Rires du professeur et des élèves.) Mettre fin aux prononciations défectueuses d'un élève et s'entraîner avec lui après le cours en « leçon particulière » est, tant du point de vue psychologique que du point de vue méthodologique, une excellente façon de faire ; mais en l'occurrence, le rire du professeur montre clairement aux participants qu'il ne s'agit là que d'une « bonne blague ».

Cependant, peu de temps auparavant, le professeur avait manifesté une certaine compréhension, en disant : *Ah, c'est compliqué, eh ? C'est compliqué, Holger,* et en fournissant une aide constructive par la transcription de la chaîne phonique au tableau.

Ce comportement pédagogique n'est pas de nature à favoriser l'interaction sociale dans le groupe d'apprentissage. Grâce à une organisation du cours différente (cf. ci-dessous), il serait possible de créer les conditions concrètes permettant au professeur de jouer un autre rôle, et de se tenir à la disposition des groupes, en tant qu'« assistant ». Les élèves n'auraient plus la contrainte de fixer leur attention exclusivement sur le professeur. L'autonomie de performance chez les élèves donnerait davantage la possibilité de leur prodiguer des encouragements.

3. Le comportement des élèves.

L'attention de ceux-ci paraît être entièrement fixée sur le professeur. Leur comportement est si « exemplaire » qu'on pourrait le prendre pour une survivance d'un temp « préhistorique » : ce qui est complètement faux. Non seulement le style pédagogique qui apparaît dans le film est encore aujourd'hui très répandu, et apprécié par les collègues et les parents (car, c'est sûr, « on apprend quelque chose avec ce professeur »), mais encore on peut rencontrer un tel « comportement d'élève », étroitement conditionné par le style pédagogique en question. Les élèves collaborent volontiers et sont extrêmement courtois. Cela va jusqu'à des formules de politesse — tout à fait déplacées — en L.E. :

El. *Ils pensent au bon gâteau de — pardonnez-moi, monsieur — Ils pensent au bon gâteau du goûter.*

Les élèves travaillent avec un grand sérieux. Le cours de français semble signifier « dur labeur ». On y rit assez souvent ; cependant, le rire bref, suivi immédiatement d'un « retour au travail », n'est pas l'indice d'une atmosphère détendue. Car si l'on rit, c'est soit parce que le professeur le veut bien et vient de faire une plaisanterie, soit parce qu'un camarade a commis une erreur. Un exemple entre autres : un élève dit : *Il y a encore le déjeuner dominical dans toutes les famili,* et tous ses camarades de se moquer bruyamment de lui.

On ne saurait tenir rigueur aux élèves de ce que, au milieu de leur attention continue, ils saisissent toutes les occasions de se détendre par le rire. A quoi s'ajoute le fait que, dans ce type de cours, il ne leur est pas laissé la moindre occasion de s'entraîner à un comportement coopératif.

Cette occasion pourrait leur être fournie par une mise en forme interactive de l'enseignement. Les élèves éprouveraient très largement le besoin de recourir à l'aide de leurs camarades. Ils pourraient travailler de manière détendue. La concentration intellectuelle trouverait sa source dans l'activité autonome des élèves et non plus dans la personne du professeur. Railleries et « démasquages » devant les camarades deviendraient dès lors impossibles. Si quelqu'un, dans un « sous-groupe », se moque d'un camarade, il sait qu'il en porte directement la responsabilité.

4. L'organisation du cours.

Il est organisé par le professeur de telle sorte qu'au début de la présentation, tous les mots nouveaux sont déjà écrits au tableau. Le professeur lit le texte et, le plus souvent, explique les mots nouveaux qu'il contient, grâce à des éclaircissements monolingues, avec, pour finir, une traduction par les élèves ; la gestuelle intervient dans un seul cas (les bijoux). Pendant la lecture, il pose aux élèves des questions sur le texte. Il fait reprendre « en chœur » quelques expressions.

Après cette phase de présentation, les élèves lisent les expressions qui figurent au tableau, le professeur les corrige au point de vue phonétique, les fait reprendre « en chœur » et pose des questions sur le texte.

Dans la troisième phase, les élèves doivent retourner leurs manuels et répondre aux questions que le professeur pose sur le texte.

Dans une quatrième phase, ils doivent trouver eux-mêmes une question correspondant à quatre expressions « résiduelles ». L'incitation est formulée de manière intéressante :

Pr. *Comment est-ce que je vais vous poser la prochaine question ?*

Mais il s'ensuit que même des questions formulées correctement par les élèves sont refusées par le professeur :

El. (pour le mot *goûter*) *A quoi pensent-ils ?*

Pr. — *Oui, mais je m'attendais à une autre question. Je voulais une autre question.* (Cf. aussi quelques lignes plus bas.)

Il est clair que cette phase, en elle-même créative, est aussi « centrée sur l'enseignant » que toutes les autres. De plus, le professeur introduit une quantité de corrections phonétiques, si bien que la formulation des questions passe à l'arrière-plan. Il est certain que, dans un cours « centré sur l'enseignant » tel que celui-ci, « on apprend quelque chose ». En plus de la L.E., les élèves apprennent à se concentrer. Mais ce qu'ils n'apprennent sûrement pas, c'est à travailler d'une façon coopérative, autonome et langagièrement créative. C'est ainsi que beaucoup d'élèves, après avoir été fortement motivés dans leurs débuts, perdent dès la deuxième ou troisième année l'envie d'apprendre une L.E.

5. Alternatives.

Comment se présente l'alternative interactive pour une phase de présentation de ce type ?

Les mots nouveaux sont donnés aux élèves par écrit, et accompagnés d'un contexte minimal, comme dans le cours que nous venons de commenter. Mais on leur fournit en plus une aide pour l'interprétation, tantôt visuelle (les bijoux, la robe blanche, le gâteau, le goûter, etc.), tantôt sous forme de définition (dominical — de dimanche), tantôt sous forme de paraphrase (ils s'ennuient — ils ne trouvent pas intéressant), tantôt, là ou cela semble approprié, sous forme de traduction (ils s'ennuient — sie langweilen sich).

Le professeur peut inscrire sur le tableau ces divers « auxiliaires ». Mais il est plus économique de les montrer avec le rétroprojecteur ou de mettre à la disposition de chaque élève un document.

La classe est divisée en groupes conformément au sociogramme. Chacun d'eux reçoit un lecteur de cassettes. Les élèves écoutent le texte et le répètent selon leur propre rythme d'apprentissage, sans ouvrir le manuel. Le fait que les élèves se corrigent réciproquement évite que ne surgissent les conséquences négatives (dont nous avons démontré la présence dans le cours « centré sur l'enseignant ») dues à la correction par le professeur. En cas d'incertitude, le groupe se tourne vers le professeur, qui se déplace d'un groupe à l'autre et apporte des corrections phonétiques. Au cas (devenu rare aujourd'hui) où ni l'école ni les élèves ne possèdent les cinq ou six appareils nécessaires, le professeur désigne dans chaque groupe un élève ayant une bonne prononciation, et assumant la fonction de « lecteur ». Il commence par faire une lecture pour tous les élèves, puis fait répéter seulement les lecteurs. Ensuite, chacun d'eux lit dans son groupe, leurs camarades répétant après eux et se corrigeant réciproquement.

Le professeur peut commencer la phase plénière en incitant les élèves à s'installer dans un style « détendu » et à laisser l'ensemble du texte agir sur eux comme une **expérience auditive.** Il peut lire le texte lui-même, éventuellement avec un accompagnement musical, comme dans la méthode suggestopédique, ou encore passer la cassette.

Mais en général, beaucoup d'élèves, après le travail de groupe, sont déjà en mesure, dans la phase plénière, de redire le texte presque par cœur. Les mots nouveaux ou, dans le cas optimal, des séquences d'images servent de moyens mnémotechniques. On peut encore, à ce stade, corriger les erreurs phonétiques. Si le professeur s'en charge, il doit alors s'efforcer d'adopter un ton bienveillant et une mimique « aimable ». L'habileté psychologique pourra consister, parfois à « souffler » à l'élève la bonne prononciation, dans d'autres cas à lui donner une indication positive, comme « sonore » !

La deuxième phase du cours ci-dessus, dans laquelle les élèves ont à formuler des questions, peut également recevoir une forme interactive. Il faut que les élèves se posent réciproquement des questions sur le texte. Mais celles-ci doivent recevoir des réponses. Dans le cours en question, le fait de répondre aurait prêté à rire, puisque le « noyau » nécessaire aux réponses était déjà représenté sur le tableau. C'est pourquoi les élèves devraient poser les questions sans l'aide de ces moyens scripturaux.

En outre, ils devraient pouvoir poser toutes les questions qui leur passent par la tête, et pas seulement celles qui correspondent à l'ordre de succession et à la forme de la présentation faite par l'enseignant. Celui-ci devrait encourager les élèves à inventer des questions qui « aillent plus loin » dans le sujet traité, par exemple : « Est-ce qu'il y a vraiment encore un déjeuner dominical dans beaucoup de familles françaises ? » — « Est-ce qu'il y a encore beaucoup de familles en France qui vivent dans la même ville que leurs grands-parents ? » — « Qui prépare le déjeuner dominical ? » — « Est-ce qu'une femme française qui travaille est d'accord pour préparer un déjeuner dominical tous les dimanches ? », etc.

L'enseignant fonctionne ici comme « locuteur fantôme » et « souffle aux élèves les mots dont ils ont besoin pour formuler leurs questions et leurs réponses ».

Pour obtenir des questions différenciées et favoriser la participation des élèves « faibles », on peut conserver la répartition par groupes. Il est possible aussi de travailler en « tandem de responsabilité » pour préparer ces questions. Ainsi, les faibles seraient également amenés à formuler des questions différenciées. Grâce à cette courte phase de préparation, les questions afflueraient de tous côtés et les élèves faibles seraient aidés par leurs partenaires à répondre aux questions plus difficiles.

Bibliographie

ABBS B., AYTON A., FREEBAIRN I. (1975) : *Strategies*, Student's book, London.
AFFELDT U., RATZKI A., WENZKI G. (sans date) : *Das Team-Kleingruppenmodell an der Gesamtschule Köln-Holweide*, Informationsdruck der Gesamtschule Köln-Holweide.
ALLPORT F. H. (1920) : « The Influence of the Group Upon Association and Thought », in : *Journal of Experimental Psychology*, pp. 159-182.
ALTMANN I., PENDLETON G., TERAUDS A. (1960) : « Annotations of Small Group Research Studies », in : *Virginia Human Sciences Research*, October, Arlington.
ALTMANN I., TERAUDS A. (1960) : « Major Variables of the Small Group Field », in : *Virginia Human Sciences Research*, November, Arlington.
ANDERSON H. H. (1945) : « Studies in Dominative and Socially Integrative Behavior », in : *American Journal of Orthopsychiatry*, pp. 133-139.
ANDERSON H. H., BREWER H. M. (1945) : « Studies of Teacher's Classroom Personalities, I », Dominative and Socially Integrative Behavior of Kindergarten Teachers », in : *Applied Psychology Monographs*, n° 6.
ANDERSON H., BREWER J. E. (1946) : « Studies of Teacher's Classroom Personalities, II, Effects of Teacher's Dominative and Integrative Contacts on Children's Classroom Behavior », in : *Applied Psychology Monographs*, n° 8.
ANDERSON H. H., BREWER J. E., REED M. F. (1946) : « Studies of Teacher's Classroom Personalities, III, Follow-up Studies of the Effect of Dominative and Integrative Contacts on Children's Behavior », in : *Applied Psychology Monographs*, n° 11.
ARGAUD M., MARIN B. (1975) : « Une pédagogie avec DE VIVE VOIX », in BESSE H. (éd.), Pratique de la classe audio-visuelle au niveau I, Paris, pp. 177-195.
ARNOLD I. (1971) : « Französischer Anfangsunterricht ohne Buch in Klasse 7 », in : Ulshöfer R. (ed.), *Theorie und Praxis des Kooperativen Unterrichts*, Band II, Resultate und Modelle, Heft 3 : Arnold W., Pasch P. (eds), Neue Sprachen, Stuttgart, pp. 30-42.
ARNOLD W. (1973 : « Klassisches französisches Theater auf der Oberstufe », in : Ulshöfer R. (ed.) *(comme ci-dessus)*, pp. 88-96.
ARNOLD W. (1973) : *Fachdidaktik Französisch*, Stuttgart.
ASCH S. E. (1965) : « Studies of Independence and Conformity of a Minority of One Against an Anonymous Majority », in : *Psychological Review, Supplement, Psychological Monograph* 70, 9.
ASPY D. N., ROEBUCK F. N. (1974) : « From humane ideas to humane technology and back again many times », in : *Education*, pp. 163-171.
AUSTIN J. L. (1970) : *How to do things with words*. The William James Lectures delivered in Harvard University in 1955, Cambridge (Mass.), 1962. (Trad. fr. *Quand dire, c'est faire*, Paris.)
AUSUBEL D. P. (1968) : *Das Jugendalter*, München.
BALEVSKI P. (1973) : « Otraženie učebnyx zanjatij po suggestopediueskoj metodike na serdetchno-sosudistuju sistmu kursistov », in : Ministry of Education, Research Institute of Suggestology (ed.), *Problems of Suggestology*, Sofia, pp. 363-370.
BALEVSKI P., GANOVSKI L. (1975) : « The Effect of Some of the Means of Suggestion on the Short-term and Long-term Memory of Students from 11 to 17 Years of Agé », in : *Suggestology and Suggestopaedia*, pp. 47-52.
BANCROFT W. J. (1972) : « Foreign Language Teaching in Bulgaria », in : *Canadian Modern Language Review*, 1, cahier 3, pp. 47-52.
BARBE G. (1971) : : « Dynamique de groupe — Dynamique de la classe audio-visuelle de langue — Approche psycholinguistique », in : *Voix et Images du C.R.E.D.I.F.*, 12, pp. 1-5.

BASSIN F. V., SHEKHTER I. Y. (1973) : « On the Psychological and Methodological Aspects of G. Lozanov's Language Teaching System », in : *Ministry of Education, Research Institute of Suggestology* (ed.), Problems of Suggestology, Sofia, pp. 112-117.
BAUER J. I. (1956) : « Gruppenpsychologische Gesichtspunkte der Schulpädagogik », in : *Harms pädagogische Reihe*, cahier 13, Frankfort (Main).
BAUR R. S. (1982) : « Untersuchungen zum suggestopädischen Fremsprachenunterricht », in : *Englisch-Amerikanische Studien (East)*, 4, pp. 127-141.
BAUSCH R., CHRIST H., HÜLLEN W., KRUMM H.-J. (eds) (1982) : *Das Postulat der Lernerzentriertheit : Rückwirkungen auf die Theorie des Fremdsprachenunterrichts*, Ruhr-Universität Bochum.
BEEK B. van, BÖDIKER M. L., KULMS A., TAUSCH R. (1977) : « Förderung konvergenten und kreativen Denkens durch kurzfristige Kleingruppenarbeit im Vergleich zu Einzelarbeit », in : *Zeitschrift für Gruppenpädagogik*, 3, pp. 67-70.
BEL-BORN B-van, BÖDIKER M. L., MAY P., TEICHMANN U., TAUSCH R. (1976) : « Erleichterung des Lernens von Schülern durch Kleingruppenarbeit in Erdkunde, Biologie und Physik im Vergleich zu Einzelarbeit », in : *Psychologie in Erziehung und Unterricht*, pp. 131-136.
BELC (1976) : *Jeux et enseignement du français,* numéro semi-spécial, Le Français dans le Monde, n° 123.
BENNIS W. G. (1972) : « Entwicklungsmuster der T-Gruppe », in : BRADFORD L. P., GIBB J. R., BENNE K. D. (eds), *Gruppentraining, T-Gruppe und Laboratoriumstraining*, Stuttgart.
BERER M., RINVOLUCRI M. (1981) : *Mazes*, Oxford.
BERTRAND Y. (1974) : « Simulation et enseignement des langues », in : *Praxis des neusprachlichen Unterrichts*, pp. 181-189.
BERTRAND Y. (1978a) : « Quelques problèmes psychologiques du jeu de rôle », in : *Recherches et échanges*, pp. 1-9.
BERTRAND Y. (1978b) : « Autorité du maître, liberté des élèves et enseignement des langues dans la France d'aujourd'hui », in : *Les Langues modernes*, pp. 156-176.
BERTRAND Y. (1982) : « Enseignement du secourisme et enseignement des langues », in : *Les langues modernes*, pp. 758-767.
BETHKE W. D., BOMMEL H. van, DÜWELL H., FUCHS H.-J., HAASE E., KOPF U., MENGLER K. (1977) : *Kommunikativer Französischunterricht — Analyse und Aufbereitung von Lehrwerktexten.* Ausarbeitung aus dem Lehrgang 2928, Druck Nr. 487 (0277), Hess. Institut für Lehrerfortbildung, Fuldatal.
BIANCHI M., BUSCH B., SOMMET P. (1981) : *Partnerschaftliches Lernen im Fremdsprachenunterricht,* Pädagogische Arbeitsstelle des Deutschen Volkshochschulverbandes, Frankfurt.
BILLOWS F. L. (1973) : *Kooperatives Sprachenlernen — Techniken des Fremdsprachenunterrichts (The techniques of language teaching)*, Heidelberg.
BLACK C., BUTZKAMM W. (1977a) : « Sprachbezogene und mitteilungsbezogene Kommunikation im Englischunterricht », in : *Praxis des neusprachlichen Unterrichts*, pp. 115-124.
BLACK C., BUTZKAMM W. (1977b) : *Klassengespräche*, Heidelberg.
BLOOM J., BLAICH E. (1973) : *Lernspiele und Arbeitsmittel im Englischunterricht*, Berlin.
BOLITHO R. (1982) : « Community Language Learning : A Way Forward ? », in : *E.L.T. Documents,* 113, British Council, London.
BOUTON Ch. P. (1969) : *Les mécanismes d'acquisition du français langue étrangère chez l'adulte*, Paris.
BOWERS R. (1981) : *Classroom Discourse Analysis as a Basis for Teacher Training*, Tesol, Detroit.
BOWERS R. (1982) : « How effective are efficient teachers », in : *Goethe-Institut*, München et al. (eds), *Interaktion im Fremdsprachenunterricht*, München, pp. 77-89.
BRÜGGEMANN S., DOMMEL H. (1977) : « Deutsch ohne Lehrbuch — Ein Sprachkurs für Anfänger », in : *Goethe-Institut-Spracharbeit*, 3, pp. 69-75.

BUNKER D. R. (1965) : « Individual Applications of Laboratory Training », in : *Journal of Applied Behavioral Science*, pp. 131-148.
BUTZKAMM W. (1973) *Aufgeklärte Einsprachigkeit*, Heidelberg.
BUSWELL U. M. (1953) : « The Relationship between the social structure of the classroom and the academic success of the pupils », in : *Journal of Experimental Education*, pp. 37-52.
BUXBAUM E. (1949) : « The Role of a Second Language in the Formation of Ego and Superego », in : *Psychoanalytic Quarterly*, pp. 279-289.
CALVIN A. D., HOFFMANN F. K., HARDEN E. L. (1957) : « The Effect of Intelligence and Social Atmosphere on Group Solving Behavior », in : *Journal of Social Psychology*, pp. 61-74.
CAPELLE J., CAPELLE G. (1969) : *La France en direct*, 1, Paris.
CAPPEL W. (1974) : *Das Kind in der Schulklasse*, Weinheim.
CARE J. M., DEBYSER F. (1978) : *Jeu, langage et créativité, les jeux dans la classe de français*, Paris.
CARE J. M. (1983) : « Jeux drôles ou Drôles de jeux », in : *Le Français dans le Monde*, n° 176, pp. 38-42.
CHAMBERLIN A., STENBERG K. (1976) : *Play and Practice, Graded games for English Language Teaching*, Stockholm-London-Stuttgart.
CIOTTI C. M. (sans date) : *A Conceptual Framework for Small-Group Instruction in High-School*, in : American Council on the Teaching of Foreign Languages, 62, Fifth Avenue, New York 10011, pp. 75-89.
COMMISSION DE LA FONCTION PUBLIQUE DU CANADA (1975) : *Une expérience d'enseignement avec la méthode suggestopédique; A Teaching Experience with the Suggestopaedic Method*, Ottawa (les citations de notre livre se rapportent à la partie française de cet ouvrage).
CORRELL W. (1965) : *Pädagogische Verhaltenspsychologie*, München-Basel.
CORRELL W. (1970) : *Lernpsychologie*, Donauwörth.
C.R.E.D.I.F. (1962) : *Voix et Images de France (premier degré)*, Paris, rééd. 1971.
C.R.E.D.I.F. (Moget M.-Th.) (1972) : *De Vive Voix*, Paris.
C.R.E.D.I.F. (Cordian R. B., Gavelle G.) (1976) : *Spontanéité et enseignement des langues*, E.N.S. de Saint-Cloud.
CRONBACH L. J. (1971) : *Einführung in die Pädagogische Psychologie*, Weinheim-Berlin-Basel.
CURRAN Ch. A. (1961) : « Counseling skills Adapted to the Learning of Foreign Languages », in : *Bulletin of the Menninger Clinic*, pp. 79-83.
CURRAN Ch. A. (1976) : *Counseling-Learning in Second Languages*, Apple-River (Illinois).
DALGALIAN G. (1981) : « Importance des discours non-didactiques et non-formels », in : *Les Langues modernes*, pp. 208-219.
DEUTSCH M. (1951) : « Social Relations in the Classroom and Grading Procedures », in : *Journal of Educational Research*, pp. 144-152.
DEWEY J., KILPATRIK W. H. (1935) : *Der Projektplan*, Böhlau.
DICKINSON A., LEVEQUE J. SAGOT H. (1975) : *All's well that starts well*, Teachers book, Paris.
DICKINSON L., CARVER D. (1981) : « Autonomie, apprentissage auto-dirigé et domaine affectif dans l'apprentissage des langues en milieu scolaire », in : *Etudes de Linguistique appliquée*, 41, pp. 39-63.
DIETRICH G. (1969) : *Bildungswirkungen des Gruppenunterrichts — Persönlichkeitsformende Bedeutung des gruppenunterrichtlichen Verfahrens*, München,
DIETRICH I. (1973) : « Pädagogische Implikationen der Einsprachigkeit im Fremdsprachenunterricht », in : *Praxis des neusprachlichen Unterrichts*, pp. 349-358.
DIETRICH I. (1974) : *Kommunikation und Mitbestimmung im Fremdsprachenunterricht*, Kronberg.
DIETRICH I. (1979) : « Freinet-Pädagogik und Fremdsprachenunterricht », in : *Englisch-Amerikanische Studien*, pp. 542-563.

Dufeu B. (1983) : « La psychodramaturgie linguistique ou l'apprentissage de la langue par le vécu », in : *Le Français dans le Monde*, 175, pp. 36-45.
Dufeu B. (1983) : « Jeux de rôle : Repères pour une pratique », in : *Le Français dans le Monde*, 176, pp. 43-44.
Dussell H. (1968) : « Erfahrungen mit dem arbeitsteiligen Gruppenunterricht bei der Behandlung englischer Lektüren auf der gymnasialen Oberstufe », in : *Die Neueren Sprachen*, pp. 187-195.
Düwell H., Gerhold K., Lindemann K. (1975) : « Der informelle Test im Französischunterricht », Frankfurt-Berlin-München.
Ewards M., Schlemper H. (1977) : *Arbeiten mit gruppeneigenen Texten*, Pädagogische Arbeitsstelle des Deutschen Volkshochschulverbandes, Frankfurt-Bonn.
Engelmayer O. (1958) : *Das Soziogramm*, München.
Erdle-Hähner R., Klein H. W., De Clerck K., Müller Ch. (sans date) : *Etudes françaises. Einbändiger Lehrgang für Französisch als dritte Fremdsprache*, Stuttgart.
Erdle-Hähner R., Rolinger H., Wüst A. (1972) : *Etudes françaises, Cours de base I*, Stuttgart.
Erdmenger M. (1975) : « Der Abbau von Leistungsunterschieden im Englischunterricht in der Sekundarstufe II durch Gruppenarbeit », in : *Die berufsbildende Schule*, pp. 99-104.
Erl W. (1967) : *Gruppenpädagogik in der Praxis*, Tübingen.
Feldhendler D. (1983) : « Expression dramaturgique », in : *Le Français dans le Monde*, 176, pp. 45-51.
Festinger L., Pepitone A., Newcomb T. M. (1952) : « Some Consequences of the De-Individuation in a Group », in : *Journal of Abnormal Social Psychology*, pp. 382-389.
Fittkau B. (1972) : « Kommunikations- und Verhaltenstraining für Erzieher », in *Gruppendynamik*, pp. 252-274.
Flanders N. A. (1949) : *Personal-Social Anxiety as a Factor in Learning*, Diss., University of Chicago.
Flanders N. A. (1951) : « Personal-Social Anxiety as a Factor in Experimental Learning Situations », in : *Journal of Educational Research*, pp. 100-110.
Flanders N. A. (1960) : *Interaction Analysis in the Classroom : A Manual for Observers*, Minnesota.
Fokken E. (1966) : *Die Leistungsmotivation nach Erfolg und Mißerfolg in der Schule*, Hannover.
Frank Ch., Rinvolucri M., Berer M. (1982) : *Challenge to think*, Oxford.
Freinet C. (1975) : *Les techniques Freinet de l'école moderne*, Paris.
Fröhlich W. D., Becker J. (1971) : *Forschungsstatistik ; Grundmethoden der Verarbeitung empirischer Daten für Psychologen, Biologen, Pädagogen und Soziologen*, Bonn.
Gage N. L. (ed.) (1965) : *Handbook of research on teaching*, Chicago.
Ganovski L. (1975) : « The Effect of Some of the Means of Suggestion on the Volume of Short-Term Memory », in : *Suggestology and Suggestopaedia*, 2, pp. 48-51.
Gardner R. C., Lambert W. C. (1959) : « Motivational Variables in Second Language Acquisition », in : *Canadian Journal of Psychology*, pp. 266-272.
Gardner R. C. (1966) : « Motivational Variables in Second-Language Learning », in : *International Journal of American Linguistics*, 32, tome I, 2. partie, pp. 24-44.
Gardner R. C., Lambert W. C. (1972) : *Attitudes and Motivation in Second-Language Learning*, Rowley (Mass.).
Gattegno C. (1963) : *Teaching Foreign Languages in Schools — The silent way*, New York.
Göbel R., Schlemper G. (1971) : *Strukturübungen im Kontext*, Lehrerhandbuch, Heidelberg.
Göbel R., Hessel I., Klaas A. (1977) : *Lernspiele als Ubungsalternative im Fremdsprachenunterricht*, Pädagogische Arbeitsstelle des Deutschen Volkshochschulverbandes, Frankfurt-Bonn.

GORDON C. W. (1970) : « Die Schulklasse als ein soziales System », in : Meyer E. (ed.), *Die Gruppe im Lehr- und Lernprozess*, Frankfurt (Main), pp. 1-27.
GORDON Th. (1977) : *Lehrer-Schüler-Konferenz. Wie man Konflikte in der Schule löst*, Hamburg.
GORNALL G., ZIMMERMANN G. (1973) : *Passport to English — Junior Course II — Lehrerhandbuch*, Wiesbaden.
GRANDCOLAS B. (1980) : « La communication dans la classe de langue étrangère », in : *Le Français dans le Monde*, 153, pp. 53-57.
GREENSON R. R. (1950) : « The Mother Tongue and the Mother », in : *International Journal of Psychoanalysis*, pp. 18-23.
GUBERINA P. (1970) : « Phonetic Rhythms in the Verbo-Tonal-System », in : *Revue de phonétique appliquée*, pp. 3-13.
GUIORA A. Z., LANE H. L., BOSWORTH L. A. (1968) : « An Exploration of Some Personality Variables in Authentic Pronunciation of a Second Language », in : Sale (éd.), *Proceedings of the Conference on Language and Language Behavior*, New-York, pp. 261-266.
GURWITCH P. B. (1975) : « Paarweiser Dialog und Gruppengespräch im Fremdsprachenunterricht », in : *Fremdsprachenunterricht*, pp. 8-14/1. (Tiré de : inostrannye jazyki v škole, 5, 1973, pp. 53-62.)
GUTSCHOW H. (1977) : « Zum Problem der theoretischen Begründung der Didaktik des Fremdsprachenunterrichts », in : Christ H., Piepho H. E. (eds), *Kongress-dokumentation der 7. Arbeitstagung der Fremdsprachendidaktiker*, Giessen, 1976, Limburg, pp. 26-29.
HACKENBROCH I., SCHÜREN R. (1976) : *Kassettenrecorder — Möglichkeiten ihrer Verwendung im Fremdsprachenunterricht*, in : *Lehrmittel aktuell*, 3, pp. 28-32.
HANKE B., MANDL H., PRELL S. (1973) : *Soziale Interaktion im Unterricht*, München.
HEBEL F. (1972) : *Lesen — Darstellen — Begreifen*, Frankfurt.
HEINRICHS V. (1983) : « Möglichkeiten zur Verbesserung der Sprachaktivität bei Schülern im Französischunterricht der Sekundarstufe I », in : *Praxis des neusprachlichen Unterrichts*, pp. 140-149.
HENNINGSEN J. (1959) : « Zur Kritik der Gruppenpädagogik », in : Müller C. W. (ed.) (1970) : *Gruppenpädagogik. Auswahl aus Schriften und Dokumenten*, Weinheim, pp. 141-152.
HEUER H. (1976) : *Lerntheorie des Englischunterrichts*, Heidelberg.
HOEGER D. (1972) : *Einführung in die pädagogische Psychologie*, Stuttgart-Berlin-Köln-Mainz.
HOFER M., WEINERT F. E. (1972) : *Pädagogische Psychologie*, Grundlagentexte II, Lernen und Instruktion, Frankfurt (Main).
HOFSTÄTTER P. R. (1971) : *Gruppendynamik*, Hamburg.
HÖHN E., SCHIDE Ch. (1954) : *Das Soziogramm (Die Erfassung von Gruppenstrukturen)*, Göttingen.
HOLEC H. (ed.) (1981) : *Autonomie dans l'apprentissage et apprentissage de l'autonomie*, Etudes de linguistique appliquée, n° 41.
HÖPER C.-J., KUTZLEB U., STOBBE A., WEBER B. (1974) : *Die spielende Gruppe*, Wuppertal.
HOWGEGO H. M. I. (1972) : « An Experiment in Group-Teaching in Modern Languages — A Report of the Scottish Education Department », in : Rowlands D. (ed.), *Groupwork in Modern Languages*, Materials Development Unit of the Language Teaching Centre University of York, pp. 90-93.
Informationszentrum für Fremdsprachenforschung (I.F.S.) der Philipps-Universität in Marburg (1973) (ed.) : *Das Sprachlabor im Medienverbund*, Dortmund.
JENNINGS H. H. (1956) : *Schule und Schülergemeinschaft*, Berlin.
JUNGER G. (1971) : « Kooperative Lektüreauswahl in Klasse 10 », in : Ulshöfer R. (1971) (ed.) : *Theorie und Praxis des Kooperativen Unterrichts*, volume II : Resultate und Modelle, cahier 3 : Arnold W., Pasch P. (eds), *Neue Sprachen*, Stuttgart, pp. 52-57.
KAMRATOWSKI J., PENNE K.-J., SCHNEIDER J. (1970) : *Informelle Fremdsprachentests*, Berlin.

KAUFMANN F. (1977) : « Lernen in Freiheit — im Fremdsprachenunterricht », Bericht über einen Schulversuch, in : *Praxis des neusprachlichen Unterrichts*, pp. 227-236.
KELLEY H. H., THIBAUT J. W. (1954) : « Experimental studies of group problem solving and process », in Lindsey G. (ed.), *Handbook of social psychology*, Cambridge, Mass., pp. 787-832.
KERSCHENSTEINER G. (1912) : *Der Begriff der Arbeitsschule*, Berlin-Leipzig.
KLAFKI W. (1970) : « Das pädagogische Verhältnis », in : *Funk-Kolleg Erziehungswissenschaft* 1, Frankfurt (Main), pp. 84-91.
KOBER H. et R. (1971) : *Gruppenarbeit in der Praxis*, Frankfurt (Main)-Berlin-München.
KOLAROVA D. (1973) : « The Effect of Suggestopaedic Foreign Language Instruction on the Course of Neuroses », in Ministry of Education, Research Institute of Suggestology, *Problems of Suggestology*, Sofia, pp. 377-384.
KOLAROVA D., BALEVSKI P. (1973) : « Otraženie suggestopedičeskogo obučenija inostrannym jazykam na funkcional'noe sostojanie bol'nyx nevrozami », ibidem, pp. 387-394.
KOLAROVA D., SHARANKOV E., KARDASHEV G., BUCHVAROVA E. (1975) : « Scologeny in Students and the Suggestopaedic Process of Instruction », in : *Suggestology and Suggestopaedia*, 2, pp. 14-21.
KOLAROVA D. BALEVSKI P. (1975) : « Neuroses and Suggestopaedic Instruction in a Foreign Language », in : *Suggestology and Suggestopaedia*, 3, pp. 39-46.
KOMLEITNER R. (1972) : *Die Methode des Gruppenunterrichts und ihre Auswirkung auf die Schülerleistung*, Diss. Wien.
KOSKENNIEMI M. (1936) : *Soziale Gebilde und Prozesse in der Schulklasse*, Helsinki.
KRAMSCH C. J. (1980) : « Interaktionsstrategien im kommunikationsorientierten Fremdsprachenunterricht », in : *Zielsprache Deutsch*, pp. 12-16.
KRAMSCH C. J. (1981) : *Discourse Analysis and Second Language Teaching*, Language in Education, 37, Center for Applied Linguistics, Washington D.C.
KRUMM H. J. (1973) : *Analyse und Training von fremdsprachlichen Lehrerverhalten*, Ansätze für die berufsbezogene Ausbildung von Fremdsprachenlehrern, Weinheim-Basel.
KRUMM H. J. (1977) : « Zusätzliche Texte », in Sinclair J. McH., Goulthard R. M., *Analyse der Unterrichtssprache*, Heidelberg, pp. 141-165.
LAMBERT W. E., GARDNER R. C., OLTON R., TUNSTALL K. (1976) : « Eine Untersuchung der Rolle von Einstellungen und Motivationen beim Fremdsprachenlernen », in : Solmecke G. (ed.), *Motivation im Fremdsprachenunterricht*, Paderborn, pp. 85-103.
LANGER I., SCHULZ VON THUN F., TAUSCH R. (1973) : « Förderung leistungsschwacher Schüler durch kurzzeitige Kleingruppendiskussion im Anschluß an das Lesen eines Lehrtextes », in : *Psychologie in Erziehung und Unterricht*, pp. 156-162.
LEAVITT H. J. (1949) : *Some Effects of Certain Communication Patterns on Group Performance*, Ph. D. Diss., M.I.T. (Résumé dans : Journal of Abnormal Psychology, 1951, pp. 38-50.)
LEONTIEV A. A. (1971) : *Sprache, Sprechen, Sprechtätigkeit*, Stuttgart.
LEWIN K. (1943) : « Forces Behind Food Habits and Methods of Change », in : *Bulletin of the Natural Research Council*, pp. 35-65.
LEWIN K., LIPPIT R., WHITE R. K. (1939) : « Patterns of Agressive Behavior in Experimentally Created Social Climates », in : *Journal of Social Psychology*, pp. 271-299.
LORGE J., FOX D., DAVITZ J., BRENNER M. (1958) : « A Survey of Studies Contrasting the Quality of Group Performance and Individual Performance 1922-1957 », in : *Psychological Bulletin*, pp. 337-372.
LOZANOV G. (1971) : *Suggestologia*, Sofia.
LOZANOV G. (1973) : « Suggestopedičeskoe vospitanie i obučenie po vsem predmetam v desjatom klasse srednix obščeobrazovatel'nyx škol », in : Ministry of Education Research Institute of Suggestology (ed.), *Problems of Suggestology*, Sofia, pp. 270-277.

Lozanov G. (1973) : « Concluding Speeach », ibidem, pp. 659-665.
Lozanov G. (1975) : « Table Ronde », in : Commission de la Fonction publique du Canada (ed.), *Une Expérience d'enseignement avec la méthode suggestopédique*, Ottawa, pp. 281-303.
Lozanov G. (1977) : « A General Theory of Suggestion in the Communications Process and the Activation of the Total Reserves of the Learner's Personality », in : Suggestopaedia Canada, pp. 1-4.
Maier N. R. F., Maier R. A. (1957) : « An experimental test of the effects of « developmental » vs. « free » discussion on the quality of group decisions », in : *Journal of Applied Psychology*, pp. 320-323.
Mans E. J. (1981) : « " Joyful and Easy Language Learning " oder von der Reservekapazität der Fremdsprachendidaktik », Bemerkungen zu G. Lozanov's Suggestology and Outlines of Suggestopedy », in : *Englisch-Amerikanische Studien (E.A.S.T.)*, pp. 258-266.
Maslyko E. (1973) : « Suggestologičeskij aspekt paralingvističeskix javlenij », in : Ministry of Education, Research Institute of Suggestology (ed.), *Problems of Suggestology*, Sofia, pp. 280-289.
Mateev D. (1973) : « Physiological Foundations of Suggestology and Suggestopaedia », *ibidem*, pp. 159-165.
Matthes H. (1969) : « Gruppenarbeit im Englischunterricht der Unterstufe », in : *Neuere Sprachen*, pp. 29-39.
Mayo E. (1933) : *Human Problems of Industrial Civilization*, New York.
McClelland D. C. (1967) : *Motivation und Kultur*, Bern-Stuttgart.
McGrath J. E. (1964) : *Social Psychology*, New York.
McGrath J. E., Altmann I. (1966) : *Small group Research*, New York.
McKeachie W. J. (1963) : « Research on Teaching at the College and University Level », in : Gage N. L. (ed.), *Handbook of Research on Teaching*, Chicago.
McLelland F. M., Ratliff J. A. (1947) : « The use of sociometry as an aid in promoting social adjustment in the ninth grade home room », in : *Sociometry*, pp. 147-153.
Mengler K. (1972) : « Gruppenarbeit im fremdsprachlichen Anfangsunterricht », in : *Praxis des neusprachlichen Unterrichts*, pp. 398-409.
Mengler K. (1977) : « Kommunikativer Französischunterricht — Analyse und Aufbereitung von Lehrwerken, Lehrgang 2928 in der Reinhardswaldschule, Fuldatal.
Meyer E. (1969) : *Gruppenunterricht, Grundlegung und Beispiel*, Oberursel.
Mindt D. (1977) : « Kommunikative Kompetenz und Englischunterricht : Probleme der Anwendung pragmalinguistischer Kategorien bei der Planung von Englischunterricht », in : Christ H., Piepho H.-E. (eds), *Kongressdokumentation der 7. Arbeitstagung der Fremdsprachendidaktiker*, Giessen, 1976, Limburg, pp. 113-116.
Mindt D. (1978) : « Probleme des pragmalinguistischen Ansatzes in der Fremdsprachendidaktik », in : *Die neueren Sprachen*, pp. 340-356.
Ministry of Education (1973) : Research Institute of Suggestology (ed.), *Problems of Suggestology*, Sofia. (Traduction anglaise (1978) : Suggestology and Outlines of Suggestopedy, London.)
Moehl K. (1975) : « " Klingende Briefe " — eine besondere Art von Korrespondenz zwischen Partnerschulen », in : *Praxis des neusprachlichen Unterrichts*, pp. 381-388.
Möhle D. (1974) : *Einführung in die Probleme des Lernens und Lehrens von Sprache*, Hochschuldidaktische Materialien n° 42, Hamburg.
Montredon J., Calbris G., Cesco C., Dragoje P., Gschwind-Holtzer G., Lavenne Ch. (1976) : *C'est le printemps*, Paris.
Moskowitz G. (1978) : *Caring and Sharing in the Foreign Language Class*, Rowley (Mass.).
Moreau P. F. (1975) : « L'expression spontanée, une nouvelle méthode d'enseignement des langues », in : *Psychologie*, pp. 15-18.
Moreno J. L. (1934) : *Who Shall Survive?* New York.
Morrison A. V. (1961) : *Personality and Underachievement in Foreign Lan-*

guage Learning, U.S. Department of Health, Education and Welfare, Contract n° OE-2-14-004, June 10, 1960 — June 30, 1961.
MOULDEN H. (1981) : « Une Expérience d'apprentissage auto-dirigé de l'anglais dans un cadre institutionnel », in : *Etudes de Linguistique appliquée*, 41, pp. 24-38.
MUKERJI N. F. (1940) : « An Investigation of Ability to Work in Groups and Isolation », in : *British Journal of Psychology*, pp. 352-356.
MÜLLER H. (1975) : *Der eine und der andere. Szenische Dialoge für den deutschen Sprachunterricht*, Stuttgart (+ cassette).
MÜLLER L. (1966) : « Lernbedingungen in sozialpsychologischer Sicht », in : *Der Gymnasialunterricht*, pp. 18-49.
MÜLLER R. M. (1970) : « Situation und Lehrbuchtexte : Die Kontextualisierungsprobe », in : *Praxis des neusprachlichen Unterrichts*, pp. 229-242.
MÜLLER R. M. (1971) : « Was ist " Situational Teaching "? Ein Vorschlag zur Systematisierung », in : *Praxis des neusprachlichen Unterrichts*, pp. 229-239.
MÜLLER S., ROLINGER H., WÜST A. (1972) : *Etudes françaises — cours de base — premier degré*, Cahier d'exercices, Stuttgart.
MUNDSCHAU H. (1974) : *Lernspiele für den neusprachlichen Unterricht*, München.
NATORP E., GEISSLER Ch. (1975) : « Aspekte der verbalen Interaktion zwischen französischen Erzieherinnen und deutschen Vorschulkindern unter besonderer Berücksichtigung der muttersprachlichen (deutschsprachigen) Interaktion », in : *Neusprachliche Mitteilungen*, pp. 167-175/1.
NIDA E. A. (1957/1958) : « Some Psychological Problems in Second Language Learning », in : *Language Learning*, pp. 7-15.
NIDA E. A. (1971) : « Sociopsychological Problems in Language Mastery and Retention », in : P. Pimsleur, T. Quinn (eds), *The Psychology of Second Language Learning*, Cambridge, pp. 59-65.
NISSEN R. (1974) : *Kritische Methodik des Englischunterrichts I — Grundlegung*, Heidelberg.
NOVAKOV A., PASHMAKOVA K. (1973) : « Organisation of the Process of Instruction in the Suggestopaedic Training in Foreign Languages », in : Ministry of Education, Research Institute of Suggestology, *Problems of Suggestology*, pp. 298-301.
NUHN H.-E. (1975) : « Partner- und Gruppenarbeit im Fremdsprachenunterricht », in : *Die Neueren Sprachen*, pp. 103-112.
OESTREICH G., KRUEDER I. von (1967) : « Zusammenhänge zwischen Beliebtheit, Schulleistung und Intelligenz », in : Horn H. (ed.), *Psychologie und Pädagogik*, Weinheim, pp. 69-86.
OJEMANN R. H., WILKINSON F. R. (1939) : « The Effect on Pupil Growth of an Increase in Teacher's Understanding of Pupil Behavior », in : *Journal of Experimental Education*, pp. 143-147.
OLBERT J., SCHNEIDER B. (eds) (1974) : *Gesammelte Aufsätze zum Transfer im Französischunterricht*, Frankfurt.
OSKARSSON M. (1981) : « L'Autoévaluation dans l'apprentissage des langues par les adultes : quelques résultats de recherches », in : *Etudes de Linguistique appliquée*, 41, pp. 102-115.
PÄDAGOGISCHES Zentrum (ed.), MELDE W. (1978) : *Passé composé, Lernprogramm für den individualisierten Unterricht*, Berlin.
PAUSE G. (1973) : « Merkmale der Lehrerpersönlichkeit », in : Ingenkamp (ed.), *Handbuch der Unterrichtsforschung*, chap. 11, Weinheim-Berlin-Basel.
PECK A. (1972) : « Materials for Group-Work in the Secondary-School », in : Rowlands D. (ed.), *Group-Work in Modern Languages*, Materials Development Unit of the Language Teaching Centre, University of York, pp. 76-82.
PELZ M. (ed.) (1974) : *Freiburger Beiträge zur Fremdsprachendidaktik*, Berlin.
PELZ M. (1977) : *Pragmatik und Lernzielbestimmung im Fremdsprachenunterricht*, Heidelberg.
PERLMUTTER H. V., de MONTMOLLIN G. (1952) : « Group Learning of Nonsense Syllabes », in : *Journal of Abnormal Social Psychology*, pp. 762-769.

PETERS O. (1973) : « Soziale Interaktion in der Schulklasse », in : Ingenkamp K. (ed.), *Handbuch der Unterrichtsforschung*, chap. 13, Weinheim-Berlin-Basel.
PIEPHO H.-E. (1974) : *Kommunikative Kompetenz als übergeordnetes Lernziel im Englischunterricht*, Dornburg-Frickhofen.
PLATTNER E. (1963) : « Beispiele pädagogischer Feinsteuerung im Schulalltag », in : Strunz K. (ed.), *Pädagogisch-Psychologische Praxis an Höheren Schulen*, München-Basel, pp. 251-286.
POITEVIN J. (1981) : « Le mouvement Freinet et l'enseignement des langues » (carrefour), in : *Les Langues modernes*, pp. 326-327.
POLANSKY L. (1954) : « Group social climate and the teacher's supportiveness of group status systems », in : *Journal of Educational Sociology*, pp. 115-123.
PREISSENDÖRFER H. (1979) : « Ein Jahrespensum Französisch in 20 Tagen », in : *Praxis des neusprachlichen Unterrichts*, pp. 283-293.
PRITCHARD D. F. L. (1952) : « An Investigation between Personality Traits and Ability in Modern Languages », in : *British Journal of Educational Psychology*, pp. 147-148.
PUNCHEV S. (1973) : « Sociometričeskie issledovanija kursistov, izučajuščix inostrannye jazyki po suggestopedičeskoj metodike », in : Ministry of Education, Research Institute of Suggestology (ed.), *Problems of Suggestology*, Sofia, pp. 535-539.
RAABE H. (1982) : « Réflexion sur la méthodologie de la correction des fautes : vers la correction communicationnelle », in : *Encrage* 8/9, pp. 179-187.
RAASCH A. (1979) : « Selbsteinschätzungstext für den Lerner — eine Hilfe für den Französischlehrer », in : *Zielsprache Französisch*, pp. 1-7.
RACLE G. (1975) : « Le cours suggestopédique de langues », in : Commission de la Fonction publique du Canada (ed.), Une expérience d'enseignement avec la méthode suggestopédique — A Teaching Experience with the Suggestopaedic Method, Ottawa, pp. 239-243.
RACLE G. (1975) : « Professeurs et enseignement suggestopédique des langues », *ibidem*, pp. 255-260.
RACLE G. (1977) : « Documents, Research Institute of Suggestology, Sofia, Bulgaria 1971 », in : *Suggestopaedia Canada*, 2, pp. 1-4.
RADKE M. J., KLISURICH D. (1947) : « Experiments in Changing Food Habits », in : *Journal of American Dietetics Association*, pp. 403-409.
RINVOLUCRI M. (1983) : « L'apprentissage communautaire des langues (Community Language Leraning) ou : La véritable méthode d'apprentissage à la carte », in : *Le Français dans le Monde*, 175, pp. 46-50.
RIVERS V. (1978) : *Der Französischunterricht, Ziele und Wege*, Frankfurt.
ROEDER M. P. (1964) : « Pädagogische Tatsachenforschung », in : Groothoff H. (ed.), *Pädagogik*, Frankfurt (Main), pp. 238-246.
ROGERS C. R. (1973) : Entwicklung der Persönlichkeit, Stuttgart. (On Becoming a Person. A Therapist's View of Psychotherapy, 1961.)
ROGERS C. R. (1974) : *Encountergruppen*, München. (On Encounter-Groups, New York, 1970.)
ROGERS C. R. (1974) : *Lernen in Freiheit — Zur Bildungsreform in Schule und Universität*, München.
ROLINGER H., WÜST A. (1973) : *Lehren und Lernen im Sprachlabor*, Etudes françaises, Cours de base (premier degré), Exercices structuraux, Stuttgart.
ROSENTHAL R., JACOBSON L. (1968) : *Pygmalion in the Classroom*, New York.
ROSS K., WALMSLEY B. (1976) : « Überlegungen zur Erstellung und Durchführung einer Simulation », in : *Die Neueren Sprachen*, pp. 39-51.
ROWLANDS D. (ed.) (1972) : *Group-Work in Modern Languages*, Materials Development Unit of the Language Teaching Centre, University of York.
SAFÉRIS F. (1978) : *Une révolution dans l'art d'apprendre, perspectives suggestopédiques* — Comment apprendre vite, mémoriser durablement et utiliser son savoir, Paris.
SCHELL Ch. (1956) : *Partnerarbeit im Unterricht* (Diss.), München.
SCHERER G. A. C., WERTHEIMER M. (1964) : *A Psycholinguistic Experiment in Foreign Language Teaching*, New York.

SCHIFFLER L. (1966) : « Ein Bild — eine Sprachstruktur », in : *Die Neueren Sprachen*, pp. 539-544.
SCHIFFLER L. (1974a) : « Eine Stunde Gruppenunterricht mit einem audiovisuellen Kurs in der Klasse 7 » — La France en direct, dossier 14, phase d'appropriation, in : Schüle K., Krankenhagen G. (eds), *Audiovisuelle Medien im Fremdsprachenunterricht*, Stuttgart, pp. 60-72.
SCHIFFLER L. (1974b) : « Sprachlaborprogramme in Gruppenunterricht », in : *System*, pp. 31-36.
SCHIFFLER L. (1974c) : « Diskussionsthema Einsprachigkeit », in : *Praxis des neusprachlichen Unterrichts*, pp. 227-238.
SCHIFFLER L. (1974) : « Untersuchungen zum Erziehungsstil und zur Sozialform im fremdsprachlichen Unterricht », in : Pelz M. (ed.), *Freiburger Beiträge zur Fremdsprachendidaktik*, Berlin, pp. 118-133.
SCHIFFLER L. (1975) : « Rezension von : I. Dietrich, Kommunikation und Mitbestimmung im Fremdsprachenunterricht », in : *Praxis des neusprachlichen Unterrichts*, pp. 148-150.
SCHIFFLER L. (1976a) : *Einführung in den audio-visuellen Fremdsprachenunterricht*, Heidelberg.
SCHIFFLER L. (1976b) : « Soziale Interaktion und das Üben im Fremdsprachenunterricht », in : Deutscher Akademischer Austauschdienst (ed.), *Didaktik der Fachsprache*, Bielefeld, pp. 77-82.
SCHIFFLER L. (1977a) : « Lernpsychologische Überlegungen zur Korrekturphonetik im Fremdsprachen-Anfangsunterricht », in : *Der fremdsprachliche Unterricht*, pp. 20-27.
SCHIFFLER L. (1977b) : « Gruppendynamik in der Lehrerausbildung », in : Christ H., Piepho H.-E. (eds), *Kongressdokumentation der 7. Arbeitstagung der Fremdsprachendidaktiker*, Giessen, 1976, Limburg, pp. 242-246.
SCHIFFLER L., SCHMIDT B. (1977c) : « Standardisierte Französisch-Tests — Möglichkeiten und Grenzen », in : *Praxis des neusprachlichen Unterrichts*, pp. 269-277.
SCHIFFLER L., HELOURY M. (1977d) : « Phraséologie scolaire II — Sozialintegrative Unterrichtssprache », in : *Praxis des neusprachlichen Unterrichts*, pp. 397-402.
SCHIFFLER L. (1978) : « Der Beitrag der Medien zur linguistischen und sozialen Situation im Fremdsprachenunterricht », in : Raasch A. (ed.), *Situativer Französischunterricht*, München, pp. 69-80.
SCHIFFLER L. (1983) : « Le jeu de la sympathie », in : *Les Langues Modernes*, pp. 374-38 .
SCHMIDT B. (1977) : « Nasal-Terzett. Ein phonetisches Lernspiel für den Französisch-Unterricht », in : *Der fremdsprachliche Unterricht*, pp. 56-59.
SCHNELL H. (1956) : « Das Soziogramm im Dienste der Gruppenarbeit », in : Hillebrandt F., *Gruppenunterricht — Gruppenarbeit*, Wien, pp. 131-135.
SCHRAMM T., VOPEL K., COHNS R. (1973) : « Methode der Gruppenarbeit », in : Betz O., Kaspar F. (eds), *Die Gruppe als Weg*, München.
SCHÜLE K. (1972) : « Grundsituationen der fremdsprachlichen Kommunikation », in : *AV-Praxis*, 9, pp. 5-11.
SCHÜLE K. (1973) : « Zur Inhaltsproblematik in fremdsprachlichen Lehrwerken », in : *Praxis des neusprachlichen Unterrichts*, pp. 409-417.
SCHÜLE K. (1976) : « Die fremdsprachendidaktische Reichweite der Sprechtätigkeitstheorie — oder : Die Dialektik zwischen Anpassung und Aufklärung », in : *Linguistik und Didaktik*, pp. 190-209.
SCHWERDTFEGER I. Ch. (1977) : *Gruppenarbeit im Fremdsprachenunterricht*, Heidelberg.
SEARLE J. R. (1969) : *Speech Acts — An Essai in the Philosophy of Language*, London. (Trad. fr. *Les Actes de langage*, Paris, 1972.)
SHERIF M. (1936) : *The Psychology of Social Norms*, New York.
SHERIF M. SHERIF C. W. (1953) : *Groups in Harmony and Tension*, New York.
SHERIF M., SHERIF C. W. (1969) : *Social Psychology*, New York.
SINCLAIR J. McH., COULTHARD R. M. (1975) : *Towards an Analysis of Discourse*, London.

SMIRNOVA N. L. (1975) : « Progress in Experimental Instruction in the Course of Suggestology at the " V.I. Lenin " Moscow State Pedagogical Institute », in : *Suggestology and Suggestopaedia,* 3, pp. 14-23.
SOLMECKE G. (1976) (ed.) : *Motivation im Fremdsprachenunterricht,* Paderborn.
SOULE-SUSBIELLE N. (1982) : « L'Analyse des actes pédagogiques au service des enseignants », in : Goethe-Institut München et al. (eds), *Interaktion im Fremdsprachenunterricht,* Language Teaching, München.
STEVICK E. W. (1976) : « Teaching English as an Alien Language », in : Franselow J. F., Crymes R. H. (eds), *On TESOL 76,* Washington D.C.
STEVICK E. (1980) : *A Way and Ways,* Rowley (Mass.).
STODTBECK F. L., HARE P. (1954) : Bibliography of Small Group Research (from 1900 through 1953) », in : *Sociometry,* pp. 107-178.
STORALL T. F. (1958) : « Lecture vs. Discussion », in : *Phi Delta Kappa,* Bloomington (Ind.).
STRUNZ K. (1963) : *Pädagogisch-Psychologische Praxis an Höheren Schulen,* München-Basel.
TAUSCH A. (1958a) : « Empirische Untersuchungen über das Verhalten von Lehrern in erziehungsschwierigen Situationen », in : *Zeitschrift für experimentelle und angewandte Psychologie,* pp. 127-163.
TAUSCH A. (1958b) : « Besondere Erziehungssituationen des praktischen Schulunterrichts », *ibidem,* pp. 657-686.
TAUSCH A. (1960) : « Experimentelle Untersuchungen über die Wirkung verschiedener Erziehungshaltungen im Erlebnis von Kindern », *ibidem,* pp. 472-492.
TAUSCH R., TAUSCH A. (1963) : *Erziehungspsychologie,* Göttingen.
TAUSCH R., TAUSCH A. (1965) : « Reversibilität — Irreversibilität des Sprachverhaltens in der sozialen Interaktion », in : *Psychologische Rundschau,* pp. 28-42.
TAUSCH R., KÖHLER H., FITTKAU B. (1966) : « Variablen und Zusammenhänge der sozialen Interaktion in der Unterrichtung », in : *Zeitschrift für experimentelle und angewandte Psychologie,* pp. 345-365.
TAUSCH R. (1973) : *Gesprächstherapie,* Göttingen.
TAUSCH R., TAUSCH A. (1973) : *Erziehungspsychologie — Psychologische Prozesse in Erziehung und Unterricht,* Göttingen (refonte complète de l'édition de 1963).
TAUSCH R. (1977) : « Förderliche Dimensionen in zwischenmenschlichen Beziehungen : Prüfung der theoretischen Annahmen von Carl Rogers im Schulunterricht, Familienerziehung, Gesprächstherapie und Encountergruppen », in : *Bericht über den 30. Kongress der Deutschen Gesellschaft für Psychologie,* Göttingen, pp. 107-118.
TAYLOR D. W., FAUST W. L. (1952) : « Twenty Questions : Efficiency in Problem solving as a Function of Size of Group », in : *Journal of Experimental Psychology,* pp. 360-368.
TERAUDS A., ALTMANN I., MCCRATH J. E. (1960) : « A bibliography of small group research studies », in : *Virginia Human Sciences Research,* April, Arlington.
TITONE R. (1964) : *Studies in the Psychology of Second Language Learning,* Zürich.
TODESCO A. (1978) : *Criteria for the Selection of Candidates for Suggestopaedia : Final Report,* Public Service Commission, Ottawa.
TOLLE G. G. (1969) : *Je t'aime — Tu m'aimes,* Bielefeld.
TOLLE G. G. (1972) : *J'ai rendez-vous avec vous,* Berlin.
TRAVERS R. M. W. (1964) : *Essentials of Learning — An Overview for Students of Education,* New York.
URBAIN W. (1975) (C.E.S.D.E.L. — Centre d'Expression Spontanée Dramatique et Linguistique), Rapport pédagogique-Expérience ; C.R.E.D.I.F.-C.E.S.D.E.L., Paris (C.E.S.D.E.L., 24, rue Henri-Barbusse, 75005 Paris).
WAGNER A. C. (ed.) (1976) : *Schülerzentrierter Unterricht,* München-Berlin-Wien.

WAGNER J. (1977) : *Spielübungen und Übungsspiele im Fremdsprachenunterricht*, Materialien Deutsch als Fremdsprache, 10, Universität Regensburg.
WALLER N. E., TRAVERS R. M. W. (1963) : « Analysis and investigation of teaching methods », in : Gage N. L. (ed.), *Handbook of Research on Teaching*, Chicago.
WALTER H. et J. (1977) : Débats (1) — *Le Pour et le Contre. Modelle für den neusprachlichen Unterricht Französisch*, Frankfurt.
WALTER H. (1978) : « Die Klassendebatte als " Projekt " im Französischunterricht — Arbeitsmöglichkeiten auf der Oberstufe », in : *Praxis des neusprachlichen Unterrichts*, pp. 171-178.
WALZ U. (1968) : *Soziale Reifung in der Schule*, Hannover.
WEBER H. (1973a) : « Äusserungen als illokutive Handlungen », in : *Praxis des neusprachlichen Unterrichts*, pp. 22-32.
WEBER H. (1973b) : « Pragmatische Gesichtspunkte bei der Abfassung von Lehrbuchtexten », in : Hüllen W. (ed.), *Neusser Vorträge zur Fremdsprachendidaktik*, Berlin, pp. 152-160.
WEBLUS G. (1953) : « Das Klassen-Soziogramm in der Landschule », in : *Schulverwaltungsblatt für Niedersachsen*, Hannover, 5, pp. 109-111.
WENDELER J. (1969) : *Standardarbeiten — Verfahren zur Objektivierung der Notengebung*, Weinheim.
WICKE R. (1978) : « Classroom Discourse, Möglichkeiten der Intensivierung des Fremdsprachenunterrichts », in : *Praxis des neusprachlichen Unterrichts*, pp. 90-92.
WIENOLD G. (1973) : *Die Erlernbarkeit der Sprachen*, München.
WISPÉ L. G. (1951) : « Evaluating Section Teaching Methods in the Introductory Course », in : *Journal of Educational Research*, pp. 161-186.
WUNDERLICH D. (1971) : « Pragmatik, Sprechsituation, Deixis », in : *Zeitschrift für Literaturwissenschaft und Linguistik*, pp. 153-190.
WYGOTSKI L. S. (1971) : *Denken und Sprechen*, Stuttgart.
ZEIGARNIK B. (1927) : « Über das Behalten von erledigten und unerledigten Handlungen », in : *Psychologische Forschungen*, pp. 1-35.
ZIEGESAR D. von (1976) : « Pragmalinguistische Überlegungen zum Dialog im Fremdsprachenunterricht », in : *Praxis des neusprachlichen Unterrichts*, pp. 241-253.
ZILLIG M. (1934) : « Beliebte und unbeliebte Volksschülerinnen », in : *Archiv für die gesamte Psychologie*, Leipzig.
ZIMMERMANN G. (1973) : « Personale Faktoren und Fremdsprachencurriculum », in : *Praxis des neusprachlichen Unterrichts*, pp. 3-14.
ZIMMERMANN G. (1976) : *Planung und Analyse von Fremdsprachenunterricht in der Volkshochschule*, Pädagogische Arbeitsstelle des Deutschen Volkshochschul-Verbandes, Frankfurt-Bonn.
ZIMMERMANN G. (1977) : *Grammatik im Fremdsprachenunterricht*, Frankfurt (Main) — Berlin-München.

HATIER-CREDIF

Titres parus dans la même collection

E. Roulet : Langue maternelle et langues secondes. Vers une pédagogie intégrée.

H. Rück : Linguistique textuelle et enseignement du français. Traduction de J.-P. Colin.

G. Gschwind-Holtzer : Analyse sociolinguistique de la communication et didactique. Application à un cours de langue : De Vive Voix.

C. Bachmann, J. Lindenfeld, J. Simonin : Langage et communications sociales.

H. G. Widdowson, R. Richterich (éds.) : Description, présentation et enseignement des langues (Actes du colloque de Berne 1980).

R. Galisson, *et al.* : D'autres voies pour la didactique des langues étrangères.

H. G. Widdowson : Une approche communicative de l'enseignement des langues (traduit de l'anglais et annoté par K. et G. Blamont).

Sous la direction de J. Peytard : Littérature et classe de langue — français langue étrangère.

Henri Besse et Rémy Porquier : Grammaires et didactique des langues.

Dell H. Hymes : Vers la compétence de communication. Traduction de F. Mugler.

Claire Kramsch : Interaction et discours dans la classe de langue.

L. Schiffler : Pour un enseignement interactif des langues étrangères. Traduction de J.-P. Colin.

J. Mœschler : Argumentation et Conversation. Éléments pour une analyse pragmatique du discours.

B.-N. Grunig-R. Grunig : La fuite du sens. La construction du sens dans l'interlocution.

Imprimé en France
Dépôt légal n° 9164 - Mars 1986
Imprimerie Pollina, 85400 Luçon - N° 7868